從貞觀之治到甘露之變,從開元盛世到黃巢之亂

——盛世如何一步步變調,忠誠如何悄然失效?

盛世的餘燼

鼎之 著

墜落的大唐帝國

當「忠誠」淪為表演,當「太平」只剩表象
帝國的傾覆,是偶然還是必然?

盛世之下,暗潮洶湧;權力場上,各懷鬼胎

長安的宮廷燈火通明,大唐的未來暗無天日

目錄

第一章　唐太宗 —— 從貞觀之治到反腐權謀⋯⋯⋯⋯⋯005

第二章　蘇良嗣 —— 剛直官風與家門不幸⋯⋯⋯⋯⋯029

第三章　武則天 —— 從才人到皇帝的崛起⋯⋯⋯⋯⋯045

第四章　武三思 —— 亂世權臣的野心與下場⋯⋯⋯⋯⋯071

第五章　唐玄宗 —— 造就盛世與崩壞的帝王⋯⋯⋯⋯⋯089

第六章　李林甫 —— 笑裡藏刀的權臣之路⋯⋯⋯⋯⋯111

第七章　楊國忠 —— 災禍之中的權力遊戲⋯⋯⋯⋯⋯139

第八章　李輔國 —— 宦官當權的極致象徵⋯⋯⋯⋯⋯163

第九章　元載 —— 權力與貪欲的沉浮之路⋯⋯⋯⋯⋯183

第十章　魚朝恩 —— 庸才小人登上高位⋯⋯⋯⋯⋯201

第十一章　唐憲宗 —— 曇花一現的中興之治⋯⋯⋯⋯⋯209

第十二章　唐文宗 —— 腥風血雨中的甘露之變⋯⋯⋯⋯⋯231

目錄

第十三章　唐武宗 —— 迴光返照的短暫輝煌……………251

第十四章　唐懿宗 —— 荒唐帝王與頹敗政局……………263

第十五章　田令孜 —— 不為天下所容的末代權宦………277

第十六章　唐昭宗 —— 再無法復興的帝國夢……………287

第一章
唐太宗 ——
從貞觀之治到反腐權謀

第一節　誓洗前朝積弊

提及唐太宗李世民，人們往往會聯想到「貞觀之治」的盛世圖景。

所謂「貞觀」，是唐太宗在位期間的年號，而「貞觀之治」則象徵著這一時期的輝煌成就，四字概括便是「國泰民安」。對於一位統治者而言，這無疑是至高的評價和榮耀。

這份榮譽的背後，離不開唐太宗對「前朝積弊」的深刻反思。隋朝的覆滅，正是因其腐敗橫生、弊政叢生。李世民清楚地意識到，若不從根源上整治這些頑疾，唐朝的命運很可能重蹈隋朝的覆轍。

「以銅為鑑，可以正衣冠；以人為鑑，可以明得失；以史為鑑，可以知興替。」這是唐太宗在與魏徵的對話中所闡述的千古名言。

第一章　唐太宗─從貞觀之治到反腐權謀

　　這裡的「銅」指代古代的銅鏡，用來比喻自我反省的工具。透過鏡子，人們可以整理衣冠；而透過他人，則可審視得失。許多人之所以誤入歧途，正是因為缺乏「自知之明」，無法從他人身上汲取經驗和教訓。正如孔子所言：「見賢思齊焉，見不賢而內自省也。」這便是唐太宗的治國哲學：時時警醒自我，防範未然。

　　唐太宗特別重視「以史為鑑」，這不僅僅是口頭上的警示，而是他深刻的自我鞭策。他時常提醒自己：「李世民啊李世民，你若不想讓唐朝重蹈隋朝的覆轍，便需銘記隋朝的教訓，徹底根除積弊，杜絕腐敗的滋生。」

　　李世民的這份洞察，源自對隋朝滅亡過程的深刻剖析。隋朝的終結，尤其是隋煬帝時期的種種敗政，令唐太宗刻骨銘心。當時，剛剛結束西晉以來長達近三百年的分裂局面，重新實現大一統，原本應當是「與民休息」的大好時機。但隋煬帝卻志大才疏，十四年間發動多場對外戰爭，如征討林邑、平定契丹、收復琉球、攻打吐谷渾、遠征高句麗等。這些戰事不僅消耗了大量的國力和民力，也使邊疆隱患重重。此外，隋煬帝醉心奢華，大興土木，開鑿大運河、修建行宮，徵發百萬民夫服勞役，百姓苦不堪言，民怨沸騰。

　　所謂「上梁不正下梁歪」，在皇帝本身率先沉迷奢靡享樂的情況下，地方官員也競相仿效，形成了上下勾結的貪腐網。官僚系統內部，賄賂橫行，貪汙成風，國家的根基搖搖欲墜。百

第一節　誓洗前朝積弊

姓在無休止的剝削與徭役中苦苦掙扎，民變頻發，李密、竇建德、王世充等地方勢力先後舉兵，掀起一場席捲全國的農民起義大潮。一時間「義旗濟河，關中響應，轅門輻湊，赴者如歸。五陵豪傑，三輔冠蓋，公卿將相之緒餘，俠少良家之子弟，從吾投刺，咸畏後時，扼腕連鑣，爭求立效（出自李淵創作的詔書〈授三秦豪傑等官教〉）。」李淵也在這一波反隋潮流中順勢而起，最終滅隋建唐。

這一年是西元618年，李淵登基稱帝，成為大唐開國之君。八年後，李世民透過玄武門之變，成功奪權，李淵禪讓帝位，李世民改元「貞觀」，大唐的輝煌篇章由此展開。

唐太宗上臺後即致力於「勵精圖治、與民休息」，他不僅著眼於經濟的恢復，更將目光鎖定在政治清廉的營造上。

為了廣納賢言，唐太宗採取了前所未有的開放態度，鼓勵群臣直言進諫。

「你們不要因為怕我不高興就不敢進諫！只要是有益於國家的言論，儘管提出來，我絕不會怪罪。」唐太宗在朝堂上多次強調這一點，甚至不惜主動懇求大臣們向他建言獻策。

但「伴君如伴虎」，多數官員不敢輕易冒犯皇帝。唐太宗對此感到十分苦惱，便想到了魏徵。魏徵曾是李建成的部下，因建議太子削弱李世民的權力，甚至提議除掉李世民，曾引起李世民的極大不滿。

在與魏徵的對話中，李世民憤怒地質問道：「魏徵！你為何

第一章　唐太宗—從貞觀之治到反腐權謀

要離間我們兄弟的感情？你究竟安的什麼心？」

魏徵毫不退縮，直言不諱道：「如果太子早聽我的話，也不至於落得今天的下場！」

聽罷，滿朝文武都為魏徵捏了一把冷汗，認為他必將大禍臨頭。但出人意料的是，李世民非但沒有殺他，反而對其加以重用，任命其為太子詹事府主簿，負責處理東宮的文書事務。

唐太宗在用人上的氣度與膽識，實在令人驚嘆。即便是一個曾離間他與兄弟感情，甚至密謀對他不利的人，他依然能放下成見，予以重用。這一舉動不僅展現了唐太宗的胸襟和決斷力，也讓滿朝文武吃下了一顆定心丸：連這樣的人皇上都能用，我們還有什麼可擔心的呢？

在此背景下，唐太宗將一項重任交給了魏徵——安撫太子李建成和齊王李元吉的舊部。魏徵曾是太子一派的重要謀士，如今被唐太宗重新起用，擔此重任再合適不過。

魏徵受命後，途經磁州時，恰逢當地的官兵押送前太子親信李志安與齊王府護軍李思行進京。魏徵見狀，果斷下令道：「既然皇上已下旨赦免東宮和齊王府的舊部，如果將他們押送入京，勢必會引起不必要的猜疑和不安，不如就地釋放，以示皇恩浩蕩，安撫民心。」

當場釋放朝廷押送的兩名前太子舊臣，這一決定讓隨行的官員深感不安，生怕唐太宗會因此震怒。有人勸魏徵三思而後行，但魏徵卻堅定不移地回應：「我曾是太子的謀臣尚且不懼，

第一節　誓洗前朝積弊

何況秉公行事？皇上重用我，正是看重我的公正直言，豈能因小利害而自亂方寸？」

魏徵的這一舉動被奏報至唐太宗那裡，出人意料的是，唐太宗不僅未加責罰，反而稱讚魏徵「秉公直斷」，並進一步提升他的地位，任命他為諫議大夫，允許他隨時出入宮禁，與自己共商國是。

然而，魏徵的「敢言直諫」並非一帆風順。唐太宗雖能容納直諫，但也不免被魏徵的言辭激怒。魏徵的直諫往往直擊要害，毫不留情，常常在朝堂上令唐太宗面露不悅。

幾次大朝議上，魏徵的當面批評甚至讓唐太宗拂袖而去，回到後宮時更是氣得直罵：「這個鄉巴佬，早晚要治他的罪！」然而，待怒氣稍消，唐太宗便會明白魏徵所言確有道理，因而每次都不再追究。唐太宗深知，手握萬人生死的至高權力，稍有不慎便會被欲望與權勢所俘獲，甚至親手毀掉自己苦心經營的基業。魏徵的剛直不阿，正是這座權力高塔中的「支柱」，不可或缺。

唐太宗在貞觀初期，勵精圖治，勤政愛民，但到了貞觀十年之後，他的意志逐漸被奢華的宮廷生活腐蝕，銳氣不如從前。即使魏徵多次諫言，唐太宗也不如先前那般虛心採納。唐太宗的這一變化，從另一個側面反映出「反貪汙」在封建王朝中是多麼艱難，尤其是對最高權力的自我約束，更是難上加難。

唐太宗雖為一代英主，但也並非完人。許多帝王好色，唐

第一章　唐太宗—從貞觀之治到反腐權謀

太宗也未能免俗。貞觀二年，唐太宗聽聞原隋朝通事舍人鄭仁基之女姿色出眾，便起了納為「充華（充華：後宮九嬪之一。）」的念頭。當時，鄭氏一家本已將女兒許配給了陸氏，但礙於皇命不敢明言。宮中使臣奉旨擬詔書前往鄭家，欲將鄭女接入宮中。正當此時，魏徵挺身而出，以大義相諫，言辭鏗鏘：「陛下為人父母，撫愛百姓，當憂其所憂，樂其所樂。自古有道之主，以百姓之心為心，故君處臺榭，則欲民有棟宇之安；食膏粱，則欲民無飢寒之患；顧嬪御，則欲民有室家。今鄭已約婚，陛下取之，豈為人父母意！」

這段話大意是：陛下身為天下之主，理應如同百姓的父母，愛民如子，憂民之憂，樂民之樂。古之明君，常以百姓的心為心。君王處於高臺廣廈之中，則應思民居安穩；君王食膏粱珍饈，則應慮民無飢寒之憂；君王享有後宮嬪御，則應體恤百姓婚嫁之常。如今，鄭女已與陸氏定婚，陛下卻要強行將她召入後宮，這與「為民父母」之道相悖啊！

魏徵的這番話擲地有聲，直指唐太宗的自私之舉。唐太宗聽後，雖有羞愧之意，但不甘認錯，隨即辯稱：「我所知者，陸氏尚未立婚之約。」

房玄齡等朝臣見皇上開口，便附和道：「陛下所言不差，陸氏的確未立婚約。」唐太宗心中暗喜，覺得魏徵已無話可說。

然而，魏徵並未退卻，而是步步為營，直言不諱道：「陛下，他們明知立有婚約卻不敢承認，皆是畏懼陛下怪罪，故而遮

掩。若陛下以此為據，則是自欺欺人！」

此話一出，唐太宗頓覺羞愧，深知自己慾念作祟，險些失信於天下。當即傳旨停止聘召鄭女，命使臣將其送回陸家。

唐太宗這一舉動，不僅避免了自身信譽的受損，也向天下百姓傳遞出「以身作則、不以權謀私」的政治訊號。

試想，倘若魏徵未曾出面阻止，唐太宗一旦將鄭女納入後宮，便會在歷史上留下「君王強奪民女」的汙點，這與他當初「革隋弊、嚴治貪腐」的誓言相悖。而魏徵一番逆耳忠言，不僅保全了唐太宗的名聲，也讓後世多了一段「以德治天下」的佳話。

不以權謀私，虛心納諫，從自身做起，杜絕腐敗的滋生，唐太宗在貞觀前期的表現，確實堪稱後世明君的典範。他雖貴為天子，卻能主動接受批評，甚至對「專挑錯處」的魏徵委以重任。貞觀之治，能被後世奉為「治世楷模」，不僅在於其開疆拓土、政通人和，更在於他敢用賢臣，能容直諫。

第二節　釣魚執法

唐太宗一向以史為鑑，力圖避免重蹈隋末的覆轍，尤其在整治貪腐方面更是毫不手軟。然而，即便君心如此，仍有一些官員心存僥倖，難抵利誘，暗中與朝廷的反腐舉措「博弈較量」。正所謂「明槍易躲，暗箭難防」，面對這些潛藏的腐敗之風，唐

第一章　唐太宗—從貞觀之治到反腐權謀

太宗決定以非常之策應對——採用「釣魚執法」這一手段，專攻貪腐官員的心理弱點，讓其不知不覺中自投羅網。

何謂「釣魚執法」？

簡單而言，「釣魚執法」就像垂釣者拋下魚餌，引誘魚兒上鉤。唐太宗便扮演了這位「垂釣者」，而那些定力不足的貪官，則是「水中之魚」。他故意布下利益「餌料」，激發貪官的貪念，待其禁不住誘惑接受賄賂之時，便人贓俱獲，證據確鑿，令其無從抵賴。

雖然這種手段帶有權術的成分，但唐太宗的這張「漁網」還真捕到了一條「魚」，雖然僅僅是一條「小魚」。據史書記載，有人向唐太宗舉報，稱尚書省和六部中的部分令史涉嫌收受賄賂。唐太宗聽後大為震怒，心中不禁暗想：「我平生最痛恨的便是貪官汙吏，難道這群人竟敢明目張膽挑戰我的權威，公然在朝廷中作亂？這與隋末的覆亡有何區別？」為此，唐太宗決定將計就計，派出親信密探，祕密接觸這些令史，並假意以賄賂試探其心志，等待那些心懷貪念者上鉤。

尚書與令史，究竟是何官職？

要理解這場「釣魚執法」，需要先釐清「尚書」和「令史」在唐代行政體系中的地位和職責。唐朝的中樞權力架構為「三省六部制」，即中書省、門下省和尚書省三大核心機關，以及尚書省下轄的吏部、戶部、禮部、兵部、刑部、工部六大職能部門。三省分工明確，職責清晰：中書省負責政策的起草與決策，

第二節　釣魚執法

門下省負責對政策進行稽核和複議,尚書省則負責政策的具體執行。

在這一體系中,尚書省的最高長官為「尚書令」,但這一職務在唐朝實際無人擔任。這是因為在唐高祖李淵稱帝時,他本人曾擔任尚書令,出於避諱之故,後來的臣子不敢輕易擔任這一職位。因此,尚書省的實際管理權由「左右僕射」掌握。

至於「六部」,它們分別是吏部、戶部、禮部、兵部、刑部和工部,幾乎涵蓋了國家治理的各大領域。具體而言,吏部負責官員的選拔、考核和任免;戶部掌管戶籍、稅收與財政;禮部負責國家禮儀制度與科舉考試;兵部負責軍事人事與軍隊排程;刑部負責司法審判與法律執行;工部則負責水利、建築等工程事務。這六個部門的首長被稱為「尚書」,相當於現代的各部部長,而下設的各類司局,則是具體執行日常政務的單位。

「令史」則是六部之下的基層官吏,屬於中下級文職官員,大致相當於今天的公務員中的科員或辦事員。雖然「令史」的品階不高,日常負責公文的處理與行政事務,但因其身處核心職能部門,手中掌握著許多重要的文件與事務,實權雖小,位置卻極其敏感。對於那些想要在仕途上走捷徑的達官貴人而言,令史雖不顯眼,卻是繞不開的「敲門磚」,因此常常成為外部勢力行賄的對象。

唐太宗在反腐治貪方面手段多樣,其中「釣魚執法」一事堪稱經典案例。所謂「釣魚執法」,是指透過故意布設「魚餌」來引

第一章　唐太宗—從貞觀之治到反腐權謀

誘潛在的違法者上鉤。換句話說，就是用利益的誘餌來考驗官員的廉潔自律，進而以「人贓並獲」之勢將其繩之以法。雖然這一手段在現代倫理中頗具爭議，但在古代君主治理術中卻被視為權術的典型表現。

據《大唐新語》記載，唐太宗在位期間，有人舉報尚書省的官員中存在受賄現象，涉及尚書和令史等職位。尚書為六部的最高長官，地位相當於今天的部級官員，令史則是尚書省下的基層文職人員，類似於現代的科員。尚書作為一方重臣，本應以身作則，而令史雖職級較低，但因處在關鍵部門，仍可能被外人收買行事。得知此事，唐太宗大為震怒，認為這是對他「以史為鑑」施政理念的直接挑戰，亦是對國家法紀的公開挑釁。為了揪出這些藏在幕後的蛀蟲，唐太宗決定以「釣魚執法」之術親自試探官員的廉潔度。

他派出親信，暗中向尚書省的部分令史行賄。結果如其所料，真的有人上鉤。劉肅《大唐新語》中有載：「司門令史果受絹一匹」，也就是說，這名令史接受了行賄者送去的一匹絲綢。消息傳到唐太宗耳中，他勃然大怒，認為此人明知法度卻仍然受賄，必須嚴懲不貸。當即下令將這名令史捉拿問罪，並提出將其處死。

關鍵時刻，戶部尚書裴矩站出來諫言道：「為吏受賂，罪誠當死；但陛下使人遺之而受，乃陷人於法也，恐非所謂『道之以德，齊之以禮』」（出自唐·劉肅《大唐新語》卷一，規諫第二）。

第二節 釣魚執法

這番話蘊含著三重深意。其一，裴矩首先肯定了唐太宗嚴肅執法的正當性，表明他在大義上與皇帝立場一致，藉此緩和氣氛。其二，他指出，這次行賄的「源頭」是皇帝自己，行賄者本就是唐太宗派出的人，這就等於設了一個陷阱。雖然從法律上看，受賄者難辭其咎，但從道義上看，行賄者的「身分」不正當，存在故意栽贓的嫌疑。其三，裴矩以儒家倫理為依據，引用「道之以德，齊之以禮」的經典原則，強調治理國家應以德服人、以禮化人，而不應採用這種誘騙的方式。裴矩的這一番話無疑是對唐太宗君主權術的直言規諫。

唐太宗是個明智的君主，他意識到自己確實理虧。既然裴矩已替他找好了臺階，他也順勢而下，最終決定不殺這名令史，但將其官職革除。對一名令史而言，丟官等同於仕途斷絕，教訓已然深刻。而這一事件的警示效果顯著，朝中上下無不心生忌憚。畢竟，連一個小小的令史都能被唐太宗嚴肅對待，那些身居高位的官員自然更不敢心存僥倖。更為重要的是，唐太宗還將裴矩的諫言公布於朝，並予以大加褒獎，樹立了「言者無罪、聞者足戒」的榜樣。

然而，釣魚執法之事並未到此為止。日後，又有官員向唐太宗建議，利用「誘導試探」的方式甄別忠臣與佞臣。此人提議，在皇帝召見群臣時，故意發表一些不合常理的言論，然後觀察群臣的反應。那些能夠據理力爭的，便是忠臣；而那些一味迎合附和的，便是佞臣，應予以淘汰。

第一章　唐太宗—從貞觀之治到反腐權謀

唐太宗一聽，立刻拒絕了這一建議，並說道：「君，源也；臣，流也；濁其源而求其流之清，不可得矣。君自為詐，何以責臣下之直乎！朕方以至誠治天下，見前世帝王好以權譎小數接其臣下者，常竊恥之。卿策雖善，朕不取也（出自《資治通鑑》）。」

這一番話的要義在於，君王是權力的源頭，臣子則是由君王發散出的支流。若源頭混濁不清，怎能指望支流澄澈？如果君主以詐術對待臣子，臣子又怎能以赤誠待君？唐太宗進一步表明，他以「至誠治天下」，摒棄前代帝王以權術治國的手段，並以此為恥。此番言論，不僅重申了他的治國方針，還體現出他吸取了「釣魚執法」一事的教訓，意識到君主若一再依靠權術，最終將自食其果。

唐太宗的兩次「釣魚執法」，一次是主動出擊，一次是果斷拒絕，前後判若兩人，但均展現出他卓越的政治智慧。第一次釣魚執法，出於對反貪權威的樹立和震懾，雖使用了非常手段，但因其「初犯」且具有警示意義，朝中臣子多能諒解。而若再度故技重施，則難免授人以柄，破壞其「誠信治國、明君聖德」的形象。透過這兩次事件，唐太宗的治國方略愈加明朗：他從最初的「試探臣子」到後來的「以誠待臣」，展現出了一位成熟的政治家的成長歷程。

第三節　獎勵貪官

相比於對令史那次有預謀的、試探性的「釣魚執法」，唐太宗在處理個別貪官時的手段則更顯得別具一格，且更具高明的智慧與情商。

《資治通鑑・唐紀八》對此有生動記載：

右驍衛大將軍長孫順德受人饋絹，事覺。上曰：「順德果能有益國家，朕與之共有府庫耳，何至貪冒如是乎！」猶惜其有功，不之罪，但於殿庭賜絹數十匹。大理少卿胡演曰：「順德枉法受財，罪不可赦。奈何復賜之絹？」上曰：「彼有人性，得絹之辱，甚於受刑；如不知愧，一禽獸耳，殺之何益！」

《資治通鑑》的記載簡潔有力，集中展現了唐太宗的處罰手段、依據及背後的考量，體現出其獨到的治官智慧。若將目光投向這段歷史的細節，其中的情節更具深意。

據傳，某日右驍衛大將軍長孫順德正在府邸後花園與愛妾賞花，家僕通報稱有一名自稱是其同鄉的鄭衛前來拜訪。得知是老鄉登門，長孫順德不禁大喜，立即吩咐將其迎入府中。不料，鄭衛不僅親自上門，還帶來了大批綾羅綢緞，隨行家僕將這些布匹一捆一捆地搬進府中。

「這是何意？」長孫順德面色一變，雖覺不妥，但心中已然明瞭。鄭衛並不提任何請求，只聲稱這些是家鄉的特產，帶來

第一章　唐太宗──從貞觀之治到反腐權謀

以作「家鄉情誼」的象徵。

長孫順德本想拒絕，但看到愛妾對這批綾羅綢緞愛不釋手，甚至在耳邊撒嬌軟語，他的內心不由得動搖了，最終默許收下了這批「鄉情絹帛」，並分贈給家中妻妾。鄭衛離去後，數日未再登門。直到幾天後，鄭衛再次來訪，長孫順德心知肚明，對方此番前來，必有請求。

「長孫大人，小人經營水磨生意，近期水源短缺，欲請大人成全，在鄭國渠上開個小口，引些水來解燃眉之急。」鄭衛語氣謙恭，但言辭中卻暗藏一絲篤定。

長孫順德聞言不禁皺眉，朝廷明文規定，鄭國渠水源的首要用途是灌溉農田，而不是為商販提供便利。此事若被奏報，自己必定難辭其咎。可當他轉頭一望，發現妻妾們正身著由鄭衛所贈絹帛裁製的華美衣裳。此情此景，讓他心生遲疑，思量再三後，終究答應了鄭衛的請求。

這一開端，便如決堤之水，難以收束。其他商販得知消息後，紛紛仿效鄭衛，求請開渠引水，原本用於灌溉農田的水流轉而供給商販的水磨生意，導致農田灌溉不足，田地乾涸，農民怨聲載道。百姓的不滿之聲很快傳至唐太宗的耳中。

「這是何等荒唐之事！此事定要嚴懲不貸！」太宗大怒，當晚輾轉難眠，心中思索著如何妥善處置。

「長孫順德受人餽贈綾羅數十匹，看來他的家中缺乏這些東

第三節　獎勵貪官

西。既然如此，便賜予他五十匹絹，叫他背回去！」唐太宗語氣平靜，似在陳述一件日常瑣事。

然而，太宗的處置手段卻令眾人瞠目結舌。

唐太宗威嚴的聲音在殿內迴響，長孫順德早已跪伏於地，冷汗直流，心中已做好最壞的打算。

群臣面面相覷，難掩震驚之色。大理少卿胡演當即進諫：「順德枉法受財，罪當治之。陛下為何反而加以賞賜？」

唐太宗淡然回應：「長孫順德受此羞辱，其痛甚於受刑。若其不知羞恥，視絹為福，則與禽獸無異，殺之又有何益？」

只見一波接一波的布匹被運送過來，五十匹絹在他身後堆成小山。長孫順德的臉色青一塊紅一塊，羞愧不已，心中感受到的屈辱甚至比判處死刑還要難熬。無奈之下，他只能遵從皇命，獨自一次次往返於皇宮與家中，在同僚們冷嘲熱諷的目光中，艱難地將五十匹絹搬運完畢。需要說明的是，這五十匹絹並不是真正的賞賜，即便唐太宗真的要賜予，長孫順德也不敢輕易接受。事後，他將這五十匹絹全部歸還國庫，但這段經歷的羞辱，卻成了他一生的汙點和揮之不去的噩夢。

這段頗具奇詭的「獎罰並施」之事，被載入了歷史典籍，《資治通鑑》中便有對這一情節的紀錄。唐太宗為何不對長孫順德施以酷刑，反而選擇「賞賜」五十匹絹？從史書記載來看，唐太宗的考量可歸結為以下幾個方面：

第一章　唐太宗──從貞觀之治到反腐權謀

　　首先，唐太宗進行了深刻的自我反思。他認為，長孫順德是有益於國家的功臣，如果自己作為君主能夠與之分享府庫的財富，他便不會因區區幾十匹絹而冒險行賄。換言之，唐太宗意識到，官員之所以貪小便宜，部分原因在於皇權對利益的獨占。透過這場「賞賜」，唐太宗不僅表現出對功臣的寬厚與體恤，更彰顯了「以德服人」的治國理念。

　　其次，唐太宗也考慮到了長孫順德的身分與功績。作為右驍衛上將軍，長孫順德為國家立下赫赫戰功，若因幾十匹絹受重罰，朝中群臣勢必心生寒意。相比一名小吏因貪汙一匹絹被革職，重罰功臣可能會動搖人心，甚至引發百官的不滿。若君主對功臣過於苛刻，便有可能被群臣視作冷酷無情的暴君，而唐太宗顯然不願背負「暴政」的惡名。更深層次的考量在於，如何平衡「法」與「情」，確保不失去百官的支持。唐太宗清楚，「水至清則無魚」，在治官的尺度上，既要有懲戒之威，也要避免將臣子逼入絕境。

　　再者，唐太宗的策略也包含了對百姓的安撫。對於那些私開河渠、擷取水源的商販，唐太宗必然會予以嚴懲，關閉非法河渠，並補償百姓的損失。然而，對於源頭的貪汙之人，他則以一場「獎罰並施」的表演展現了君主的威嚴與智慧。唐太宗深知，如果長孫順德是個知恥之人，這種羞辱的方式必定會使其痛徹心腑；若其不知羞恥，甚至將「賞賜」視為榮耀，那麼其品行便如禽獸無異，而這種人不值得重用。

第三節　獎勵貪官

這場「君臣同臺的演出」，既突顯了君主的大度與深思熟慮，也彰顯了臣子的卑微與無地自容。更為重要的是，這一事件在群臣中引發了強烈的心理震懾——唐太宗不會輕易讓人丟官喪命，但他能夠讓人活著卻比死還難受。透過這場獨特的獎懲，唐太宗向群臣釋放出一個明確的訊號：貪腐者，雖不必死，但必受辱。這一帝王之術的核心便是「張弛有度」，既不讓臣子走投無路，也不使其安於享樂，正所謂「剛柔並濟、恩威並施」。

精神的折磨往往比肉體的懲罰更為深遠而持久，而唐太宗正是將這一策略巧妙地運用於治貪反腐之中，展現出他別具一格的政治智慧。

貞觀年間，年僅二十多歲的唐太宗，已然登上皇帝之位，開創了「貞觀之治」，其治國理政的遠見卓識令人嘆服。相比現代許多人在此年齡層尚處於事業的起步階段，唐太宗的政治韜略與謀斷力更顯非凡。

在處置右驍衛大將軍長孫順德貪汙案時，唐太宗的手段尤為獨特。面對這位身經百戰的宿將，唐太宗既未施以酷刑，也未輕易放過，而是採取了「獎罰結合」的方式，彰顯了深厚的治官智慧。長孫順德因受賄數十匹絹帛，違反律法，本應重罰。但太宗非但未責罰，反而「賞賜」他五十匹絹，並命其親自搬運回家。長孫順德獨自往返宮廷與家中，一趟趟地搬運這象徵恥辱的絹帛，在同僚的冷嘲熱諷中，臉上青一塊紅一塊，羞愧難當。

第一章　唐太宗——從貞觀之治到反腐權謀

這場「賞賜」的背後，實則是唐太宗對治官之道的高超掌控。

其一，唐太宗深知，直接重罰功臣可能會使文武百官產生寒蟬效應，影響朝廷的穩定。而透過這種羞辱性的方式，既不損傷功臣的性命，也避免了激化君臣矛盾。

其二，此舉的懲罰力度遠超肉體刑罰。長孫順德內心的煎熬遠勝於肉體的痛苦，這種精神折磨將成為他一生難以抹去的「汙點」和「夢魘」，使其不敢再犯。

其三，唐太宗的這一懲戒方式，旨在「殺一儆百」。同僚們目睹了長孫順德的狼狽不堪，心中不免警醒自省，越發謹守律法。這一做法，既震懾了朝中大臣，又彰顯了唐太宗「以德服人」的寬厚形象。

唐太宗在這一案例中展現出的治官藝術，堪稱「剛柔並濟、恩威並施」的典範。透過羞辱性的「賞賜」，他不僅讓長孫順德銘記此恥，還向百官傳達了一個強烈的訊號：朝廷不會輕易放過貪腐之人，但在懲治時也會留有餘地。

唐太宗深諳「水至清則無魚」的道理，知曉官員偶有小錯在所難免，但若官員「無羞恥之心，視賞賜為榮」，則無異於禽獸，絕不容情。這種不拘一格的治官之術，令唐太宗在歷代帝王中獨樹一幟，至今仍為後世稱頌。

第四節　貞觀之治

貞觀之治的開創，源於唐太宗對貪腐深惡痛絕並付諸行動的決心。這一治世，不僅僅是歷史上的輝煌時期，更是後世無數治國理政者的楷模。

「貞觀」一詞出自《易·繫辭下》：「天地之道，貞觀者也。」意指天地萬物皆以正道呈現。唐太宗選用「貞觀」作為年號，明確表達了其執政的理念：摒棄隋朝的老路，杜絕貪汙腐敗，以民為本，樹立一位為國為民的明君形象。為實現這一目標，他從政治、經濟、軍事、外交及民族關係等多個方面著手，全面塑造了強盛的大唐王朝。

唐太宗是一位極其注重反思的君主。他將隋朝的興衰史視為反面教材，意識到隋亡的根本原因在於暴政，而暴政的關鍵是統治者與百姓關係對立。他深刻體會到「民依於國，國依於民」的道理，因此在治國中始終強調以民為本。用今天的話來說，就是秉承「為人民服務」的宗旨。

在政治上，唐太宗為糾正專制國家中央權力高度集中的弊端，實行「三省六部制」。這一制度分工明確：中書省負責起草政令，門下省審議政令，尚書省執行政令。透過此種權力分立與制衡，有效避免了君主或宰相獨斷專權的弊端。唐太宗甚至為自己設立了約束機制：即使是皇帝的詔書，若未經門下省「副署」，也無法生效。這一制度不僅是對皇權的一種自我約束，更

第一章　唐太宗─從貞觀之治到反腐權謀

為重大決策增添了一道保險，以免出現草率的錯誤決策。唐太宗以其高瞻遠矚，開創了中國古代政治史上的先河。

虛心納諫是唐太宗政治改革中的另一重要特點。他不僅敢於接納臣子的批評，更營造了君臣共治的和諧氛圍。歷史上，沒有臣子不畏懼君主的權威，即便是以敢諫直言著稱的魏徵，也始終抱著隨時可能喪命的覺悟入朝議事。

據記載，魏徵生前每次離家都會與家人鄭重告別。唐太宗在魏徵去世後親自前往弔唁時，魏徵的夫人透露，他之所以如此，是因為害怕因直言惹怒皇帝而被當場處死。聽聞此事，唐太宗深受觸動，不僅為魏徵的忠誠感慨，也為自己能容納直諫的胸襟而自豪。這種高度的信任與坦誠，使唐朝的政治環境煥然一新。

顯然，唐太宗不會輕易處死魏徵，這位敢於直諫的大臣實際上是因病去世的。然而，魏徵始終抱有以死報國的忠誠，足以見得君臣之間的感情深厚。而這一點，也與唐太宗任人唯賢的政策密不可分。他重用包括魏徵在內的許多曾與自己立場對立的人，例如名將尉遲恭和秦瓊，這些人儘管早期未曾歸附於唐太宗，但他卻不計前嫌，將其委以重任。

此外，唐太宗還選拔了一批忠直賢能之士，如房玄齡、杜如晦、褚遂良、長孫無忌和楊師道等，充分體現了他的識人用人之才。同時，他不斷頒布求賢詔令，增加科舉考試的科目和招錄人數，為國家廣納真才實學之人。這樣的舉措，不僅壯大了朝廷的人才儲備，也有效遏制了貪腐之徒混跡官場的可能性。

第四節　貞觀之治

當然，選拔人才只是第一步，要保證官員的廉潔高效，還需要完善吏治制度。唐太宗在廉政建設上尤為注重，他優先選拔清正廉潔、剛直不阿的人才，從源頭上剔除腐敗風險。但即便如此，官場中難免出現因權勢而生的偏差，例如長孫順德受賄的案例。唐太宗對此並未一味施以嚴刑峻法，而是採取輕刑訂律的方式。他對長孫順德雖有處罰，卻以「受賄數十匹絹反而賞賜五十匹絹」的方法處理此案，意在教化官員，彰顯誠信與仁政。這種寬嚴並濟的治國方式，與孟子倡導的「王道」治國思想不謀而合。在這一方針的指導下，貞觀時期的官場和社會風氣大為改善，史書記載：

「官吏多自清謹。制馭王公、妃主之家，大姓豪猾之伍，皆畏威屏跡，無敢侵欺細人。商旅野次，無復盜賊，囹圄常空，馬牛布野，外戶不閉。又頻致豐稔，米斗三四錢，行旅自京師至於嶺表，自山東至於滄海，皆不糧，取給於路。入山東村落，行客經過者，必厚加供待，或發時有贈遺。此皆古昔未有也。」（《貞觀政要》卷一）

當時的社會景象達到了「官吏清廉、官民相愛、路不拾遺、夜不閉戶」的太平狀態。在這種環境下，犯罪率顯著降低，尤其是死刑犯的數量大幅減少。

貞觀六年（西元 632 年），全國僅判處 29 名死囚。更為罕見的是，當年唐太宗因憐憫死囚被長期囚禁無法與家人團聚，下令將 290 名死囚暫時釋放，允許他們返家團聚一年。儘管許多

第一章　唐太宗──從貞觀之治到反腐權謀

人擔憂這些囚犯可能逃跑或重犯，但一年後，所有囚犯均如期返回長安接受刑罰。這種自覺守信的行為震驚朝野，唐太宗深受感動，當即赦免了所有囚犯。這一事件成為歷史上君民關係和諧的典範，生動詮釋了「民依於國，國依於民」的治國理念。

唐太宗深諳「水能載舟，亦能覆舟」的道理。他以隋朝的滅亡為鑑，認為國家的安定與繁榮離不開人民的支持。因此，他不僅致力於政治清廉，還格外關注民生福祉。在經濟政策上，他主張減輕百姓負擔，努力實現當時的「小康生活」。唐太宗並未因建國之初的權力鞏固而大興土木，而是一直居住在隋朝舊宮殿內，儘管宮殿的潮溼環境對他的健康有一定影響。他拒絕為個人私利勞民傷財，以實際行動反對貪腐之風。

此外，唐太宗推行「去奢省費，輕徭薄賦」的政策。他鼓勵百姓開荒墾地，對災區減免賦稅，並在災情嚴重時開倉賑災，安置流民務農安家。在唐初，唐太宗遣散三千宮女，取消珍寶進貢，解放了大量勞動力務農經商。這些措施不僅讓百姓得以休養生息、安居樂業，還極大地促進了經濟發展。

農業是封建王朝的經濟基礎，歷朝歷代大多推行「重農抑商」政策。然而，唐太宗在重視農業的同時，鼓勵商業發展，使當時中國成為世界商業中心之一，廣州、揚州、益州等城市繁榮一時。此外，唐太宗還大力發展絲綢之路，將其推向新高度，使中華文明廣為傳播，為大唐盛世奠定了經濟與文化基礎。

第四節　貞觀之治

　　正是由於唐太宗長期堅持清廉治國的理念，唐朝實現了政治清明、經濟繁榮、社會安定的局面。在軍事上，唐朝以強大的武力維護了邊疆穩定；在外交上，建立了以唐朝為核心的和平關係；在文化建設上，唐詩流傳中外，影響深遠。許多國家紛紛遣使來華學習唐朝的制度、文化和科技。貞觀之治不僅是中國歷史上空前的盛世，也是唐太宗高超治國智慧與堅定決心的結晶。

第一章 唐太宗—從貞觀之治到反腐權謀

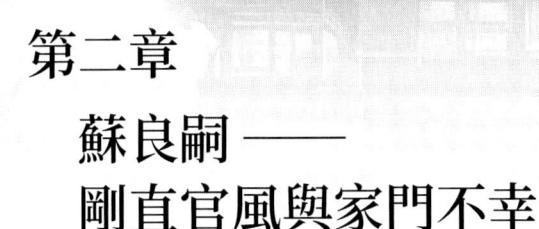

第二章
蘇良嗣 ──
剛直官風與家門不幸

第一節　剛直不阿

在唐太宗之後，其第九子李治繼位，即唐高宗，並改元永徽。由於政治清明、社會經濟持續發展，這一時期被稱為「永徽之治」，頗具貞觀遺風。這一盛世的成就，除了皇帝的英明治理外，還得益於一批賢臣的輔佐。其中，宰相蘇良嗣尤為引人注目。

蘇良嗣何許人也？我們可以透過《新唐書・列傳第二十八》的記載一窺其生平：

蘇良嗣（西元 604 年～ 689 年），蘇世長子，京兆武功人。唐周王府司馬、荊州長史、冬官尚書、溫國公、文昌左相、同鳳閣鸞臺三品、知政事、贈開府儀同三司、益州都督、洛州長史、冀州刺史、贈司空、僕射。

從其履歷來看，蘇良嗣是一位經歷隋末唐初及武周時期，

第二章　蘇良嗣—剛直官風與家門不幸

且壽命頗長的重量級官員。若進一步探究，則可發現他以剛正不阿、執法嚴明、嫉惡如仇而著稱，是一位不屑與貪官汙吏同流合汙的鐵面御史。他的剛正性格正符合唐朝統治者的需求。因此，他憑藉不屈的品格和卓越的能力，贏得了歷代帝王的賞識，最終累職拜相，達到了仕途巔峰。

蘇良嗣的仕途始於周王府司馬一職，擔任周王府的屬官。自此，他展現出不畏強權、崇尚法治的鮮明風格，毫不容忍任何貪贓枉法的行為。

「天子犯法與庶民同罪。」這一法治理念成為蘇良嗣為官處事的座右銘。在古代，貴族和權貴常常享有特權，對於法律約束漠不關心。許多人即便犯錯，也能以各種藉口逃避懲罰。然而，蘇良嗣恪守法治原則，即使面對上司也毫不妥協。他的直屬上司周王李哲，時常有違規行為，每每被蘇良嗣當場指出。

面對屬官的頻頻諫言，多數上司可能會選擇忽視甚至打壓，但蘇良嗣的執法嚴謹和言辭有據讓李哲不得不聽從勸諫。漸漸地，李哲的行為得到規範，王府內其他屬官的不當之舉也隨之減少。蘇良嗣不僅避免了「上梁不正」的局面，更糾正了「下梁歪」的現象，由此聲名鵲起，傳至朝廷之上，受到唐高宗的高度賞識。

唐高宗曾讚譽道：「朝廷正需要這樣遵守法度、敢作敢為、剛直不阿的人才！」隨後，他任命蘇良嗣為洛州長史、冀州刺史、荊州長史等重要職位，賦予其更大的施展舞臺。

第一節　剛直不阿

　　西元 683 年，年逾七旬的蘇良嗣依然堅守在仕途上，並被調任雍州長史，著手解決一系列棘手問題。當時關中地區饑荒嚴重，百姓甚至因飢餓而發生相食的慘劇，盜賊更是四處橫行，社會秩序瀕臨崩潰。在如此嚴峻的形勢下，蘇良嗣表現出非凡的治政才能。他嚴肅法紀，對盜賊和不作為的官吏一律依法處置，堅定維護社會秩序。遇有案件發生，他迅速果斷，總能在三日內偵破，令百姓信服、朝廷稱讚。

　　由於治理能力突出，次年蘇良嗣升任工部尚書。又過一年，他正式拜相，成為朝廷納言，封溫國公，並擔任西京留守。這表示著蘇良嗣仕途的巔峰，也彰顯了他在唐廷中的重要地位。

　　在擔任納言期間，尚方監裴匪躬提議出售禁苑中種植的蔬果，以增加朝廷收入。然而，蘇良嗣對此提議堅決反對。他以理據之，提出這樣的做法可能損害民生：「您可曾聽過春秋時期魯國相公儀休拒收鯉魚的故事？朝廷不應與民爭利，剝奪百姓賴以為生的生計。」

　　公儀休拒鯉魚的典故講述的是公儀休雖然酷愛鯉魚，但堅決拒絕接受百姓餽贈。他深知，接受餽贈便等於接受賄賂，這不僅會玷汙清譽，更可能導致官職被撤、身陷囹圄。與其如此，還不如自己出錢買魚，保持清廉，方能終生無憂。

　　蘇良嗣藉此典故勸誡裴匪躬，他指出，禁苑和朝廷在百姓眼中是至高無上的「品牌」，其出產的蔬果自然會廣受追捧。這種行為不僅會衝擊普通商販的生計，還可能催生官員貪腐，甚

第二章 蘇良嗣—剛直官風與家門不幸

至形成違法犯罪鏈條。長此以往,既損害民生,又破壞朝廷形象。蘇良嗣認為,與其追逐短期收益,不如杜絕腐敗之源,真正做到取信於民。

由此可見,蘇良嗣始終秉持清廉剛直的信念,將貪汙腐敗視為危害國家社稷的禍根。他堅信,貪腐雖能帶來一時的榮華富貴,最終必將自食其果。而清正廉潔不僅能造福國家和百姓,也能為自己贏得千古流芳的美名。這種剛正不阿的人格特質貫穿了他的一生,使他成為唐代治吏反腐的典範。

第二節　親屬腐敗

唐朝是一個對貪汙腐敗容忍度極低的時代,自先秦以來的「一人有罪,並坐其家室」律令在唐代得到了更加細化和嚴格的執行。《唐律・職制律》中明確規定:「諸監臨之官家人,於所部有受乞、借貸、役使、賣買有剩利之屬,各減官人罪二等;官人知情與同罪,不知情者各減家人罪五等。」

這條律令的含義在於,唐代將各州、縣、鎮、戍折衝府等職位在內的大小官員統稱為「監臨」。無論這些官員的家屬從事什麼樣的違法行為,只要涉及受賄、非法買賣或高利貸等,不論官員是否知情,都會根據情況承擔連坐責任。如果官員知情,他們將與家屬一起受罰;若官員不知情,則可減輕處罰,

第二節　親屬腐敗

但仍不能完全脫責。此類規定旨在透過家庭連帶責任，增強官員對家屬行為的約束力，減少腐敗現象。

蘇良嗣作為唐代一位廉潔正直的官員，雖一生追求清廉，卻也未能避免「家賊難防」的問題。令人意外的是，他的親屬中竟然有人因貪汙而將他連累，最終導致他被貶職。這也成為他人生中一次極為不幸的插曲。

《新唐書》對此事的記載簡短而直白：

始，良嗣為洛州長史，坐僚婿累，下徙冀州刺史。其人往謝，良嗣色泰定，曰：「初不聞有累。」

事情的經過是這樣的：當時，蘇良嗣因在周王府的清正廉潔、大公無私而受到了唐高宗的高度讚賞，被調任為洛州長史。蘇良嗣的妻子因丈夫受皇帝賞識而心情愉悅，然而，她的親戚們卻因貪欲而利用這個機會走了後門。

蘇良嗣的妻妹和妹夫透過蘇良嗣的名義開始收受賄賂。那些無法直接透過蘇良嗣本人獲得好處的人，轉而利用其家屬的關係進行行賄，甚至以蘇良嗣之名進行私下交易。長時間以來，這種行為得到了不少賄賂。然而，天網恢恢，疏而不漏，這一行為最終被揭露，並透過舉報上報唐高宗，引起了皇帝的震怒，導致蘇良嗣因此受牽連，被降職為冀州刺史。

面對妻妹和妹夫的悔過，蘇良嗣表現出了異常的寬容。當妻妹親自前往蘇府承認過錯並道歉時，蘇良嗣淡然回應道：「這沒什麼，官職的調動是很尋常的事情，我並未感受到什麼牽累。」

第二章　蘇良嗣——剛直官風與家門不幸

正如《新唐書》所記載的那樣:「其人往謝,良嗣色泰定,曰:『初不聞有累。』」

這一點非常奇怪。蘇良嗣的性格剛直,歷來以廉潔和清正著稱,那麼為何面對連襟貪贓的事實,他卻顯得如此寬容大度?從情理上看,這種反應實在難以理解。如果蘇良嗣真如後來的包拯那般鐵面無私,面對親屬的腐敗行為,他理應毫不容忍,絕不會輕描淡寫地說出「初不聞有累」這一話語,而草草了事。

因此,這其中必定另有深意:

首先,一種可能性是,古人可能故意透過這種方式抬高蘇良嗣的寬容大度,強調他作為一位高官所具備的「宰相肚裡能撐船」的寬宏大度,這在儒家傳統中是極為推崇的美德;

其次,這也可能是在側面突出蘇良嗣確實不知情,意味著連襟的貪腐與他無關,蘇良嗣依然是那個嫉惡如仇、清正廉潔的好官;

第三,可能是蘇良嗣在處理此事時考慮到家庭親情,受到妻子的勸解,顧及親戚間的情感,既然連襟已受法律制裁,何不寬容一二,讓親戚不至於因內疚而困擾;最後,或許蘇良嗣透過這種方式,實際上是給妻妹和妹夫一個警告,提醒他們不再犯錯,否則真將無顏面對這位清廉的連襟。

無論具體出於何種考慮,蘇良嗣的妹夫貪汙已是事實,根據律令,他最終因連累而遭到貶職,實屬合理。唐朝對貪汙腐敗的懲處力度極大,即使是像蘇良嗣這樣的清正官員,也未能因

其過往功績而被寬恕,足見當時法律執行的嚴厲。

因連襟的貪腐行為導致自己仕途受挫、貶職調動,這對於蘇良嗣而言,無疑是一次重大打擊。除卻再次在仕途上停滯不前,這一事件還為他的為官生涯留下了汙點,未來或許會成為同行攻擊的把柄。這無疑是一種沉重的代價,顯示了「人算不如天算」的道理。即便是有著卓越表現的官員,面對皇命時,仍然不得不屈從,蘇良嗣也只能收拾行囊,整裝前往冀州。

第三節　扣押皇史

雖然蘇良嗣因親屬的貪腐行為表現出了寬容大度的一面,展現了他的家國情懷,但這並不意味著他會妥協於原則,特別是在反腐倡廉的道路上,他依然保持著雷厲風行的作風,絕不手軟。《新唐書》中有這樣一則記載:

帝異之,選荊州長史。帝遣宦者採怪竹江南,將蒔上苑,宦者所過縱暴,至荊,良嗣囚之,上書言狀。帝下詔慰獎,取竹棄之。

大概意思是:唐高宗對蘇良嗣剛直不阿的性格和卓越才能感到異常欽佩,於是決定任命他為荊州長史。憑藉蘇良嗣的才能,荊州地方的官員幾乎沒有人敢貪汙腐敗、不作為或為富不仁,百姓們也無不敬仰他。作為一方的父母官,蘇良嗣始終堅

第二章　蘇良嗣──剛直官風與家門不幸

守著對百姓負責的原則,對於任何侵害民眾利益的行為都絕不手軟。

有一次,唐高宗親自派遣宦官前往江南各地採集奇異竹木,這些竹木將被移植到皇宮的御苑中。然而,這些宦官一路南下北上,雖然是奉旨行事,卻因為得到了地方官的縱容,行事日益驕橫。直到他們經過荊州,遇上了蘇良嗣,他們的行為才得到了應有的懲治。

這些宦官在荊州境內橫行霸道,百姓們苦不堪言,紛紛前來投訴。蘇良嗣深知這些宦官依仗皇命胡作非為,總是做些有損百姓利益的事情。此時,他不能容忍他們再繼續為非作歹。於是,他命令手下官員立即將這些宦官捉拿歸案。

「來人,帶我去江邊,捉拿這些欺侮百姓的暴徒!」蘇良嗣親自率領衙役前往,將那些宦官通通捆綁,押解到監獄。

其中一名宦官氣焰囂張,質問道:「蘇良嗣,你知不知道我是誰?竟敢抓我!」

「我不管你是誰,像你這種整天在皇帝面前搬弄是非的小人!這裡是荊州,我是這裡的長官,任何在我轄區內為非作歹的人,我都有權依法處置!帶走,將他們全部押入監獄!」蘇良嗣毫不退讓。

宦官們萬萬沒想到在荊州碰到如此硬脾氣的長史,只得自認倒楣,求皇帝賜予寬恕。然而,蘇良嗣並未立即嚴懲他們,而是扣押了這些宦官及其所押的竹木,命人嚴加看守,並立即

第三節　扣押皇史

向唐高宗上奏,彙報此事。

奏章中寫道:「陛下,近日一批宦官奉旨前往江南採集奇異竹木,途經荊州時,橫行霸道,騷擾百姓,帶給了百姓極大困擾。臣明白陛下有意蒐集這些竹木,但這些宦官未按照旨意辦事,反而滋生事端,這與陛下愛民如子的宗旨相違背。為此,臣不得不先行扣押這些宦官及竹木,恭候陛下處置。」

蘇良嗣的做法十分高明,他雖然扣押了皇帝的使者,但始終保持分寸,將最終處理的權力留給了唐高宗,以避免雙方關係的破裂。同時,這也展現了唐高宗對百姓的關懷,任何有損百姓利益的行為,皇帝也無法容忍。蘇良嗣這一「先斬後奏」的手段,無疑讓唐高宗不得不放棄繼續此事,從而制止了宦官們對百姓的壓迫。

果不其然,唐高宗在收到蘇良嗣的奏章後,心生憤怒與惱火。他憤怒的是這些宦官竟然仗著權勢擾民,惱火的是此事暴露了他自己的命令。私下裡,唐高宗對武則天無奈地表示:「我約束不嚴,竟讓蘇良嗣責備我。」

在此之前,武則天雖然早已聽聞蘇良嗣的剛直之名,但沒有親身經歷,直到此事發生後,她對蘇良嗣的膽識與剛正更加敬畏。蘇良嗣此舉不僅贏得了唐高宗的尊重,唐高宗對他的忠誠也表示了深深的敬佩。

「愛卿的忠直讓朕十分敬佩,朕也為未能嚴格約束下屬感到羞愧。那批竹木,不必再扣押,直接投入江中,歸還自然。」唐

第二章　蘇良嗣──剛直官風與家門不幸

高宗在私下對蘇良嗣如此安慰，表揚了他為國為民的忠心。

這也是蘇良嗣預料中的結果。他隨後將宦官釋放，並傳達了唐高宗的旨意，同時警告他們不得再對百姓施加暴力。這些宦官儘管心中不滿，但既然唐高宗已做出處理，他們也只能灰溜溜地回京覆命。

這一事件很快傳開，荊州百姓無不對蘇良嗣表示感激，因為在當地的歷任長史中，像蘇良嗣這樣敢堅決行動、為民伸張正義的官員並不多見。因此，蘇良嗣扣押皇史、杜絕腐敗的事蹟，成為當地美談，也在官場引起了小小的騷動，大家都開始重視這個年輕的荊州長史，並看到了唐高宗對抗腐敗的決心。

第四節　怒打薛懷義

唐高宗自西元656年起，頭痛症狀越發嚴重，對於朝廷事務常常力不從心。此時，武則天便逐步登上了歷史舞臺，展現出她強烈的政治野心。最初，她希望自己的長子李弘能夠繼承皇位，但隨著她越來越多地參與朝政，展現出了出色的政治才能，她的目標逐漸從扶持兒子轉變為親自掌控朝政，最終獨攬大權。

西元674年8月，唐高宗被稱為「天皇」，而武則天則稱為「天后」，當時人們稱之為「二聖」。實際上，由於唐高宗的病情

第四節　怒打薛懷義

日益加重,他已經無法有效管理國家,朝政的實際控制權迅速轉移到了武則天手中。

西元683年,唐高宗去世,武則天立她的第三子李顯為帝,稱為唐中宗。然而,她的長子李弘早在之前就去世了,官方稱其暴斃,但時人普遍懷疑是武則天為了防止李弘反對她的政治計畫而下令毒死他。

李弘之死令武則天憤怒和焦慮,因為李弘反對她的權力獨攬,認為武則天的行為違背了傳統政治原則。

李弘去世後,武則天立了二子李賢為太子,但因政見不合,李賢被廢除並囚禁,最終被流放至巴州(今四川省巴中縣)。此後,武則天立李顯為太子,並最終登基為帝。

然而,實權依然牢牢掌握在武則天手中,她以皇太后的身分統治國家,擁有生殺大權。在政治權力得到滿足的同時,武則天開始放縱自己的私人欲望,表現出類似男性帝王的縱慾行為,尤其是在私生活方面的腐化,關於她的私生活的野史記載層出不窮。

與男性皇帝寵愛嬪妃不同,武則天則養了一群男寵來取樂。而其中最為顯赫的男寵當屬薛懷義。

薛懷義,本名馮小寶,原是市井之徒,經營著一些賣藥的騙術,實為無賴之人。但他言辭巧妙,身材魁梧,容貌不差,且深諳人情世故,擁有豐富的江湖經驗。對於普通百姓的女子,他或許並無太大魅力,但對於一些貴族家庭的女子,卻別有一

第二章　蘇良嗣—剛直官風與家門不幸

番吸引力。而最為人稱道的,是他在房事方面的非凡能力。

根據《舊唐書·薛懷義傳》記載,薛懷義曾與唐高宗的幼女千金公主有所牽連,甚至可以讓千金公主親自為他沐浴更衣,之後將其獻給了守寡多年的武則天。

武則天與薛懷義相處一段時間後,被其機智和精湛的侍寢技藝所吸引,便決定為他安排一份正式的差事,使他能在宮中光明正大地服侍,常伴左右。

為了實現這一目的,武則天將薛懷義剃髮為僧,任命他為白馬寺的主持,改名為薛懷義,隱去本名馮小寶。

為了讓薛懷義在朝廷中立足,武則天還命令太平公主的丈夫,駙馬都尉薛紹以叔父之禮對待他。透過這些安排,薛懷義從一個市井無賴一躍而成了朝廷的名門望族,朝中百官皆稱他為「薛師」。

薛懷義憑藉武則天的寵愛,迅速從庶民躍升為權貴。他恃寵而驕,市井無賴的本性暴露無遺,行事越發放肆,甚至在朝廷中橫行霸道,對官員們肆意挑釁,幾乎不把朝中百官放在眼裡。大多數官員因懼怕武則天的權勢,雖心生憤怒,卻敢怒不敢言,這無形中助長了薛懷義的囂張氣焰。

然而,正是這樣一個寵臣,專權誤國,肆意妄為,竟在蘇良嗣面前遭到了強而有力的反擊。蘇良嗣曾敢扣押唐高宗的宦官,此時又怎會畏懼武則天寵臣的淫威?

一天,薛懷義心生挑釁之意,帶領一群隨從擅自闖入南

第四節　怒打薛懷義

衙——只有宰相才能出入的地方。巧合的是，恰逢蘇良嗣正欲進門。當時，蘇良嗣是朝廷中人人敬重的宰相。

「讓開，難道你沒看到我要進門嗎？竟敢搶在我前頭？」薛懷義根本不看蘇良嗣，語氣充滿挑釁。

蘇良嗣本已對薛懷義的為非作歹、囂張氣焰深感不滿，看到他竟敢在南衙這種地方撒野，怒火中燒，豈容得他如此放肆！

「來人，賞這個無賴幾個耳光，讓他看看以後敢不敢再亂闖我南衙！」蘇良嗣怒斥道。

薛懷義沒料到眼前的蘇良嗣如此強硬，反應遲鈍之際便被他的隨從拉開，狠狠地扇了好幾十個耳光。

「把他轟出去！」蘇良嗣不再多看他一眼，直接跨過大門，將薛懷義趕了出去。

被羞辱的薛懷義捧著紅腫的臉向武則天哭訴：「您要為我做主啊！」

武則天見狀大為震驚，心中憤怒，誰敢如此大膽地欺負自己的男寵！然而，了解事情經過後，武則天冷靜下來，一邊安慰薛懷義，一邊嚴肅告誡他說：「蘇良嗣是我朝的一位老臣，功績卓著，曾得高宗的三分尊重，我亦不敢輕易冒犯。再者，南衙是宰相才能進出的地方，你以後千萬不要再隨意闖入冒犯他，最好還是從北門出入吧！」

從那時起，薛懷義明白了，在朝廷之中，雖然他能在武則天身旁享受寵愛，但蘇良嗣的地位與政績卻是無法與之比擬的。

第二章　蘇良嗣—剛直官風與家門不幸

他逐漸領悟到，雖然自己受到寵信，但無法挑戰蘇良嗣在朝中的威望。於是，他決定不再挑釁蘇良嗣，以免招致不必要的麻煩。

蘇良嗣一生剛直、廉潔，反腐倡廉，令人敬畏。許多同僚曾為他擔憂，害怕武則天會因為此事遷怒於他。但蘇良嗣卻寬慰他們，認為自己有理有據，薛懷義公然蔑視朝廷命官、衝撞南衙，而武則天是明理之人，絕不會因小事冤枉自己。

事實上，蘇良嗣清楚地知道，許多官員對武則天執掌朝政不滿，甚至公開反對她，但她卻一一剷除異己。而他自己從未反對過武則天，僅僅是盡職盡責地履行自己的職務。

武則天雖然會剷除異己，卻也懂得珍惜忠誠之臣，因此蘇良嗣認為，武則天不會為了一個寵臣而傷害有助於國家的重臣。

與幾年前扣押皇史案類似，蘇良嗣嚴懲薛懷義，也別有深意。事實上，他早已對薛懷義的專橫行為心生厭惡，只是一直未能找到合適的時機向武則天提出。此次遇到薛懷義挑釁，蘇良嗣正好藉此機會警告武則天，應嚴加約束寵臣，否則容易失去人心與公正。武則天聰慧非凡，怎會不明白蘇良嗣的良苦用心？這也正是為何武則天「怕」蘇良嗣的原因，所謂的「怕」其實是一種敬畏。她需要男寵來安慰自己，但更需要像蘇良嗣一樣剛直忠誠的臣子輔佐自己治理國家。

這一事件可以視作蘇良嗣對武則天的一次友善提示，提醒她要警惕過度寵信親信。然而，蘇良嗣畢竟年事已高，且不敢過度干涉武則天的決策。

第四節　怒打薛懷義

西元 690 年（載初元年），蘇良嗣已經 85 歲，武則天因其高齡，決定罷去他文昌左相之職，改封特進，並仍任命其為宰相，實為名譽職位，已不再擁有實權。

不久之後，宰相韋方質被酷吏陷害，為了脫罪，韋方質將罪名嫁禍於與自己素有矛盾的蘇良嗣。面對這份無理的誣告，蘇良嗣大為震驚。一生清廉、剛正的他，怎麼也沒料到會被陷害。對他而言，名譽重於一切，他感到十分惶恐，儘管武則天為他撐腰，保護了他免遭冤屈，但由於過度擔憂，年邁的蘇良嗣最終在金鑾殿上暈厥，不久後便因病去世了。

這一噩耗傳開後，朝中許多人歡欣鼓舞，然而武則天卻為此深感痛惜。她立即宣布罷朝三日，命令百官前去弔唁，並在觀風門舉行哀悼儀式，追贈蘇良嗣為開府儀同三司、益州都督。

本以為蘇良嗣的一生已圓滿結束，然而令人遺憾的是，他的死後依然未能得到安寧。不久後，蘇良嗣的兒子蘇踐言也遭到酷吏的陷害，最終被流放至嶺南。蘇良嗣的家族再次陷入困境，儘管他已死去多年，仍然被追削官爵、抄沒家產。直到武則天去世，唐中宗即位後，才在西元 707 年（景龍元年）為蘇良嗣平反，並追贈他為司空。

一個一生清正廉潔、堅守正義、與腐敗勢力鬥爭到底的忠臣，生前與死後的經歷可謂波瀾起伏，令人唏噓。然而，他最終得到了公正的平反，也算是對他為國為民、剛直不阿的一生的肯定與表彰。

第二章　蘇良嗣—剛直官風與家門不幸

第三章
武則天 ——
從才人到皇帝的崛起

第一節　侍奉天子

　　武則天的一生是中國歷史上女性在政治權力上所能達到的巔峰，她對於權力的渴望與追求，以及天生的剛強性格和非凡見識，從她進入宮廷之前便已有所顯露。

　　採選，即選拔宮女的制度，是唐朝平民百姓與皇宮建立聯繫的一條重要途徑。此制度每年一次，透過規範的選秀程序，從民間挑選美貌、才藝出眾的女子進入宮廷，侍奉皇帝與皇族。自東漢以來，選秀已成為一種固定制度。

　　在此之前，選拔宮女的方式並不規範。參加選秀的女子年齡一般為 13 至 20 歲，她們必須經過嚴格的體檢與選拔，最終能夠被選中的都是百裡挑一的優秀女子。

　　因此，宮廷選秀與科舉制一樣，猶如千軍萬馬過獨木橋，能夠成為嬪妃的女子，無一不是經過層層篩選的女中菁英。

第三章　武則天—從才人到皇帝的崛起

　　實際上，能夠進入後宮並擁有較高品級的宮女，絕大多數都是仕宦人家的女兒，而來自平民百姓家庭的女子則往往只能做最下層的宮女，終其一生都只能在宮中度過，孤寡一生。對於平民百姓來說，女兒入宮是悲慘的命運象徵，意味著將永遠與家庭斷絕聯繫。然而，對於許多文武百官而言，選秀卻是一條迅速提升家族地位的捷徑。

　　歷朝歷代後宮中均設有各品級的嬪妃與女官。唐代的後宮制度更為複雜，皇后以下設有四夫人：貴妃、淑妃、德妃、賢妃，皆為正一品；九嬪：昭儀、昭容、昭媛、修儀、修容、修媛、充儀、充容、充媛，皆為正二品；二十七世婦：婕妤、美人、才人各9人，分別為正三品、正四品、正五品；八十一御妻：寶林、御女、采女各27人，分別為正六品、正七品、正八品。唐朝開元時期，後宮制度進行了一些調整，皇后以下設四夫人之制與舊制不合，便置惠、麗、華三妃，六儀，四美人，七才人，而尚宮、尚儀、尚服各二（出自《新唐書》）。

　　進入宮中的嬪妃和女官大多來自仕宦家庭，特別是文武百官的女兒，透過禮娉入宮後便能得到冊封，擁有了名分。例如，武則天便是透過禮娉成為才人進入宮廷，也就是說，她一入宮便已經是正五品的女官，離嬪妃的地位只差兩步之遙。

　　武則天出生於唐朝開國功臣武士彠的次女，母親楊氏則出身隋朝皇室，父親為隋朝觀德王楊雄之弟遂寧公楊達。她的祖籍為并州文水縣（今山西省文水縣北徐村），生於武德七年（西

第一節　侍奉天子

元 624 年)。其父武士彠原為從事木材買賣的商人，家境十分殷實。在隋煬帝大業末年，李淵因職務駐紮河東和太原等地，曾多次光顧武家，兩家因此結識。由於志趣相投，武士彠在李淵起兵反隋時，向其提供了大量的錢糧與衣物。唐朝建立後，為報答其幫助，李淵以「元從功臣（元從功臣：特指那些在晉陽起兵中參與創立唐朝的功臣）」的身分任命武士彠為官，歷任工部尚書、黃門侍郎、判六尚書事等職，最後封為應國公。

然而，武士彠於貞觀九年（西元 635 年）去世，那時武則天年僅十一歲。隨著父親的去世，武則天在家中地位逐漸下降，堂兄武唯良、武懷運及同父異母的兄弟武元爽等人對她母親楊氏失禮，使得武則天在家中地位較低，生活也開始變得艱難。因此，武則天自幼便培養了堅強的性格。雖然出生在顯赫的仕宦家庭，但她早年遭遇的家庭變故卻使她更加堅韌，塑造了她後來的政治風格。

貞觀十一年（西元 637 年）十一月，武士彠去世已逾三年，年僅十四歲的武則天正值荳蔻年華，唐太宗聽聞她不僅容貌美麗，而且儀容端莊，氣質出眾，遂召她入宮，封為五品才人，並賜號「武媚」。關於「武媚娘」這一稱呼，疑為後人所誤傳。

在入宮前的某一天，武則天來到母親楊氏面前，告別即將進入宮廷的生活。楊氏看著即將離開自己的女兒，不禁淚如雨下。她知道女兒將要進入深宮大院，無法再常常見面，更為擔憂的是，武則天或許會捲入宮廷中的權力鬥爭，這讓楊氏淚如

第三章　武則天——從才人到皇帝的崛起

雨下，心如刀割，心情愈加沉重。

面對母親楊氏的淚水，武則天的反應不同尋常。她不僅沒有抱頭痛哭，反而用成熟老練的語氣回應，帶著一絲對母親「兒女態」不滿的情緒：「侍奉聖明天子，豈知非福？為何還要哭哭啼啼，作兒女之態呢？」她的態度冷靜而堅定，絲毫不顯得是普通少女應有的依戀之情。

看到這一幕，任何人都會感嘆：這真是一位非凡的女子。試想，年僅十四歲的她，深知即將與親人永別，可能一生都將困於深宮，然而她依然如此堅定自若，完全沒有表現出一般兒女在離別時的依依不捨。相比之下，當今許多年輕人在十八、九歲步入大學時，常常需要父母送行，甚至流淚告別，更遑論十四、五歲時的離別了。

然而，武則天更加令人驚異的，並非她不做扭捏惜別的表現，而是她的遠見卓識：「侍奉聖明天子，豈知非福？」

當時的天子是唐太宗，她雖心懷為皇帝效力的願望，但絕非滿足於宮中才人的身分。從她的話中可以看出，母親楊氏擔心她只能作為才人度過孤寂的一生，而她則以「豈知非福」表露出自己野心勃勃、志向遠大的內心，顯然不甘心碌碌無為度過一生。

懷著對未來的憧憬和目標，她進入了宮中，侍奉唐太宗。唐太宗有一匹烈馬，名叫獅子驄，體格龐大，性格頑劣，難以馴服。武則天自告奮勇，說道：「陛下，妾身能夠馴服牠，只需要

第一節　侍奉天子

三件器物。」唐太宗聽後非常驚訝，急忙詢問她需要哪些器物，如何使用。

她答道：「第一件是鐵鞭，若牠不聽從訓練，就用鐵鞭抽打牠；第二件是鐵棍，若鐵鞭無效，則用鐵棍敲擊牠的腦袋；最後一件是匕首，若前兩種方法仍無法使牠屈服，便用匕首割斷牠的喉管，令牠永遠無法撒野。」

此言一出，周圍的人無不倒吸冷氣，而唐太宗也不禁稱讚她胸懷壯志，認為她非同尋常。

儘管如此，武則天並未因此得到唐太宗的寵愛。從十四歲入宮至唐太宗去世，她在宮中連續擔任了十二年才人，地位始終未有提升，這也印證了母親當初的擔憂——她未能擺脫在後宮中的孤立與寂寞。

然而，武則天並非輕易屈服的人。看到自己無法獲得唐太宗的寵愛，她並沒有放棄，而是另闢蹊徑。在唐太宗病重期間，她與太子李治發生了不尋常的關係。這種行為固然有悖倫理，可能是兩情相悅，但從她對自己入宮身分的看法、對馴馬方式的態度來看，更多人願意相信武則天有著清晰的目的和深遠的規劃。她絕不甘心將自己的青春和後半生寄託在沒有希望的才人身分上，尤其是在這座深不見底的宮廷中，她更希望透過自己的努力和手段改變命運，向更高的目標邁進。

也許，唐太宗始終沒有寵幸武則天，正因為他感到自己難以駕馭她，就如同那匹名叫獅子驄的烈馬一樣，性格倔強且難

第三章　武則天─從才人到皇帝的崛起

以馴服，唐太宗因此選擇避免與她過多接觸。儘管唐太宗晚年有時顯現出某些昏庸的跡象，但他畢竟經歷過許多風雨，有一定的政治智慧。他能夠深刻感受到武則天內心的巨大渴望，而這種渴望一旦爆發，將極難控制。唐太宗顯然不願意冒險，因此他選擇了保持距離。

如果唐太宗真是出於這種考慮做出的決定，那麼他的判斷無疑是正確的。武則天果然並非簡單之人。她與太子李治之間的關係一直微妙且複雜，儘管唐太宗去世後，她與一些沒有子女的嬪妃一同進入長安感業寺為尼，但她與新登基的唐高宗李治保持著不斷的聯繫。這一切都為她後來的命運轉折奠定了基礎。

誰願意一生困於感業寺為尼呢？顯然，武則天絕不甘心如此度過餘生。永徽元年（西元650年）五月，唐太宗的週年忌日，唐高宗前往感業寺進香，武則天抓住這一機會與他相見，並互訴離別後的思念之情。這一番話表露無遺──她希望唐高宗能設法將她從感業寺帶出，讓她重新回到他的身邊。

終於，一年後，她的機會來了。王皇后因長期未能生育，受到唐高宗的冷落，而她的情敵蕭淑妃卻受到寵愛。於是，王皇后提議將武則天重新接回宮中，企圖透過此舉打壓蕭淑妃，為自己爭取更多的寵愛空間。然而，她哪裡知道，這個提議將直接改變後宮的格局。

永徽二年（西元651年）五月，唐高宗的孝服剛滿便決定接武則天回宮，而王皇后未曾預料到的是，武則天此時已經懷

第一節　侍奉天子

上了唐高宗的孩子。入宮後不久，她便生下了兒子李弘。唐高宗對武則天深情厚意，加之她為唐高宗誕下了龍子，蕭淑妃的地位自然被徹底擠壓。武則天迅速獲得了唐高宗的寵愛，一年後，她便被封為二品昭儀，成為九嬪之首。儘管王皇后和蕭淑妃的品級高於她，但實際權力卻已大不如她。王皇后後悔當初的「引狼入室」之舉，與蕭淑妃結成了同盟，共同對抗武則天，但唐高宗此時只聽得進武則天的話。

幾年後，武則天誕下長女安定思公主，作為後宮之主的王皇后自然親自前來祝賀。安定思公主當時僅一個月大，王皇后逗弄了一會兒後便離開了。然而，奇怪的事情發生了：王皇后離開後不久，安定思公主竟突然暴斃。唐高宗在詢問宮女時得知，王皇后是最後與安定思公主接觸的人。於是，王皇后成了最主要的嫌疑人。儘管並無確鑿證據表明王皇后殺害了安定思公主，但唐高宗從此開始有了「廢王立武」的想法。這一決策的背後，除了寵愛武則天外，還因王皇后一派在朝中累積了較大的外廷勢力，唐高宗希望透過更換後宮主位來鞏固自己的皇權。

武則天此時同樣有奪取王皇后後宮之主之位的雄心，宮中許多人已經察覺到她的野心。於是，開始流傳著謠言，稱安定思公主的死是武則天為了嫁禍給王皇后而親手所為。至於安定思公主的死因，我們無法得知真相，但不可否認的是，武則天的手段狠辣，且極善於謀取權力並削弱對手的影響。她這種果斷而冷酷的性格，正是她日後腐敗統治的根源之一。

第三章　武則天─從才人到皇帝的崛起

第二節　二聖聽政

在古代後宮嬪妃之間的爭鬥通常不會波及到朝政，但武則天卻不同於常人。她不僅能夠處理後宮的紛亂事務，還在唐太宗時期展現了作為賢內助的才華，並且遠遠不滿足於僅僅作為他背後的女人。

唐高宗為了重振皇權，下定決心實施「廢王立武」的計畫。為了達成這一目標，他與外廷勢力龐大的大臣展開了艱苦的鬥爭。最初，唐高宗獨自作戰，困難重重，面臨巨大的反對壓力。此時，武則天不僅安慰他，還提出了諸多有效的策略和建議，從而幫助唐高宗在朝堂上爭取到了更多支持。自此，唐高宗和武則天攜手並肩，與大臣們展開了長期的博弈，誓言推動並實現這一歷史性的決定。

古人云：「夫妻同心，其利斷金。」這句話在唐高宗與武則天的合作中得到了充分體現。作為唐高宗的親密同袍，武則天逐漸從幕後走向政治舞臺，開始直接參與到朝政中。

在朝堂之上，利益關係總是錯綜複雜，因此既有反對「廢王立武」的力量，也有利益驅使下公開支持這一決策的力量。中書舍人李義府便是第一個公開支持唐高宗的大臣。這使得唐高宗和武則天非常高興，二人隨即重賞了李義府。看到李義府因支持「廢王立武」而得到好處，其他一些原本保持觀望態度的中高級官員也開始紛紛加入支持的行列。此時，王皇后的地位已不

第二節　二聖聽政

如武則天穩固，而武則天則是宮中真正的權力操控者，背後還有唐高宗的支持。從長遠來看，武則天有望取而代之，成為新的皇后。

基於此，許多原本打算置身事外的大臣紛紛上書，建議唐高宗盡快實施「廢王立武」。朝廷就是如此複雜，勢力變動間，一方勢力的崛起，往往伴隨著另一方的打擊。在這種局勢下，武則天清楚地意識到，這一次「廢王立武」不僅是唐高宗重振皇權的關鍵時刻，也是她累積政治資本、培養忠實支持者的好機會。她深知，誰在這場鬥爭中支持她、誰反對她，未來都將得到報答或報復。

隨著越來越多的大臣站在她這一邊，唐高宗不再猶豫，決定抓住這次歷史性機會。然而，儘管如此，他仍然擔心長孫無忌、褚遂良等功臣的強大影響力，擔心他們會在關鍵時刻對自己形成巨大阻礙。於是，他詢問了功臣元老李勣的意見。

李勣聰明地回答：「陛下，這是您的家事，廢立又何必問我們這些外人？」李勣這番話將責任推給了唐高宗本人，但其深意也非常明確——既然皇帝已決心廢王立武，他就應該按自己的心意去做，而不必徵求他們這些臣子的意見。透過這番話，李勣表面上避開了直接參與決策，但實際上他已經表態支持廢王立武。

從整體趨勢來看，廢王立武的決定很快就被確定了。永徽六年（西元 655 年）十月十三日，唐高宗釋出詔書，以「陰謀下

第三章　武則天──從才人到皇帝的崛起

毒」的罪名廢除王皇后和蕭淑妃的後宮地位，將她們貶為庶人並囚禁起來。此舉徹底剷除了武則天的最大競爭對手。同時，唐高宗還對王皇后一派的親戚和權臣進行了打擊，將他們削爵免官，流放至遙遠的嶺南地區，進一步鞏固了自己的皇權。七天后，唐高宗下詔冊立武則天為皇后，並迅速將一貫反對她的宰相褚遂良貶為外州都督。幾年後，長孫無忌、于志寧、韓瑗、來濟等人也先後被削職免官，流放出京。

經過一系列的政治鬥爭後，留在唐高宗和武則天身邊的官員幾乎全都是支持他們的親信，皇權得到了前所未有的集中與鞏固。關隴貴族在這一過程中遭受了沉重打擊，再也無法與皇權抗衡。而經過這場政治角逐，唐高宗的健康狀況愈加惡化，武則天則成為了這一歷史性事件的最大受益者。

顯慶五年（西元660年）十月，唐高宗因患風疾，導致頭暈目眩，無法處理政務，遂將國事全權委託給武則天。從此，武則天正式登上政治舞臺，展現了她卓越的政治才能。然而，由於政見分歧且過於強勢，武則天差點被唐高宗廢除。最終，在她軟磨硬泡下，唐高宗才放棄了廢除她的打算。這一事件也讓武則天深刻意識到，如果不盡快將國家大權牢牢掌握在自己手中，遲早會有別人取而代之。

武則天心思敏捷，言辭巧妙，她在唐高宗面前提議：「陛下既然頭痛不便治理國事，而臣妾又經驗不足，不如允許臣妾隨陛下一起上朝聽政，既能學習，又能分擔陛下的辛勞。」此言表

第二節　二聖聽政

面上是為唐高宗著想，實際上卻在暗中積蓄力量。唐高宗考慮到自己無法獨自承擔治理國家的重擔，又不放心讓武則天完全接管朝政，最終接受了這一建議。此時，唐高宗與武則天一同聽政，成了一種獨特的局面，表示著武則天開始掌握了國家一半的權力。

這一變化意味著「二聖聽政」成為歷史上的轉振點，也讓武則天的權力得到進一步鞏固。隨之不久，武則天又提出了一個建議：與唐高宗共同進行封禪泰山。封禪是古代帝王祭祀天地的一種典禮，通常發生在國家繁榮、社會安定的時期，既是向百姓昭示國運昌盛，又是表彰皇帝治國有方，亦是對天地和祖先的感恩和祈願。封為祭天，禪為祭地，泰山被視為天下的至高之峰，因此，封禪大典常在此舉行。

唐高宗在位期間，國家確實處於相對的盛世之中。武則天為了彰顯國家的強盛，積極鼓勵唐高宗舉行封禪大典。然而，唐高宗心存顧慮，認為根據古代習慣，封禪是祭天的皇帝專屬儀式，女性從來不參與其中。古代的祭祀場所通常是禁地，女性只有在嫁入夫家時才可進入，其他時候不得涉足。唐高宗認為封禪一事，歷來由皇帝主持，公卿作為輔助，皇后自然無權參與。

面對唐高宗的難題，武則天巧妙地辯解道：「既然封為祭天，禪為祭地，先皇配享祭天，太后配享祭地，那麼公卿豈能做亞獻祭地之理？這又是皇族事務，豈能讓外臣插手？既然如此，作為皇后，臣妾應當以亞獻祭地，表孝敬婆婆之意。」

第三章　武則天—從才人到皇帝的崛起

　　武則天言辭鏗鏘，理直氣壯，唐高宗聽後無言以對，最終同意了她的提議，宣布將舉行泰山封禪盛典。

　　對於武則天而言，她從來沒有什麼難以應對的事情。身為一位善於改革創新的能手，她的每一項決策都開創了先例。從「廢王立武」到「二聖聽政」，每一項改革都充滿了挑戰，而她都能迎難而上。此次皇帝與皇后共同封禪，打破了古代封禪的傳統，也讓文武百官和百姓為之稱奇。武則天再一次證明了她的政治智慧和手腕，也進一步鞏固了她在唐朝的權力基礎。

　　麟德三年（西元666年）正月初一，天清氣朗，泰山封禪大典順利舉行。武則天作為亞獻，完美亮相，向天下展現了她的非凡魅力和卓越能力。這一露面，無疑是在宣示她在唐朝的霸權地位，讓世人明白，誰才是真正掌控國家政權的人。獻酒儀式後，武則天大赦百官，給予他們晉升與獎賞，進一步鞏固了她在朝廷中的權威。自此，武則天的皇后地位穩固如山，她的勢力也得到了顯著累積。

　　上元元年（西元674年）八月，唐高宗稱「天皇」，武則天則自稱「天后」。次年，唐高宗的風疾加重，開始產生讓武則天獨立攝政的念頭。然而，宰相郝處俊等人強烈反對，主張唐高宗應將皇位傳給子孫。唐高宗之所以有此想法，除了武則天不斷在耳邊勸說，還有一個重要的原因：他看到自己的兒子們都沒有能力接手政權。

　　首先，他們缺乏經驗和閱歷；

第二節　二聖聽政

其次，缺乏足夠的膽識和魄力，難以贏得朝臣的支持；

再者，他們手中沒有實權，而武則天的勢力日益強大，兒子們已無力與之抗衡。

得知宰相郝處俊的反對後，武則天採取了一系列措施。她召集了一批學士，這些人後來被稱為「北門學士」。他們先是撰寫奏章，彰顯武則天的政績，隨後又積極參與政務，以此削弱宰相的權力。

同年，代理國事的太子李弘突然去世，武則天的次子李賢被立為太子。李弘的死引發了外界的猜測，認為可能是武則天為自己稱帝的計畫所下的手。然而，幾年後，李賢也因涉嫌謀逆被廢除太子之位，流放巴州，取而代之的是武則天的第三子李顯。

永淳二年（西元683年），唐高宗李治去世，李顯即位，成為唐中宗，尊武則天為皇太后。然而，李顯只是一個傀儡皇帝，許多重要的軍政決策都無法自主做出，實際上所有的決策權都掌握在武則天手中。李顯對此感到不滿，武則天也對他失去了耐心，不久後將其廢除，封為廬陵王，並將其遷至房州。

隨即，武則天立李治的第四子李旦為皇帝，成為唐睿宗。李旦十分聰明，他深知自己的三個哥哥都以悲劇收場，如果他自己有意稱帝，必定會面臨同樣的命運。於是，李旦決定與武則天配合，自己作為表面上的皇帝，而實際的國家事務則完全由武則天掌控。

第三章　武則天—從才人到皇帝的崛起

　　透過這一系列的權力更迭,武則天最終完成了從「奪取后位」到「二聖聽政」,再到「泰山封禪」的歷史性蛻變。她不僅成功獨攬朝政,還在此過程中排除異己,驅逐了許多反對她的政治人物。為了實現自己的政治目標,武則天採取了許多手段,其中包括暗中進行一些黑暗與腐敗的活動。儘管她在治理國家時提出了一些利國利民的政策,任用了不少有才識之士,但她所推行的酷吏政策以及權力鬥爭的黑暗面,仍然使她飽受非議。

第三節　請君入甕

　　若說武則天在唐高宗尚在世時,由於受到唐高宗威望的制約,未能完全施展她的政治抱負,那麼在唐高宗病重之後,特別是他去世初期,武則天便徹底掌握了朝政大權。李弘、李賢、李顯、李旦,武則天在七年間先後讓四位兒子繼位或擔任太子,足見她非凡的政治手腕。

　　她在四位兒子當政時期不斷加速集權,甚至不惜採取極端手段,清除李唐家族的勢力,意圖建立自己的武家王朝。這一野心顯然已不再是祕密,整個朝廷及社會都能看出她的野心。諸王以及依附於李唐政權的軍政大臣紛紛起兵反抗,局勢看似一觸即發,眾多王侯、將領、政客以及心懷不軌的小人齊齊出動,誓要推翻武則天的專政。

第三節　請君入甕

然而，歷史的諷刺在於，這些反叛者並非真正忠誠於李唐政權，大多數人只是借亂世之機圖謀個人權利。他們在男尊女卑的時代，無法接受一個女性統治天下，心中充滿了不甘。然而，武則天所面對的並非亂世，而只是盛世中的一段政治插曲。她的能力遠遠超出這些反對者的預期，也超越了那個時代的男性統治者。在政治鬥爭中，武則天的果敢與膽略令許多人望塵莫及。

對於那些反對她的敵人，武則天毫不手軟。徐敬業、徐敬猷兄弟聯合唐之奇、杜求仁等人在揚州起兵，武則天立即調集三十萬大軍，經過一個月的激烈戰鬥，將其平定；博州刺史琅邪王李衝在博州舉兵，七日內即被剿滅；豫州刺史越王李貞起兵反叛，亦在一個月內被平定。此外，韓王李元嘉、魯王李靈夔、黃國公李撰、東莞郡公李融、常樂公主等人都在武則天所任用的酷吏的逼迫下自殺，家族成員也遭到株連。甚至連她的親生兒子李賢的兩個兒子也未能倖免。

幾年間，武則天幾乎消滅了李唐皇族的宗室，將自己的武氏家族勢力安插到朝廷內外，完成了一次政治「換血」。這一輪的清洗，甚至比當初武則天與唐高宗聯手剷除王皇后一族時更加徹底，更加斬草除根。

這一場腥風血雨的政治鬥爭，自然帶來了社會的動盪與百姓的疾苦，這正是為武則天一己私欲而使官場腐敗的嚴重後果。然而，這只是更深層次腐敗的開始，因為武則天開創了大唐的酷吏時代。

第三章　武則天—從才人到皇帝的崛起

　　誰能想到，一個「女流之輩」竟然能開創如此殘酷的政治時代？然而，事實卻如此，武則天透過實際行動證明，「女流之輩」並不遜色於男人，她並非「弱女子」。她所追求的，正是打破世人對女性的偏見，讓人們感受到她的強勢與權威。她不在乎外界對她的評價與侮辱，唯一關心的就是自己的統治是否牢固，誰敢反對，誰就會被她清除。這種「順我者昌，逆我者亡」的治國方針，成為她殘酷政治手段的真實寫照。為了鞏固自己的統治，她開啟了以酷吏治政的道路，導致了更為黑暗腐化的政治局面。

　　其中，索元禮、周興、來俊臣、侯思止等酷吏名聲顯赫。武則天依靠他們掌控了司法，實施嚴酷的刑罰，逼迫許多被告透過酷刑認罪。在這些酷刑面前，很多人都因為害怕刑具的威懾，最終選擇認罪。而一些被酷刑折磨至極限的人，雖心有冤屈，也不得不屈服。在這些認罪的人中，許多都是被人誣陷的冤枉者，他們之所以認罪，是因為無法忍受酷刑的折磨，寧願死去。

　　根據史料記載，索元禮在洛州設立機構，專門審理所謂的「謀反者」。在他的酷刑之下，涉案並最終致死的無辜者多達數千人。周興則官至尚書左丞，他一生發明了許多前所未聞的酷刑，這些刑法的嚴酷程度令人震驚，且在他的手中無辜者喪命數千。來俊臣因告密獲得武則天的寵信，先後擔任侍御史、左臺御史中丞、司僕少卿等職，他組織了數百名無賴專門從事告密

第三節　請君入甕

工作，並成立推事院，大肆進行刑訊與審訊，採用種種逼供手段，捏造罪狀致使無辜者喪命。許多大臣和宗室因而被冤枉，致使整個家族被滿門抄斬，死者達到數千家之多。

侯思止出身貧困，靠賣餅勉強為生，因向武則天告發李元名謀反而被重用。在擔任侍御史期間，他也透過羅織罪名、陷害無辜大臣，製造了不少冤案。可以說，這四人是武則天酷吏時代的代表人物，他們透過告密嶄露頭角，以酷刑為手段名聲大噪，但最終都未能善終——他們或被處死，或在流放途中遭遇仇家毒手。

告密成為了武則天剷除異己、鞏固統治的重要工具，也為酷吏治國、製造冤屈、加劇社會腐敗提供了源源不斷的動力。事情的起因可以追溯到垂拱二年（西元 686 年）三月，武則天下令在洛陽宮城前設立一個銅製告密箱，供文武百官乃至普通百姓匿名告發任何涉嫌叛亂、腐敗或不法行為的人。

這一告密箱與今天的信訪箱頗為相似，但其功能卻遠不止於此。無論貧賤，任何人都可以利用這個管道進行告密。為了鼓勵告密，武則天不僅派遣車馬接送告密者，提供食宿，還親自接見來告密的人。若所告之事屬實，並符合獎勵條例，告密者將得到升官晉職的機會；即便所告之事並非事實，告密者也不會受到追究。此舉幾乎為誣告提供了便利，也讓那些別有用心之人有了可乘之機。

當告密內容被初步認定為屬實或可疑時，涉及的被告將被

第三章　武則天—從才人到皇帝的崛起

送往由索元禮、周興、來俊臣、侯思止等酷吏掌控的監獄。在這些地方，酷刑是家常便飯，受害者在無盡的折磨中死去，幾乎沒有倖存者。酷吏們將告密的嫌疑犯視為待宰的羔羊，透過酷刑逼迫其認罪。許多人在承受不住酷刑時，不得不屈服，甚至有些人並未犯下任何罪行，只是為了逃避殘酷的刑罰。

在這樣的恐怖氛圍下，一方面，告密者不斷增多，因為告密幾乎沒有懲罰成本，成功的告密者不僅能獲得豐厚的回報，還可能因此升官；另一方面，官員們也生活在恐懼中，每次上朝時，大家都需要與家人訣別，因為沒有人知道，自己是否會成為下一個被告或被冤枉的對象。安南王李穎等十二位宗室成員，以及李賢的兩個兒子，都是在這種情況下被告發並遭殺戮的。

可以說，社會的腐化與極端行為的泛濫，創造了這種酷吏治國的方針與政策，並形成了一個極其扭曲的社會現象。雖然現代社會物欲橫流，但許多人仍恪守「君子求財，取之有道」的原則。然而，在武則天治下，卻有不少人為了謀取個人利益、升官發財，毫不猶豫地誣陷他人，甚至以折磨他人為樂。周興和來俊臣便是這種腐敗環境下的產物，他們的人格幾近變態。令人既感到荒唐又覺得可笑的是，這些酷吏雖然整天以酷刑折磨他人，最終也未能逃脫被酷刑折磨的命運。著名的「請君入甕」典故便是描述他們之間的故事。

天授二年（西元691年）初，一位名叫丘神勣的酷吏因涉嫌謀反而被處死。有人告發周興也參與了這場陰謀，武則天得知

第三節　請君入甕

後大為震怒，決定審問周興。然而，派誰去審問周興卻成了一個難題。畢竟，周興本身就是一位酷吏，而且他在發明酷刑方面極為擅長，狡猾異常。如果派一般人去審訊他，反而可能會被他用相同的手段反制。

經過一番思索，武則天決定派來俊臣去處理此事。來俊臣與周興既是同僚，又是競爭對手，且兩人都以狡詐著稱，彼此間的對抗早已形成。此時，派來俊臣去審問周興，最為合適。

然而，當來俊臣接到密令後，心中也不免有些迷茫。他清楚，周興的抗壓性極其堅韌，面對各種酷刑，他都能泰然處之，自己又該如何審問他呢？正當他煩惱之際，突然靈光一現，心中有了主意。

來俊臣找藉口請周興到自家大院裡共進晚餐，酒過三巡，氣氛逐漸放鬆，來俊臣便開始輕描淡寫地說道：「周兄，近日我捉到一個難纏的犯人，眼看著皇上的期限快到了，現有的刑法都試過了，他就是嘴硬不肯認罪。兄弟我實在是沒辦法了，特意請教你，看看有何高招。」

周興聽罷，喝了一口酒，便隨口回答道：「這很簡單，你給他找一口大甕，把他放進去，在甕下方點起大火，看看他還能嘴硬多久。」

來俊臣聽後大為稱讚：「周兄高招！真是巧妙！」隨後，他命人將一口大甕抬進院中，放在中間，並在甕底下點燃了柴火，四周還布滿了全副武裝的士兵。

第三章　武則天——從才人到皇帝的崛起

　　周興見狀，心中生疑，忍不住問道：「兄弟，這是什麼情況？」

　　就在此時，來俊臣猛地站起身來，神情嚴肅，從懷裡掏出一份聖旨，大聲宣讀道：「周興，有人在聖上面前告發你與丘神勣共謀造反，現來某奉聖旨審查於你。請君入甕！」

　　聽到這話，周興大吃一驚，酒杯掉落在地，隨即雙膝跪倒，急忙求饒道：「請聖上饒命，兄弟高抬貴手，我認罪，我認罪！」

　　這一幕無疑具有極大的戲劇性。周興自己發明的「請君入甕」酷刑，最終卻成了他自己的噩夢。他深知被放進大甕裡燒烤的痛苦，但他在成為酷吏後，竟樂於發明一系列殘酷的刑法，而忽視了報應終會降臨。果然，天網恢恢，疏而不漏，周興最終未能逃脫法網。

　　根據律法，周興理應被處以死刑。然而，考慮到他多年來對自己政權的幫助，武則天便同意了他減刑的請求，免去了他的死刑，將他流放至嶺南。然而，周興的命運並未因此而得以保全。雖然得以逃脫死刑，但他最終還是在流放途中被仇家所殺，命喪在前往嶺南的路上。

第四節　神龍革命

　　為了鞏固皇位並剷除異己，武則天在治國期間頻繁使用酷吏和酷刑，頗有倒行逆施之嫌。自李唐王朝建立以來，由於深

第四節　神龍革命

刻反思隋末暴政，統治者多以推行仁政為治國方針。例如唐太宗貞觀年間，全國每年被處以死刑的囚犯寥寥無幾。然而，武則天任用酷吏之風盛行，導致大量無辜之人被牽連，僅四大酷吏一人之手便背負數千無辜性命，民間怨聲載道。

西元690年，武則天正式稱帝，改國號為周，唐朝因此進入一個特殊的武周時期。在這段時期，儘管其手段飽受爭議，但不可否認，她在政務方面亦有諸多建樹。

在政治領域，武則天一方面依靠酷吏手段穩固權力，另一方面廣納賢良、知人善任。婁師德、狄仁傑、姚崇和宋璟等名臣均在她的提拔下得以施展才華。她在科舉制度上銳意改革，不僅提升進士科的地位，還首次舉行殿試，並開創武舉、自舉、試官等多種考試形式，為寒門子弟提供仕途新管道。這些變革吸納了大量人才，使武周時期的政局總體上政通人和，為唐玄宗開創「開元之治」奠定了堅實基礎。

在軍事方面，雖然武則天時期的表現較唐太宗遜色，但總體仍能維持唐朝遼闊的疆域和大國地位。面對吐蕃、突厥與契丹的威脅，她採取多方措施予以牽制，雖歷經艱辛，卻使這些勢力不敢輕易冒犯唐境，保持了邊疆的相對穩定。

在經濟方面，早在上元元年（西元674年）武則天稱天后時，便提出了著名的「建言十二事」，其中涉及多項經濟建設的建議：

一、勸農桑，薄賦徭；

二、給復三輔地（免除長安及其附近地區之徭役）；

第三章　武則天—從才人到皇帝的崛起

三、息兵，以道德化天下；

四、南、北中尚（政府手工工場）禁浮巧；

五、省功費力役；

六、廣言路；

七、杜讒口；

八、王公以降（下）皆習《老子》；

九、父在為母服齊衰（喪服）三年（過去是一年）；

十、上元（年號）前勳官已給告身（委任狀）者，無追核；

十一、京官八品以上，益稟入（增加薪水）；

十二、百官任事久，材高位下者，得進階（提級）申滯。

　　武則天的經濟建設政策集中體現在前五條措施上，這些措施包括與民休息、鼓勵農桑、輕徭薄賦、禁絕奢靡巧工（主要針對手工業中過度追求精巧而浪費人力物力的現象）。這些政策的實施在緩解災荒、穩定社會秩序、恢復生產力等方面發揮了正向作用。透過將民力還於民眾，鼓勵農業生產，武則天有效地鞏固了社會經濟基礎，促進了國家的繁榮與穩定。

　　不可否認，武則天在政治、經濟、軍事及文化領域的政績對國家的長遠發展產生了深遠影響。她透過改革科舉制度、重視文學創作，拓寬了人才選拔管道；在政治治理上，推行新政、重用賢才；在軍事上，積極維護邊疆穩定。正是這些治國理政的成就，為後來唐朝的中興和「開元盛世」奠定了堅實的基礎。

第四節　神龍革命

可以說，武則天的勵精圖治與唐朝的興盛之間存在著密切的因果關聯，歷史的發展路徑亦證明了這一點。

然而，與歷代君王相似，武則天也未能逃脫權力的雙刃劍效應。隨著權力的不斷膨脹，內心的欲望與不軌的念頭愈加強烈，腐敗現象隨之滋生。從她被唐高宗迎回皇宮之時起，便已深陷宮廷權力的爭鬥之中。當時的她面臨著默默忍受走向滅亡或是盡力拚得一線生機的抉擇。憑藉剛毅果敢的性格，武則天選擇了後者，走上了不斷攀登權力巔峰的道路。這是一條布滿艱險的荊棘之路，也是她權力欲望逐漸膨脹的腐化之路。

天使與惡魔共存的雙重人格在武則天身上體現得尤為鮮明。她為國家的穩定與發展殫精竭慮，展現出一位治世明君的風範；但同時，她亦不遺餘力地剷除異己、排除異見，為實現個人的政治目標不惜大開殺戒，濫施酷法。酷吏的橫行和恐怖政治的盛行，令朝堂上下籠罩在一片陰雲之中，許多官員因此憂心忡忡，朝野震動，士民不安。

武則天的另一腐敗表現則體現在她對男寵的寵幸之上。她模仿男性帝王納妃的做法，招募男性侍奉己身，甚至有野史記載稱她曾與多名男性保持不正當關係。若從挑戰傳統性別秩序和衝擊男尊女卑的舊禮教的視角來看，武則天的這些行為無疑具有某種反傳統的象徵意義，甚至可視為社會進步的象徵之一。

然而，她的出發點並非為衝破舊制，而是基於個人的私欲和享樂的需求，行為已踰越了當時社會道德的底線。即便在當

第三章　武則天—從才人到皇帝的崛起

代倡導性別平等的社會中,此類行為依舊難以為公眾道德所接受,被視為不正當的行為表現。古今中外,權力的腐敗效應從未停止過。這種權力失控的腐敗亂象無不昭示著一個真理:權力是一把雙刃劍,既可造福百姓,也可引發無盡的貪婪與腐化。

武則天執政後期,雖在政治穩定中逐步擺脫酷吏政治的桎梏,尤其是在重用酷吏並借其威權治理政局後,親自廢除這種政治手段,使得武周後期的朝堂氛圍相較之前有所緩和,逐步回歸正常。然而,由於長期積弊難以根除,對其統治的反對勢力始終未曾消亡,而她在權力巔峰時期鑄下的腐敗根基,也為日後埋下嚴重隱患。特別是在結束酷吏專權後,武則天對政治局勢的好轉抱有盲目樂觀,不僅未能珍惜來之不易的穩定,反而進一步沉迷於奢靡生活。她任用男寵干涉政務,使得原本稍顯平和的政治環境再度陷入動盪。

晚年的武則天對張易之、張昌宗兄弟寵愛有加,甚至將二人安插於朝堂核心位置。二人不但陷害宰相魏元忠,還與眾多大臣積怨頗深。

與此同時,武則天漸漸失去早年的清明,屢次因男寵的讒言與美色而迷惑,是非判斷日益模糊。史書記載,武則天的孫女永泰公主、孫女婿武延基及皇兄李重潤,僅因私下議論張氏兄弟,便被處死。此事手段殘酷,與宦官專權、指鹿為馬無異,成為君臣關係惡化至極點的代表性事件,也是後來「神龍革命」的直接導火線。

第四節　神龍革命

　　試想，在這種情形下，連武則天的血脈至親尚且不能倖免，朝廷文武百官豈能指望免受張氏兄弟的殘害？終有一日，這股積蓄已久的怨憤爆發。神龍元年（西元 705 年）正月，武則天病重，局勢日益危急。此時，宰相張柬之、崔玄暐，大臣敬暉、桓彥範、袁恕己等人聯合禁軍統領李多祚，策劃並發動了一場「神龍革命」。當時，武則天病榻前僅有張氏兄弟侍奉左右，禁軍趁勢突入其寢宮，將二人斬殺。隨後，叛軍逼迫武則天退位，將帝位還於唐室。

　　面對形勢逆轉，武則天雖一度強勢，亦難以挽回局面。她被迫禪位於第三子李顯，並於同年病逝，心有不甘。值得注意的是，李顯早在調露二年（西元 680 年）便被立為太子，並於永淳二年（西元 683 年）繼位為唐中宗。然而次年，便因不滿武則天的專制，被廢為廬陵王，流放房州。此次復位後，李顯雖表面上恢復了李唐王朝的名義，但實際掌權的卻是韋后集團。李顯昏庸無能，不僅重用韋后，令其父親受封為王，還允許韋后參政，致使政局越發混亂。

　　李顯登基後，韋后與武則天姪子武三思狼狽為奸，再度掀起朝堂風波。武三思作為梁王，本是武則天一手提拔的弄權之輩，與韋后之間的私情更為複雜。李顯不僅將韋后之女安樂公主嫁給武三思之子武崇訓，還任用武三思，令其參與朝政。儘管表面上百官服色、制度皆恢復舊制，神都亦重新設為東都，但實質上，李唐王朝的政權已然淪為韋后與武氏家族的私產。

第三章　武則天──從才人到皇帝的崛起

　　古語云:「子不教，父之過。」武則天身為母親，以強勢與專權為治，深刻影響了李顯的性格與行為模式，使其懦弱無能，不僅在母親手下如傀儡一般，在復位後又受制於韋后，終究未能建立真正穩固的統治。

　　武則天以酷吏治政發跡，最終卻因腐敗而衰亡，而其子李顯亦受此惡勢力左右，成為政治上的無為者、生活中的昏庸者。李顯二度為帝不過五、六年，便以 55 歲之齡病逝，其短暫的復辟與無力的治理，無不令人感慨唏噓。

第四章
武三思 ——
亂世權臣的野心與下場

第一節　極盡諂媚

俗話說，「一人得道，雞犬升天。」這句話用在武則天家族身上可謂恰如其分。隨著武則天逐漸掌控朝廷實權，她開始為娘家人鋪路造勢，安排他們擔任朝廷要職，藉此積蓄和壯大自身的政治力量。她一方面排除李唐宗室的勢力，削弱異己；另一方面則大力提拔武家子弟和親信。諸如薛懷義、張昌宗、張易之兄弟、武三思、武承嗣等人，皆在這一時期平步青雲，權勢滔天，甚至飛揚跋扈、為所欲為。

在這些人中，武則天的親姪子武三思尤為典型。他憑藉姑母的庇護，官運亨通，先後擔任右衛將軍、兵部尚書、禮部尚書等要職，並參與監修國史。

天授元年（西元690年），武則天登基稱帝，公開冊封族中親屬，武三思則在這場加官晉爵的浪潮中脫穎而出，被封為梁

第四章　武三思─亂世權臣的野心與下場

王,並獲賜實封一千戶。梁王這一封號源於中國古代的封爵制度,最早的梁王是漢朝的彭越,後來歷朝歷代共有約 70 位著名的梁王,而武三思則是其中因惡名昭著而被記入史冊的代表人物。

武三思是武則天異母兄長武元慶之子,因此他從小便出身於一個有權勢的家族。這種背景使他養成了雙面性格:對權勢低於自己的人,他作威作福、趾高氣揚;對高於自己的人,則諂媚逢迎、奴顏婢膝。這一性格特徵,使他在仕途上如魚得水,藉助家族權勢攫取財富和權力,但也為他的最終的悲劇埋下了禍根。

武三思的諂媚之術集中體現於他對權力核心的巴結。其巴結的目標,始終瞄準最高統治者──早期的武則天、後期的唐中宗李顯。在尚未封王之時,武三思的野心便已昭然若揭。他極力慫恿武則天剷除李唐宗室勢力,尤其是韓王李元嘉和魯王李靈夔。

光宅元年(西元 684 年),武三思屢次在武則天面前進讒言,敦促她將二人處死,目的是為武家清除政敵,排除李唐宗室勢力的干擾。武則天起初尚存猶豫,然而武三思態度堅決,甚至主動蒐集、製造韓王和魯王的「罪證」,為武則天提供藉口。

在武三思的煽動下,越王李貞、琅邪王李衝等不滿武家專權的李唐宗室後裔,聯合起兵反抗。然而,垂拱四年(西元 688 年),武三思以「勾結叛黨」之罪,成功構陷了韓王、魯王等

第一節　極盡諂媚

人，使他們被賜死。這一系列事件，為武則天稱帝鋪平了道路，減少了李唐宗室的阻力。天授元年（西元 690 年），武則天順利稱帝，武三思可謂「功不可沒」。

在武家爭奪皇權的過程中，朝廷內外權力鬥爭愈演愈烈，奸佞小人趁勢作亂。武三思就是這類人物的典型代表。為達功名利祿之目的，他不惜卑躬屈膝、諂媚逢迎，毫無廉恥之心。他的目標，除了武則天外，還有其寵臣和男寵。武則天自稱帝後，養男寵之風盛行，薛懷義、張昌宗、張易之等人相繼成為武則天的心腹，而武三思也敏銳地察覺到這些男寵的權勢不容小覷。

薛懷義原是賣狗皮膏藥的江湖遊醫，因千金公主的推薦得以接近武則天，憑藉機智和花言巧語獲得寵幸，成為武則天的「心腹大寵」。他仗著這層特殊關係，騎馬橫行街市，打人傷人，竟無人敢管。對此，武三思洞察其中的「機會」，認定薛懷義雖地位不高，但影響力卻非同小可。於是，他採取「曲線攀附」的策略，對薛懷義極盡巴結之能事。為取悅薛懷義，武三思不僅謙恭順從，甚至主動「服侍」這位外來權貴。每當薛懷義騎馬出宮，武三思和堂兄武承嗣便會早早候在宮門前，謙卑地扶馬韁、牽馬鞍，並一邊低聲提醒：「薛師傅小心，薛師傅小心。」這一幕，連宦官和奴僕都自愧不如。

武三思的諂媚姿態雖引來外界的非議，但他對此毫不在意。憑藉這番「精明算計」，他在權力場上如魚得水，而那些對他議

第四章　武三思—亂世權臣的野心與下場

論批評的官員和士人，往往被他反咬一口，慘遭打擊報復。武三思與武承嗣狼狽為奸，成為朝廷中令人生厭的「奸佞雙雄」。

在薛懷義失寵倒臺後，張昌宗、張易之兄弟成為了武則天的新寵，宮廷風向也隨之轉變。武三思深諳權力場的遊戲規則，他敏銳地察覺到張氏兄弟的崛起，立即將逢迎的對象轉向了這對得寵的兄弟。自此，武三思與堂兄武承嗣「配鞍、駕車、執鞭」相隨，以卑微的姿態親自為張氏兄弟牽馬駕車，猶如卑躬屈膝的僕役。這一幕屢屢在皇宮內外上演，既讓旁觀者感到羞恥，也讓張氏兄弟倍感舒適。

這種間接討好武則天的策略十分高明。一方面，武三思避免了張氏兄弟的猜忌和嫉妒，因為他倆已經成為武則天的寵臣，地位穩固；另一方面，他也以此方式持續鞏固自己在武則天心中的信任。

與此同時，武三思並不放過任何能夠直接奉承武則天的機會。為迎合武則天的「功德崇拜」心理，他提出修建「天樞」，這一舉措成為他政治諂媚的巔峰之作。

所謂「天樞」，實為一根高大雄偉的銅柱，象徵著武則天的「中樞統治」地位。為建造這一「曠世之作」，武三思不惜耗費民力，強徵捐款，甚至不擇手段地搜刮百姓財物。

為了籌措資金，他對過往的洛陽使節、商人施壓，強行攤派「捐助款」，這筆「捐款」高達百兆。然而，捐款之多已遠超建造所需，剩餘的鉅額資金究竟流向何處，至今仍是謎團。民間

第一節　極盡諂媚

普遍猜測，這些錢財多半落入了武三思的私囊。

除了資金搜刮，天樞的建造過程中還涉及大量的銅鐵原材料。因銅料供應不足，武三思又命令官兵在民間徵調農民的農具、家用器皿等，投入到銅鐵的冶煉中。農民失去了生產工具，無法正常耕作，家家戶戶一時間陷入生計困境，民怨沸騰。為了這根象徵著「萬國頌德」的銅柱，整個大周朝的生產和生活秩序遭到嚴重破壞。

《舊唐書》有記載，天樞立於洛陽端門之外，呈柱狀，高約 31.06 公尺，直徑 3.55 公尺，柱身為八面體，每面寬約 1.48 公尺。天樞的基層為周長 50.29 公尺的「鐵山」，中段為蟠龍、麒麟纏繞的銅製雕飾，頂部則為直徑 0.75 公尺的「承露銅盤」，銅盤上立有四龍捧火珠，火珠高約 3.33 公尺。武則天親自題寫了「大周萬國頌德天樞」八個大字，昭示這根銅柱是大周功德的象徵。柱身刻有文武百官及朝貢國國王的姓名，而武三思的歌頌文章亦被鐫刻在天樞之上，進一步彰顯了這位諂媚之臣的「功績」。

天樞的存在不僅是一件「紀功碑」，更是武則天強硬政治姿態的象徵。其立於皇城端門之外，而端門本是釋出政令和徵兵公告的場所，因此，天樞無形中也成為朝廷釋出權威訊號的「巨型布告欄」。這一政治符號彰顯了武則天的「中樞」地位，也體現了武三思的權力欲望。

天樞的輝煌只持續了 22 年。神龍元年（西元 705 年），武則

第四章　武三思—亂世權臣的野心與下場

天被逼退位，李唐王室復位，唐中宗李顯重新登基。李顯的繼任者唐玄宗李隆基更是對武周遺留下來的「異物」深感不安，視其為不祥之物。開元年間，唐玄宗下令徹底銷毀天樞。這一「龐然大物」因耗費的銅鐵過多，以至於「熔其銅鐵，曆月不盡（出自《資治通鑑・唐紀二十七》卷二百一十一）」，成為後人津津樂道的奇聞。天樞的廢毀，代表著武周政權的徹底終結。

武三思在諂媚中崛起，也在諂媚中走向覆滅。為了在政治上獲取更多的籌碼，他一度企圖透過「立太子之爭」來謀求更大的權力。在張氏兄弟得寵之際，武三思與他們關係密切，並暗中為自己謀劃「太子之位」。武則天曾一度動搖，甚至考慮過立武三思為皇太子。這一消息一經傳出，立刻引發朝中震動。

時任宰相的狄仁傑挺身而出，明確表態反對：「天下哪有皇太子立姪子而不立親生子嗣的做法？姑姪與母子誰更親？況且，如果立武三思為太子，那麼他屆時成為天子後，怎麼可能將姑姑配享宗廟？太子是天下之本，臣以為非廬陵王不可！」在狄仁傑的力諫下，武則天才斷了立武三思為太子的念頭，改為立廬陵王李顯（即唐中宗）為太子。

由此可見，若非狄仁傑（以及其他一些忠直的大臣）據理力諫，武三思或許真的有可能登上權力的巔峰，那麼中國的歷史也將更加曲折離奇。然而，耐人尋味的是，這位曾經與李顯爭奪帝位的武三思，竟在李顯重登帝位後，搖身一變，成為其深受寵信的朝臣。乍一看，這種轉變令人驚訝，但若深究其間的

第一節　極盡諂媚

因緣，便不難發現，這一切依然與武三思的諂媚逢迎和家族聯姻的政治手段密不可分。

在李顯第一次被武則天廢黜帝位、遭到軟禁的時期，李顯的妻子韋氏生下一名女兒。當時李顯一家境遇窘迫，甚至連一塊用於包裹嬰兒的尿布都難以找到，最終只得將自己身上的衣物脫下，包裹住初生的女兒。因這一經歷，李顯夫婦為其取名「李裹兒」，意為「用衣裹身的孩子」。或許正因出身艱難，李顯夫婦對李裹兒格外疼愛，視之為掌上明珠。

李裹兒年滿十六時，在武則天的主導下，與武三思之子武崇訓成婚。待到李顯復位，李裹兒被封為安樂公主，武崇訓亦被封為駙馬。由此，武三思與李顯的關係更為複雜：他不僅是武則天的姪子、李顯的表兄弟，還成了李顯的親家。正是這層錯綜的家族關係，使得李顯對武三思格外信任，甚至對其往昔的爭權之舉一筆勾銷，予以重用。

李顯再次登基後，或許其最為失策的決斷，便是對武三思的重用與縱容。當時，李顯的寵妃中有一位大名鼎鼎的人物——上官婉兒。她是上官儀的孫女，因才華出眾被封為婕妤，並負責草擬皇帝的詔令。

上官婉兒頗受李顯寵愛，但她的私生活卻頗為複雜。早在武則天時期，她便與張昌宗暗通款曲，甚至與武三思也有私情。李顯復位後，韋后逐漸垂簾聽政，權勢日盛，隱隱有「武則天第二」的架勢。上官婉兒見勢頭不妙，便迅速將逢迎的對象從

第四章　武三思—亂世權臣的野心與下場

武則天轉向韋后，並藉機引薦武三思與韋后私通，促成了二人之間的苟合之事。

由此，武三思的權勢根基更為牢固。韋后對其信任有加，頻頻在李顯面前為其美言。藉助韋后的支持，武三思逐漸成為李顯的心腹。每逢朝堂大事，李顯與韋后都會與武三思商議對策。若武三思三日不入宮，李顯便會感到不安，甚至親自召見，顯示出對他的極度依賴。在李顯的信賴和韋后的庇護之下，武三思的權勢迅速膨脹，最終攫取了朝中大權，成為權傾一時的巨擘。

然而，正所謂「欲極則反，盛極必衰」，武三思的飛揚跋扈和不擇手段的權術，也為其後來的慘敗與身死埋下了隱患。

第二節　讒言害人

武三思行事荒淫無度、橫行不法，其惡行早已世人皆知，尤其是誣陷韓王、魯王等人，以及與韋后、上官婉兒等人通姦亂政等種種惡行，令天下人不齒。朝中忠臣對其恨之入骨，民間怨聲載道，但由於武三思先受武則天庇護，後又得唐中宗李顯的寵信與韋后的偏愛，眾人對其無從下手，致使武三思更加肆無忌憚。凡是被他視為不順眼之人，只需在李顯耳邊幾句讒言，便可置其於死地。

第二節　讒言害人

儘管形勢險惡，仍有忠臣不畏權勢，力圖匡扶李唐江山。其中，安定公主駙馬王同皎素以正直著稱，目睹武三思的種種惡行及李顯的昏庸無能，深感憂慮。他與張仲之、祖延慶、周憬等志同道合之人密謀誅殺武三思，以清君側、安社稷。王同皎感慨道：「武三思此等奸臣不除，大唐永無天日！此次行動，無論成敗，皆要施行！」

然而，計畫未及實施，卻因不慎被一心趨利的小人宋之問知悉。宋之問雖才華橫溢，卻品行不端，曾因依附張昌宗、張易之兄弟而遭流放嶺南。流放途中，他伺機逃回洛陽，投靠王同皎。本以為能得庇護安身，宋之問卻恩將仇報，將王同皎等人的密謀洩漏。為掩人耳目，他令姪子宋曇代為告密，將消息傳至武三思處。

武三思得知密報後大喜，藉機展開反擊。他指使外甥李悛向李顯上書，誣告王同皎等人謀害武三思並計劃廢黜皇后韋氏。李顯昏庸多疑，偏信讒言，聞訊後震怒異常。他立即下令緝拿王同皎等人，將其定為叛逆重罪。王同皎、張仲之等忠臣雖無辜受害，但在刑場上大義凜然，毫無懼色。王同皎從容赴死，張仲之面對酷刑亦不屈服，其堅貞風骨傳遍長安，令百姓唏噓感嘆。

周憬得知二人遇害，預感自己難逃一死，遂於比干廟中自盡。他在殉節前悲憤地說：「武三思此賊終將伏誅，我願以死昭忠，見證其覆滅之日。」此言感動了廟中百姓，眾人無不動容。

第四章　武三思—亂世權臣的野心與下場

然而，真正的罪魁禍首宋之問不僅未受懲罰，反因告密有功得以官復原職，成為武三思的黨羽。武三思亦未就此收手，繼續清除朝中反對勢力。他貶斥忠臣岑羲、畢構，迫害直諫官員韋月將、高軫，甚至將反對者之言定為「謗訕」，以絕異己之聲。而凡是依附於他的奸佞之輩，如周利用、冉祖雍、李俊、宋之遜、姚紹之，則紛紛被提拔重用，史稱「三思五狗」。

面對朝政日益敗壞，復國功臣張柬之、敬暉等人屢次上書勸諫李顯，請求誅殺武三思以正朝綱。然而，李顯不僅無力對抗武三思，更因其與韋后、安樂公主的關係而優柔寡斷。他寧願保全一己安逸，也不願冒險削弱武三思的權勢。忠臣進諫無果，憤而嘆息，悔恨未能早除武三思。

武三思得勢之時，不僅專橫跋扈，還不斷打擊異己、扶植親信，使朝廷愈加腐敗不堪。李顯身為皇帝卻無實權，韋后行事荒淫、政權旁落，臣下爭權奪利，李唐江山危如累卵。

第三節　野心勃勃

隨著武三思的反攻展開，他迅速清除身邊的障礙，僅剩張柬之等五位復國功臣仍具威脅。然而，武三思有恃無恐，因其在朝中擁有韋后等人的支持，同時李顯對韋后忌憚，對他言聽計從。他深知剷除這幾位功臣並非難事，便下定決心將其趕盡

第三節　野心勃勃

殺絕，以絕後患。

政權的腐敗往往始於統治者的不作為，任由親信胡作非為，導致真正關心社稷民生的忠臣遭受打壓甚至陷害。諸葛亮在〈前出師表〉中曾言：「親賢臣，遠小人，此先漢所以興隆也；親小人，遠賢臣，此後漢所以傾頹也。」這段話揭示了國家興衰的關鍵：若統治者親近賢臣，國家則興隆；若親近小人，則難免衰亡。兩漢前期，統治者普遍親賢遠佞，社會因此安定繁榮；而兩漢後期，賢臣遭疏遠，小人得寵，最終導致王朝覆滅。李顯的統治恰是「親小人，遠賢臣」的典型寫照，重現了兩漢末期的歷史悲劇。

武三思便是李顯時代最典型的小人代表。他不僅與皇帝的后妃私通，還利用這些關係清除異己，殘害忠臣。早在武則天時期，他因爭立太子失敗而心懷不甘；至李顯朝，他更是野心勃勃，成了威脅朝綱的惡魔。此次，他將屠刀指向了幫助李顯復位的五位宰相：敬暉、張柬之、桓彥範、袁恕己和崔玄暐。

韋后是武三思在朝中的最強內應。她頻頻在李顯面前詆毀五人，意圖加害他們。張柬之等人雖對武三思心懷戒備，卻苦於無法同流合汙，只能一面勸說李顯除掉武三思，一面派考功員外郎崔湜探聽武三思的動向。然而，崔湜表面上對武三思心存怨懟，實際上卻是個趨炎附勢的牆頭草。當他發現李顯對武三思的信任遠勝於對張柬之等人時，便背叛了後者，投身於武三思門下。

第四章　武三思—亂世權臣的野心與下場

　　崔湜的背叛迅速得到了武三思的賞識。他被推薦為中書舍人，成為李顯身邊的近臣之一，也是武三思在朝中布下的重要棋子。李顯朝的腐敗由此更加難以控制，朝廷在陰雲密布中徘徊不前，而武三思的權力網則不斷擴大，吸引了一批鼠輩依附。

　　鄭愔便是其中一員。他原本因張易之兄弟推薦任殿中侍御，後因張氏失勢被貶為宣州司事參軍，在地方貪贓枉法。為掩飾罪行，鄭愔主動投靠武三思，尋求庇護。他在見到武三思時表現極為戲劇化，先大哭後大笑，連武三思也一時摸不清其用意。

　　「大人，我初見您時大哭，是為您擔憂，因您或將面臨滅族之禍。但我隨即大笑，是因為您終於得到了我鄭愔。」

　　武三思詫異地問：「此話何意？」

　　鄭愔答道：「大人，實話說，您雖得皇帝寵信，但張柬之等五人掌控實權。他們若聯合除掉韋后並非難事，而韋后一旦失勢，您恐孤立無援。若不先下手為強，後患無窮。」

　　鄭愔的言辭切中要害，令武三思深感認同。他當即將鄭愔納為心腹，請至密室詳談。鄭愔獻計道：「您可建議皇帝封張柬之等五人為王，以表彰他們的復位之功，但實質上削其實權。待他們無力反抗時，再徹底剷除。」

　　武三思聞言大喜，立刻依計行事，並將鄭愔提拔為中書舍人，與崔湜一起成為心腹。隨後，他聯合韋后不斷向李顯進讒，稱張柬之等人因復位之功居功自傲，掌權恐有後患。李顯

第三節　野心勃勃

耳根子軟，對韋后和武三思向來言聽計從，遂對五人心生嫌隙，逐漸疏遠。

在此背景下，武三思乘勢而上，建議封五人為王並削其權柄，令其早日告老還鄉。

李顯「封王釋相權」的手段，表面上與後來宋太祖趙匡胤的「杯酒釋兵權」頗有相似之處，但實際上卻截然不同。趙匡胤透過「杯酒釋兵權」集中軍政大權於一身，同時善待被削權的開國功臣，這種方式彰顯了較為清明的政治手段，有助於鞏固國家政權和維護安定。然而，李顯「封王釋相權」卻將功臣推向絕境，同時將大權拱手交予佞臣，不僅背離了國家利益，更將腐敗推向深淵。這種做法，不僅未能穩固國本，反而加劇了社稷危機。

李顯的一道詔書寫道：

「封張柬之為漢陽王，敬暉為平陽王，桓彥範為扶陽王，袁恕己為南陽王，崔玄暐為博陵郡王。同時，免去其『知政事』，即宰相參政的權力，僅需每月初一、十五兩日入宮朝拜，另賜予金銀綢緞及鞍馬。」

表面看來，這一詔令頗為風光，功臣進爵受厚賜，似乎受到了莫大的恩寵，足以令不明內情者豔羨不已。但實際情況卻截然相反。佞臣當道，朝廷大勢已去，五人深知自身難逃厄運。

為防止張柬之等人聯合反撲，武三思設計實施了一系列陰

第四章 武三思—亂世權臣的野心與下場

謀，逐步消滅功臣勢力。

第一步：調離京城；

武三思首先上表朝廷（實為韋后掌權），以「疏散功臣」為由，將張柬之等人調離京師。張柬之被任命為襄州刺史（今湖北襄陽），敬暉為朗州刺史（今湖南常德），桓彥範為亳州刺史（今安徽亳州），袁恕己為郢州刺史（今湖北京山），崔玄暐為均州刺史（今湖北丹江口）。這一調令雖由韋后口諭而發，上官婉兒草擬，形式上合乎程序，但實則意在切斷五人與朝廷的聯繫，使其遠離權力中心。

第二步：誣陷加罪；

不久之後，武三思指使鄭愔誣告張柬之等人為王同皎同黨，陰謀廢黜韋后。五人再次被貶謫，流放至更加偏遠的嶺南地區。張柬之被貶為新州司馬（今廣東新興），敬暉為崖州司馬（今海南北部），桓彥範為瀧州司馬（今廣東羅定），袁恕己為竇州司馬（今廣東信宜），崔玄暐為白州司馬（今廣西博白）。

第三步：謀害致死。

為了斬草除根，武三思指使其親信在民間散布針對韋后的謠言，並將誣陷之詞故意傳至李顯耳中。李顯震怒，命御史大夫李承嘉徹查此案。李承嘉早為武三思心腹，遂將矛頭指向張柬之等五人，稱其陰謀篡權，建議誅殺以絕後患。李顯雖心存顧慮，因五人持有免死丹書鐵券，僅下令將其再次流放至更為偏遠之地，但實則形同處死。

第四節　死於政變

流放途中，張柬之因年邁體衰未及動身即病逝，崔玄暐亦在途中病故，而其餘三人則遭到殘酷虐殺。桓彥範在押解途中，被人用竹椿拖行，皮肉盡毀，終被亂棍打死；敬暉被酷刑剮殺，死狀悽慘；袁恕己則被灌野葛汁致死，痛苦不堪，最終被竹板活活打死。

這一連串針對功臣的惡毒政治謀殺，既揭示了武三思與韋后專權的陰險毒辣，也暴露了當時官場的極度腐敗與扭曲。張柬之等五人以命相殉，其悲慘遭遇雖令人唏噓，但也僅是唐朝政壇黑暗一角的縮影。

第四節　死於政變

武三思憑藉與武則天的姑姪關係，得以順利步入官場，並一路平步青雲。他依附於武則天的男寵薛懷義和張氏兄弟，極盡諂媚之能事，深得武則天寵信，官封梁王，爵位加封一等，甚至一度接近太子之位，權勢滔天，幾乎觸及權力的頂峰。

神龍革命後，武三思又利用與李顯之間的兄弟情義及親家關係，進一步獲得李顯的重用與寵信，權勢愈加膨脹。他與韋后、上官婉兒等後宮女子私通，內外勾結，剷除異己，製造了諸多官場慘劇，成為朝廷上下怨聲載道的政治惡霸，幾乎架空了朝廷大權。看似天下已在其掌控之中，觸手可得。然而，古

第四章　武三思—亂世權臣的野心與下場

人云：「多行不義必自斃。」武三思的仕途之路充滿了貪婪與血腥，最終也為自己的罪惡付出了代價。

武三思之所以權傾一時，靠的不過是政治投機與權術詐欺，但所謂「邪不勝正」，他作惡多端，終究難逃命運的審判。歷史證明，縱然權勢再盛，貪婪與腐敗最終只會走向覆滅。武三思雖然掃除了王同皎、張柬之等忠臣，因此達到了權力的巔峰，權高蓋主，成為朝堂上無可匹敵的巨擘。然而，他所獲得的一切皆透過陰謀詭計和殘酷手段取得，注定無法長久。

景龍元年（西元707年）七月，太子李重俊因長期受到韋后、安樂公主及武三思父子的排擠和讒害，忍無可忍，決定發動政變，史稱「景龍政變」。李重俊聯合兵部尚書魏元忠、左金吾大將軍成王李千里、左羽林大將軍李多祚、右羽林將軍李思沖、李承況、獨孤褘之、沙吒忠義等人，率領左右羽林兵及千騎三百餘人起兵反叛。

李重俊深知，武三思父子才是朝堂亂象與國家動盪的根源，因此他率先兵圍武家，將武三思及其子武崇訓當場誅殺，其黨羽也一併被肅清。對於李重俊及天下百姓而言，韋后固然禍亂朝政，但武三思才是真正的禍首。如果沒有武三思在背後煽風點火、貪婪成性，朝政何至於如此腐化，百姓又何至於民不聊生？

然而，武三思的死也暴露出他的致命弱點。長期以來，他依仗權勢，肆意妄為，甚至連皇帝李顯也不放在眼裡，漸漸放

第四節　死於政變

鬆了警惕，低估了李重俊的決心與膽魄。他雖然精於權謀，但正因為權傾朝野，日漸驕橫自大，終被李重俊趁其不備而除之。

在剷除了武三思父子後，李重俊意圖一舉清除韋后、安樂公主與上官婉兒等人。然而，事與願違，李重俊麾下的士兵在李顯「封官加爵」的許諾下臨陣倒戈，玄武門樓下，李多祚、李承況、獨孤禕之、沙吒忠義等將領被殺，兵變徹底失敗。李重俊孤立無援，被迫逃往終南山，最終在途中被親信所殺，頭顱被李顯送至武三思、武崇訓的靈柩前祭奠，實為愚昧無能至極。

縱然李重俊的政變以失敗告終，但他誅殺武三思父子，為朝廷與百姓除去了一個巨大的禍害，功不可沒。李顯卻以李重俊之首祭奠武氏父子，足見其昏聵無能已達極致。景龍四年（西元 710 年），李顯病逝，唐朝的政局迎來新的變局。李旦之子臨淄王李隆基與姑母太平公主聯合禁軍將領葛福順、陳玄禮等人，發動政變，誅殺韋后與安樂公主，徹底剷除了韋、武兩系勢力，迎立李旦復位，是為唐睿宗。

唐睿宗即位後，為李重俊平反，追諡其為「節愍太子」，並將其陪葬於定陵。而武三思、武崇訓父子則受到嚴厲的清算，不僅被斬棺、暴屍，平墳掩埋，其罪行更是被銘記於史，遺臭萬年，堪稱貪婪與腐敗的典型。至此，武三思的囂張跋扈與作惡多端終以悲劇收場，成為「多行不義必自斃」的歷史見證。

第四章　武三思─亂世權臣的野心與下場

第五章
唐玄宗——
造就盛世與崩壞的帝王

第一節　扶亂正道

唐朝的歷史上，有幾位皇帝極具影響力，並且在其治下取得了一定的成就，唐太宗李世民開創了貞觀之治，武則天則是中國歷史上唯一的女皇帝，而李隆基則在其治理下創造了唐朝的「開元盛世」。他身處的時代，政治相對混亂，然而他卻為後世留下一份影響深遠的遺產，儘管這一遺產的結局充滿爭議。

從今天的眼光看，年輕時的李隆基可謂是典型的小鮮肉，他不僅才貌出眾，還具有過人的智慧與勇氣，是李世民之後，李唐王朝中少見的兼具魄力與智謀的繼承人。相比之下，李隆基的父輩幾乎都處於武則天強勢掌控下，個個性格軟弱，儼然成了無法扶起的阿斗。而李隆基從小便自詡為「阿瞞」，比肩三國時期的曹操，立下宏大志向，展現出超乎常人的膽識與決斷。

在李隆基成長的年代，他的父輩皇帝多為傀儡，政權實際

第五章　唐玄宗—造就盛世與崩壞的帝王

控制在外戚與奸臣之手,政治腐敗混亂。李隆基作為李家的後代,暗下決心,要在這片混亂的局面中像曹操那樣破局而出,建立全新的秩序,力求成為一位與父輩不同的天子。

李隆基胸懷理想,早早便顯露出非凡的膽識與氣魄。年僅七歲時,他參加了家族的祭祀儀式,因侍衛與金吾大將軍武懿宗發生衝突,武懿宗對李隆基的侍衛大聲斥責,李隆基毫不畏懼,強硬回應,維護了家族的尊嚴。此事令武懿宗大為吃驚,畢竟當時的李隆基雖是李家的繼承人,但在武則天掌權期間,李家子弟幾乎沒有人敢在外戚面前如此強硬地反駁。

這一事件顯露了李隆基的非凡膽識和領導氣質。他後來先後被封為楚王和臨淄王,20多歲時即步入政壇,身上逐漸展現出與其年紀不相稱的才智與雄心。至景龍二年(西元708年),年僅23歲的李隆基便兼任潞州別駕,開始為自己的政治未來奠定基礎。兩年後,李隆基返回長安,暗中招募兵力,策劃著自己的政治布局。當時,韋后與安樂公主已經掌控朝廷,野心勃勃,意圖重現武則天的統治模式。尤其是韋后,不僅將權力交給了自己的哥哥,還與武三思私通,密謀架空朝廷,誅除異己。她們的陰謀,幾乎是昭然若揭。

李顯去世後,李隆基看準了時機。他並未等待韋后的進一步行動,而是決定主動出擊。李隆基深知,若不趁朝廷動盪之際採取果斷措施,他和其他李氏子弟將面臨被韋后一方剷除的命運。因此,他果斷出手,成功奪取了朝政大權。

第一節　扶亂正道

七月二十一日夜，李隆基迅速發動了政變，參與者包括姑姑太平公主、太平公主的兒子薛崇簡、苑總監鍾紹京、萬騎果毅李仙鳧、葛福順、陳玄禮等人。當夜，李隆基一聲令下，葛福順率先突襲羽林營，成功策反了羽林軍，並攻入玄德門。與此同時，李仙鳧引兵攻入白獸門，兩支部隊在三更時分成功匯合於凌煙閣。此時，宮中的武力已基本被控制。李隆基見狀，帶領第三軍進入宮中，策反了內宮的守衛武士，成功誅殺了韋后及其外戚、黨羽。整個政變在一夜之間完成，韋后、安樂公主、武延秀、上官婉兒等韋氏集團的重要人物被一一處決，整個長安城中也展開了對韋氏集團成員的搜捕，一經發現即被處死。

次日，李隆基聯合姑姑太平公主迫使李重茂禪位於李旦，後者成為了唐睿宗。政變後，李隆基被改封為平王，兼任殿中監，同中書門下三品、兼押左右萬騎。此後不久，李隆基被立為太子。太平公主對這一變動心生不滿，她心中原本有自己的太子人選，並且意影像武則天、韋后那樣掌控朝政。然而，李旦與李隆基同心協力，最終幫助李隆基成為太子，並讓他開始監國，參與國家大事的決策。

李隆基做了兩年太子後，先天元年（西元712年）七月，李旦認為時機成熟，並且不希望太平公主像韋后一樣引發政變，於是主動禪位給李隆基。儘管李隆基名義上成為了國家的最高統治者，但李旦依然掌握著三品以上官員的任命權和軍政大事

第五章　唐玄宗—造就盛世與崩壞的帝王

的決策權。

太平公主不甘心自己的陰謀失敗，遂再次發動兵變，策反了竇懷貞、岑羲、蕭至忠、崔湜、太子少保薛稷、雍州長史新興王李晉（唐高祖堂弟李德良之孫）、中書舍人李猷、右散騎常侍賈膺福、鴻臚寺卿唐晙、左羽林大將軍常元楷、知右羽林將軍事李慈、左金吾將軍李欽、胡僧惠範等一眾朝廷重臣。她一方面暗中在李隆基的飯菜中下毒，另一方面準備起兵奪取政權，試圖透過雙管齊下的方式重新掌握權力。

然而，李隆基並非易與之人，面對太平公主的威脅，他採取了先發制人的策略。在獲知風聲後，李隆基召集了弟弟岐王李範、薛王李業及郭元振、龍武將軍王毛仲、殿中少監姜皎、太僕少卿李令問、尚乘奉御王守一（玄宗的內兄）、內給事高力士、果毅李守德等人，於先天二年（西元 713 年）將太平公主的勢力一網打盡，並最終在不顧李旦的免死請求下，將姑姑太平公主賜死。至此，朝廷的政權基本完全歸李隆基掌控。

李隆基接管朝政後，深知朝廷積弊已久，尤其是自武則天時期以來，政治腐敗已成為朝廷的常態。為此，他決定整頓吏治，首先選拔一位合適的領頭人，也就是新的宰相。李隆基深知，政治腐敗的源頭之一便是宰相的腐化，因此他決心從源頭上遏制腐敗。在他的選拔下，姚崇、宋璟、張說、張九齡等一批有能力的宰相得以升任，為唐朝的治理注入了新的活力。

在李隆基剛開始考慮任命姚崇為宰相時，姚崇並未立刻答

第一節　扶亂正道

應，反而提出了條件，這段歷史被稱為「十事要說（出自《新唐書・列傳第四十九・姚宋》）」。這些條件不僅展現了姚崇的才智和治國抱負，也體現了他對治理國家的深刻見解。具體來說，這十條建議如下：

第一，姚崇主張以仁義治國，仿效唐太宗的寬厚待民，而非武則天時期的酷吏治理；

第二，他提到不應急於開疆拓土，重點應放在維持邊疆的安定；

第三，他強調法律面前人人平等，官員無論職務高低，都應依法治罪；

第四，他堅決反對宦官干政，認為宦官不得干涉朝政；

第五，姚崇提出除租庸賦稅外，不應向地方徵收其他捐稅；

第六，他認為皇帝的外戚不得擔任中央政府職務，以防外戚干涉朝政。

第七，姚崇認為君主應待賢臣，而不是親近小人；

第八，他主張廣開言路，允許大臣直言進諫，且免受罪罰；

第九，姚崇主張禁止興建過多的寺廟和道觀，以此來糾正民風；

第十，他提出應以史為鑑，不應讓王侯掌握過大的權力，避免歷史上王侯篡權的悲劇重演。

這些政治主張直指當時唐朝的多項弊端，涵蓋了從武則天

第五章　唐玄宗──造就盛世與崩壞的帝王

到李顯、李旦時代的腐敗與過失。每一條建議都精準地反映了當時政局的痛點，姚崇的理想和遠見展露無遺。

李隆基對姚崇提出的條件沒有半點猶豫，因他親眼見證了近二十年的朝野荒誕，深知只有振興治國才能扭轉乾坤。於是，李隆基在姚崇的輔佐下，迅速開始整頓朝政，清除了積弊，帶領唐朝逐步走向正軌，最終開創了盛大的「開元盛世」。姚崇因此被譽為「救時宰相」，是這一時代政治清明的象徵。

然而，姚崇雖有卓越的治國才能，但也有自己的不足。他在推崇法治的同時，偶有打壓政敵、拉攏門閥的行為，而在教育子女方面也有所疏忽，導致其子姚彝、姚異因借勢權力而行賄、受賄，受到當時社會的非議。因身體不佳，姚崇最終主動辭去宰相職務，並推薦宋璟繼任。

宋璟同樣是一位德高望重的宰相，剛直不阿，公正廉潔。他在任期間，注重原則，嚴格要求自己與親屬，且敢於直諫，任人唯賢，清政風，清明政局達到了姚崇時期的另一高峰。然而，宋璟因工作中的失誤及思想的守舊，未能適應時代的要求，最終被罷免。繼他之後，張說、張九齡等一批出色的宰相繼任，他們為開元盛世的鞏固作出了重要貢獻。

除了有眼光識人、用賢的姚崇與宋璟等宰相，李隆基也親自參與了吏治的整頓。他採取了四項關鍵措施：

第一，精簡兵力和政務機構，裁撤多餘的官員和機構；

第二，實施嚴格的官員考核制度，確保他們接受民眾的監

督和舉報；

第三，恢復唐太宗時期的制度，讓諫官和史官參與宰相會議，監視朝政，防止權力集中；

第四，李隆基親自考核縣令，依據考核結果任命或罷免縣官。他深知，縣官雖為基層，但卻是與百姓最直接接觸的官員，若他們失職，必將影響朝廷的民意基礎。

李隆基在開元盛世初期，重視民眾疾苦，注重百姓的評價，這為開元盛世的穩步推進打下了堅實的基礎。正如古語所說，「民為水，君為舟」，只有依靠人民的力量，才能保證國家的長治久安。李隆基從父親李旦手中接過皇位後，堅定地推進改革，成功為唐朝帶來了政治清明、百姓安樂的盛世局面。

開元十三年十月（西元 725 年 12 月 16 日），由於開創了開元盛世，李隆基得到了全國官民的一致擁護，百官齊心要求他舉行泰山封禪儀式，這無疑是對他治國功績的最大肯定與榮譽。

第二節　溫柔鄉夢

如果唐玄宗能夠一直如開元盛世時期那般勵精圖治，那麼唐朝的輝煌局面無疑會更加持久，甚至將大唐的歷史推向新的高峰。然而，在實現了初期的政治成就後，唐玄宗並未能保持長久的清明治理。「紅顏禍水」與「溫飽思淫慾」幾乎是所有帝王

第五章　唐玄宗──造就盛世與崩壞的帝王

由盛轉衰的象徵，聰明如唐玄宗，也未能逃脫這一命運。

古人常說「紅顏禍水」，眾人常常把帝王的過錯和失敗歸咎於女性身上。然而，這種說法並不明智，不僅妖魔化了女性，還放大了男性的色慾和軟弱。如果「紅顏」真有如此大的能力，那麼倒不如反過來認為，男性無能才是根本原因。

其實，紅顏並非「禍水」，國家的衰敗也不可能僅由女人一手造成。從另一個角度看，「紅顏禍水」的背後，反映的恰恰是男性的無能。正如歷史上，雖有柳下惠「懷美人而不亂」的例子，但唐玄宗卻未能抵擋住這股誘惑，最終導致了安史之亂，並幾乎毀掉了自己辛苦開創的盛世。

楊玉環，生於開元七年（西元719年），出身宦門之家。她的高祖父楊汪曾任隋朝上柱國、吏部尚書，父親楊玄琰也曾任職蜀州司戶，叔父楊玄珪則擔任河南府土曹。開元十七年，楊玄琰去世，年僅十歲的楊玉環被寄養在洛陽三叔楊玄珪家中，繼續學習音律、詩詞和歌舞。

開元二十二年，年僅十五歲的楊玉環應邀參加了唐玄宗的女兒咸宜公主的婚禮。天生麗質的她在宴會中格外出眾，很快便引起了咸宜公主的胞弟壽王李瑁的注意，並迎娶她為妻。婚後，兩人恩愛有加。如果不是三年後李瑁母親武惠妃去世，或許他們會白頭偕老。

然而，武惠妃去世後，唐玄宗陷入深深的悲痛之中。此時，有人向唐玄宗提議，楊玉環「姿質天挺，宜充掖廷」，意思

第二節　溫柔鄉夢

是她容貌絕美,比武惠妃更勝一籌,建議皇帝將她納入後宮。唐玄宗素來好色,聽聞此言後立即召楊玉環入宮,後來更以為母親竇太后祈福為名,讓她出家為道士,法號「太真」。這一做法,與武則天當年被迫出家再回宮的情況相似,似乎是為掩蓋其奪兒媳之事。唐玄宗的腐化也由此開始顯現。

天寶四年(西元745年),唐玄宗再也忍不住,將楊玉環封為貴妃,正式納為後宮女人。儘管此時沒有立皇后,但楊貴妃已實質上成為後宮之主,掌握了實際權力。自此以後,唐玄宗深陷楊貴妃的溫柔鄉,無法自拔,開始縱容她干涉朝政,並讓楊家逐漸壯大。楊家勢力的膨脹加劇了朝廷外戚干政的陋習,導致政務腐敗,並最終釀成了安史之亂,使得唐朝從開元盛世的鼎盛轉向衰落。

許多人認為楊玉環是導致唐朝盛極而衰的罪魁禍首,但實際上,楊玉環與楊家的崛起,根本原因在於唐玄宗的驕奢淫逸與貪圖享樂。即便沒有楊貴妃,唐玄宗若繼續追逐享樂,也可能會出現李貴妃、陳貴妃、王貴妃等人物,最終導致同樣的衰退。

我們不妨回顧唐玄宗在恢復國力後,他的關注點逐漸從民生轉向個人享樂。古代貴族的娛樂活動雖不及現代豐富,但歌舞一直是他們最鍾愛的消遣。唐玄宗尤為喜愛奢華的歌舞,傳說中〈霓裳羽衣曲〉便是他所作。唐玄宗完成此曲後,興奮地將它與楊貴妃一同分享,他邊聽樂工演奏,邊為楊貴妃贈送金釵鈿合,親手為她插上,並稱讚她的美貌,認為得到楊貴妃就如

第五章 唐玄宗——造就盛世與崩壞的帝王

同得到最珍貴的寶物。

可以看出，唐玄宗對楊貴妃的寵愛已達到了極致。人們常說「愛屋及烏」，唐玄宗便是如此，他對楊貴妃極度寵愛，連楊貴妃所喜愛的白鸚鵡「雪花女」也加倍寵愛。然而，命運弄人，「雪花女」一次被鷹啄死，唐玄宗與楊貴妃為此深感悲痛，並將其安葬在宮中，專門建了「鸚鵡塚」。如此對待一隻鸚鵡，更可見唐玄宗對楊玉環的極端寵愛。

然而，正是由於唐玄宗沉迷於楊玉環的溫柔鄉，朝政逐漸腐化，重要的官職和朝廷職位幾乎都被楊家人占據，國家的政治環境因此日益惡化。

在唐玄宗深陷楊貴妃的寵愛之後，楊貴妃憑藉自己的權勢為家族謀取了大量利益。她不僅將自己的大姐封為韓國夫人、三姐封為虢國夫人、八姐封為秦國夫人，每月向她們贈送豐厚的財物，單是脂粉錢就各自達到十萬錢；她的兄弟們也都得到了高官厚祿，整個楊家因此如日中天，完全應驗了「一人得道，雞犬升天」的說法。外戚干涉朝政的腐敗現象越發嚴重，其中最具危害性的人物就是楊貴妃的遠房兄弟楊釗（後被賜名楊國忠）。楊國忠從一個市井無賴，一躍成為朝廷重臣，掌控了政務，專權誤國，助長了大唐的衰落。關於楊國忠如何貽誤國政，後續會有專門章節探討。

唐玄宗左右幾乎無處不見楊家人的身影，甚至在唐玄宗出遊華清池時，楊家五家人都作為隨行隊伍，穿著統一的華麗衣

第二節　溫柔鄉夢

物,隊伍五色交錯,絢麗非凡,十分威風。史料記載,出遊過程中掉落的珠寶首飾鋪滿了道路,奢華腐敗之風令人咋舌。

楊家不僅在朝政中占據了重要位置,還透過與皇族的聯姻進一步鞏固了自身的權勢。兩位公主和兩位郡主都嫁入楊家,唐玄宗甚至親自為楊氏家族撰寫家廟碑,風光無限。

這一系列舉動讓楊家人變得肆無忌憚,賄賂斂財不過是小事,他們甚至毫不顧忌,連皇室都不再放在眼裡,接待規格遠遠超出了當時的常規。《新唐書》中記載,唐玄宗的親妹妹在楊貴妃三位姐姐面前,必須謙卑地讓座,甚至不敢坐下,這種勢力已經超越了禮儀的範疇。唐玄宗雖然口頭上沒有表示,但內心深感憤慨。

儘管唐玄宗心中不滿,楊貴妃和楊家人依然毫無顧忌,楊貴妃不僅在外為家族爭權奪利,在宮中更是爭寵不已,不允許唐玄宗與其他妃嬪有過多親近,因此她被評價為嫉妒心重。由於這一點,楊貴妃曾兩次被唐玄宗遣返回家。

《舊唐書卷五十一》記載:「五載七月,貴妃以微譴送歸楊銛宅」、「天寶九載,貴妃復忤旨,送歸外第。」

然而,深思之後可以發現,唐玄宗兩次遣楊貴妃回家,不單純是因為她的嫉妒,而更是為了警告楊家人收斂一些。然而,楊貴妃及楊家人並未因此畏懼,唐玄宗明知自己對楊貴妃的寵愛已經無法自拔。

每次送走楊貴妃後,他很快就會後悔,無法安慰自己,茶

第五章 唐玄宗—造就盛世與崩壞的帝王

飯不思。最終,高力士察言觀色,將楊貴妃接回宮中,唐玄宗才恢復了心情。

楊貴妃和楊家人完全看穿了唐玄宗的心思,正因如此,楊家人越發肆無忌憚,繼續操控朝政,縱容腐敗。史料中記載,「出入禁門不問,京師長吏為之側目(出自唐代文學家陳鴻撰寫的傳奇《長恨傳》)」,這正是指楊家人已經把皇宮視作自己的家,進出宮禁無人敢阻攔的真實寫照。

第三節　安史之亂

唐玄宗因沉迷美色和奢侈享樂,使得其統治下的朝廷逐漸腐敗。其中,流傳甚廣的一個典故便是唐玄宗為博得楊貴妃一笑,千里送荔枝,這一舉動也使得一種荔枝品種被稱為「妃子笑」。

故事的經過是這樣的:為了取悅楊貴妃,每年荔枝季節,唐玄宗都會派遣專人前往嶺南地區採摘最新鮮的荔枝,並透過無數個驛站和多匹快馬,穿越數千里、跋山涉水將這些荔枝送至京城。這成為了一項常規差事,通常上一個驛站的人員未曾啟程,下一個驛站的人馬已早早待命,風馳電掣般地趕往京城,一刻也不敢耽誤。沿途的民眾看到這般迅速行進的官差和馬匹揚塵而來,紛紛避讓,還以為發生了什麼重大事件。其實,

第三節　安史之亂

這一切不過是為了讓楊貴妃品嘗到當季最新鮮的荔枝罷了。

至於楊貴妃嘗到荔枝時的表情如何，讓唐玄宗心醉，已無從考證。然而，杜牧的名句「一騎紅塵妃子笑，無人知是荔枝來」中，足以反映出楊貴妃見到唐玄宗從千里之外辛苦送來的荔枝時，心中必定有所感動，而這正是唐玄宗所希望看到的效果。唐玄宗的行為雖荒唐，卻體現了他對楊貴妃的深情與寵愛，雖然不能摘得天上的月亮，卻可以透過自己的權勢辦到其他男人無法做到的事。這種行為既是楊貴妃的虛榮心滿足，也是唐玄宗自我虛榮的體現，而這份虛榮心，正是腐敗的一個典型表現。

古人常說，能力有多大，責任就有多重。作為一國之君，唐玄宗本應肩負更重的責任，但他卻迷失於享樂與美色之中，致使國家政治日漸腐敗，而他將討好內人的行為公之於眾，亦是極為不智。此舉不僅暴露了唐玄宗炫耀私人愛情的私事，而且動用了國家資源，浪費了公共財力，對民生造成了極大損害，同時也引發了負面示範效應。

朝廷上下、內外官員見唐玄宗如此寵信楊貴妃，也紛紛討好她，進獻珍寶，奉承她的權力與美貌。那些能討得楊貴妃歡心的貴族，得到楊貴妃的賞賜，並在她的影響下得以升職加官。尤其是楊國忠，最終官至宰相，並且兼任四十多職，權力極大，甚至將大唐的朝政變成了楊家的天下。他的專權不僅腐化了朝政，還加劇了國家的動盪，最終導致了安史之亂，且不僅

第五章　唐玄宗—造就盛世與崩壞的帝王

葬送了國家的盛世，也奪去了楊貴妃的生命。

安史之亂發生在唐玄宗晚年，其根本原因在於楊國忠的專權，但更深層次的原因，則是唐玄宗沉迷於美色和享樂，忽視了國政。唐玄宗將朝廷的權力幾乎完全交給了楊家，而楊貴妃則利用這一點，使得朝廷權力日漸集中於楊家之手。為了自保與升遷，安祿山便開始討好楊貴妃，甚至拜她為母，希望藉此獲得好處。

然而，安祿山的算盤並未如願，楊貴妃身邊的親信楊國忠，才是真正從中獲益的人，而唐玄宗則完全信任李林甫。李林甫和楊國忠相繼拜相，二人貪得無厭，排斥忠良，致使朝廷滿目蕭條，腐敗日益嚴重。大多數官員都在他們的淫威之下低頭，政治氣氛堪憂。在這種環境下，擁有重兵在邊的安祿山卻沒有更多晉升的機會，他和楊國忠之間的矛盾加劇，也使得他越發萌生了反叛之心。

西元 755 年 12 月 16 日，安祿山以討伐楊國忠、整頓朝政為名，聯合羅、奚、契丹、室韋、突厥等多個民族，共集結 15 萬大軍，發動了聲勢浩大的起義。這場起義不僅是對唐朝統治權的挑戰，更成為唐朝由盛轉衰的轉捩點，也揭開了藩鎮割據的序幕。由於唐朝內政腐敗，安祿山的大軍幾乎所向披靡，河北大部分郡縣、河南部分郡縣迅速落入其掌控。

唐玄宗未曾料到，自己最信任的安祿山竟然會突然謀反。早先，李林甫曾向唐玄宗建議，胡人忠誠可靠，且熟悉邊疆形

第三節　安史之亂

勢,將他們用於鎮守邊疆再合適不過。然而,令唐玄宗震驚的是,這位忠誠的將領,竟在一夜之間擁兵自重,迅速攻占洛陽,並於次年正月初一在洛陽稱帝,改元「聖武」,國號「大燕」。

安祿山從起兵到稱帝,僅用了數月時間,這樣的速度實屬罕見。而這一切,離不開唐玄宗昏庸的政治判斷和朝廷腐敗的深層次背景。安史之亂爆發之初,安祿山的主力集中向洛陽和潼關進軍。洛陽在短短時間內便淪陷,但潼關卻因高仙芝和封常清的頑強抵抗而沒有被攻破。如果唐玄宗堅持任用這兩位忠臣,長安的防守或許能得到有效保障,楊貴妃的慘死或許也不會發生。然而,歷史沒有「如果」,唐玄宗依然親信小人,遠離賢臣,聽信讒言,誤以為高仙芝和封常清因堅守陣地不出,而與安祿山有私下勾結之嫌,意圖背叛大唐。

「斬了!」唐玄宗當時正因多年的沉迷享樂而昏頭昏腦,又因安祿山叛變而憤怒異常,聽聞兩位將領因堅守潼關不出,便立即下令將他們斬首示眾,企圖震懾敵人。然而這一決定,卻使得三軍士氣低落,民心惶恐。唐玄宗隨即委任哥舒翰接替兩位將領的職務,負責潼關的防守,並與安祿山的叛軍作戰。然而,哥舒翰經過仔細觀察和分析後得出結論,堅守不出是最明智的應對之策。儘管如此,唐玄宗卻焦急不已,楊國忠等奸佞之臣也在他耳邊不斷鼓譟,最終迫使哥舒翰出戰。

與此同時,郭子儀和李光弼在河北成功擊敗叛將史思明,接連取得勝利,為朝廷帶來了一線希望。兩位將領與哥舒翰有

第五章　唐玄宗—造就盛世與崩壞的帝王

相同的看法，認為潼關只需堅守便能消耗叛軍主力，並為他們迎接敵人至范陽一帶，合力消滅。然而，唐玄宗不聽勸告，執意要求哥舒翰出戰，導致哥舒翰在無奈之下只得帶兵出征，情勢悲壯如「易水寒」。

果然，哥舒翰的軍隊敗得慘不忍睹，最終只得撤退至關西驛，並釋出榜文招募失散士兵，準備進行最後一搏。然而，前來應募的不是他的部隊，而是吐蕃將領火拔歸仁和他帶來的百餘騎兵。

「元帥，敵軍來了，請速上馬！」火拔歸仁帶領部下前來報告，哥舒翰不知其意圖，便走出驛站準備騎馬離開。此時，火拔歸仁卻率領眾將跪下懇請哥舒翰投降：「元帥，您曾統領二十萬兵馬，但如今軍心已腐，若不投降安祿山，皇上豈能放過您？您看高仙芝和封常清，忠良之士最終的下場就是如此。經過慎重考慮，唯有投誠安祿山，您才能保得一條生路。」

哥舒翰怒目而視：「不行，我誓死不與安祿山為伍！」然而，火拔歸仁早知他性剛直，於是命人將哥舒翰綁上馬，快馬加鞭衝向敵營。潼關失守，長安也迅速陷入危險，最終在西元756年（天寶十五年六月）被安祿山攻破。

第四節　馬嵬坡訣別

　　安史之亂的叛軍徹底攻破長安，局勢達到了頂點。唐玄宗和朝中大臣紛紛陷入恐慌，迅速展開了逃亡。開朝時，能到場的文官武將僅占十分之一，其餘大多數要麼躲在家中，要麼逃亡在外。

　　天下動亂，人人自保。當叛軍逼近皇城，誰也無法預見最終的結局。為了安撫民心，唐玄宗在此危急時刻，依然裝作鎮定，登上勤政樓，宣布自己將親自領軍討伐安祿山。然而，沒人相信他的話。果然，當他離開勤政樓後，迅速開始了逃亡的準備。他將宮殿鑰匙交給了將軍邊令誠保管，並指派人手留守皇宮。與此同時，他暗中命令劍南道準備逃亡物資。而他本人，為了確保安全，選擇當日遷居至大明宮，並迅速布置好了次日出行的馬車和物資。

　　次日清晨，唐玄宗召集了在宮內的楊貴妃及其姐妹、皇子、皇妃、公主、皇孫、楊國忠、韋見素、魏方進、陳玄禮等親信大臣和宦官，悄悄地從延秋門出宮，踏上了逃亡之路。

　　唐玄宗，一位曾經開創了開元盛世的皇帝，本應名垂千古，但在功成名就之際，他未能抵禦奢華和享樂的誘惑，逐漸陷入腐敗。腐敗帶來了巨大的災難，最終讓他不得不面對國破家亡的命運。在這個生死存亡的時刻，唐玄宗內心充滿不甘，卻也無能為力。大勢所趨，他只能保全性命，連身邊的皇妃、

第五章　唐玄宗──造就盛世與崩壞的帝王

公主、皇孫等皇室成員也無暇顧及。

逃亡途中，他們經過了左藏庫，這裡存放著大量的財物。楊國忠提議將這些財富銷毀，以免叛軍占有。但唐玄宗苦楚地表示：「算了，這些錢還是留給叛軍吧。若是銷毀了，叛軍進入庫房發現財物全無，定會向百姓徵收更多賦稅，那樣反而加重百姓的負擔。與其如此，還不如將這些錢留給叛軍。」這一決定儘管令人心痛，但也反映出唐玄宗在危機時刻依然關心百姓疾苦，儘管早前他因貪圖享樂而忽視了這一份本應珍視的責任。

唐玄宗的逃亡仍在繼續，皇宮卻早已被普通百姓劫掠並焚毀。左藏庫的守衛崔光遠和邊令誠趕來撲滅火災，並將搶劫最凶的十人處決，才平息了這場混亂。局勢暫時穩定後，崔光遠派遣自己的兒子去與安祿山接觸，而邊令誠則主動交出宮殿的鑰匙，表示投降。唐玄宗的皇宮徹底歸於安祿山。

此時，唐玄宗一行人在逃亡途中所到之地，都提前通知當地郡縣官員準備接待。然而，等到他們抵達咸陽時，哪裡還有什麼接待？縣令早已逃跑，連前去通知的宦官王洛卿也失去了蹤影。無奈之下，楊國忠只得拿出一些錢財，購買胡餅和粗飯充飢，同時與百姓對泣，場面淒涼至極。

然而，這仍算是幸運的。隨著逃亡的繼續，他們所經過的地方，民居早已空無一人，根本找不到食物。最終，當唐玄宗一行人到達馬嵬驛時，隨行的士兵已經飢疲交加，情緒憤怒。此時，長期忍受楊國忠腐敗行為的將領們，對楊國忠積怨已

第四節　馬嵬坡訣別

久,尤其是龍武大將軍陳玄禮,他決定趁亂除掉楊國忠。陳玄禮深知,安史之亂的根源在於楊國忠,他正是以「討伐楊國忠」為名,發動叛亂的。

陳玄禮不敢直接行動,於是他派遣東宮的宦官李輔國去向太子李亨傳達這一意圖。可是,李亨遲遲未能作出回應,不知是因恐懼楊國忠的權勢,還是考慮到父親唐玄宗的情面,始終未表態。就在將士們焦急萬分之時,轉機終於來臨。

在隊伍行進的過程中,二十餘名吐蕃使節攔住了楊國忠的馬,索要食物。這一幕恰好被隨行的士兵們看見,瞬間引發了他們的憤怒。士兵們紛紛怒喊:「楊國忠與胡人密謀叛亂!」

此時,楊國忠尚未作出任何回應,就已被亂箭射中馬鞍,慌亂之中,他試圖逃跑,但已無法擺脫士兵們的追捕。

最終,他逃至馬嵬驛西門內,卻被士兵們圍攻致死。憤怒的士兵將其屍體肢解,割下頭顱,掛在長矛上,示眾以示報仇。

在古代,這樣的懲罰是對罪犯最大的羞辱,幾乎等同於開棺鞭屍。楊國忠的罪行確實罄竹難書,安史之亂的直接導火線就是由他引發的。

殺死楊國忠之後,士兵們依然心有不甘,接著將楊國忠的兒子、戶部侍郎楊暄以及楊國忠的親屬,如韓國夫人、秦國夫人等一一處決。這時,御史大夫魏方進上前斥責士兵們竟敢殺害當朝宰相,結果也被士兵們一刀斬下。

第五章　唐玄宗──造就盛世與崩壞的帝王

唐玄宗此時正在驛站暫時歇息，聽聞外面動靜，誤以為叛兵已至。

「外面發生了什麼事？」唐玄宗心生警覺。

「陛下，楊國忠已經謀反！」身邊宦官答道。

唐玄宗心中一沉，走出房間一看，只見將士們手持武器，怒目而視，圍住了整個驛站。這架勢顯然已經不容忽視。

「朕未曾料到，楊國忠竟在此時背叛朕。你們做得對，叛徒應當依法處理。感謝你們的保護，辛苦了，回去休息吧！」

唐玄宗勉強表示寬容，但將士們沒有離去。他們的心思不止於此。雖然楊國忠已死，但只要楊貴妃仍在，唐玄宗就有可能受到她的影響，日後必將算帳。將士們明白，只有徹底除去楊貴妃，才能消除隱患。

「陛下，楊國忠雖然已伏法，但楊貴妃仍在身邊，不能繼續留任。請陛下下令處死楊貴妃！」陳玄禮直言不諱。這話道出了在場所有士兵的心聲。既然動手已經開始，他們絕不允許楊貴妃繼續存活，畢竟她與楊國忠之間的關係早已眾人皆知。

「這是朕的私人事務，我自會處理。」唐玄宗不悅地回應，心中憤怒卻又難以表達。他轉身進入屋內，內心感到無比的沉痛。

「請陛下迅速決定，內有群情洶湧，外有叛軍窮追，安危繫於一線。請陛下立即賜死楊貴妃！」韋諤見唐玄宗猶豫不決，跪倒在地，連續叩頭，鮮血直流。

第四節　馬嵬坡訣別

唐玄宗終於感到無法再拖延下去，他苦苦掙扎，企圖為自己爭取一線生機：「楊貴妃一直深居宮中，與外界鮮少接觸，她怎會知道楊國忠謀反的事？」這話顯得虛弱，甚至唐玄宗自己都不信。畢竟，楊貴妃曾推薦過的官員，很多與安祿山也有著千絲萬縷的聯繫，甚至叛軍領袖安祿山與楊貴妃的關係也不一般。

「陛下，楊貴妃雖無罪，但將士們殺了她的堂兄，若楊貴妃依舊留在您身邊，如何能讓將士們安心？」高力士見局面無法挽回，助長火勢。

終於，連自己的親信都開始施壓，唐玄宗深知，如果他繼續堅持，恐怕將落得一個無視將士安危的罪名，而自己的性命也未必能保住。他只得無奈揮手：「來人，將楊貴妃請到佛堂。」

這一命令如同一把利刃刺入唐玄宗的心臟。他親手將這位相伴多年的美人送上了絕路。死亡來臨的那一刻，楊貴妃的香淚滑落，唐玄宗的心中也許充滿了無盡的痛楚。楊貴妃的香消玉殞，令將士們的怒火終於得以平息，局勢暫時穩定。

然而，唐玄宗的內心卻已萬念俱灰，曾經的榮光與安享的日子一去不復返。在經歷了安祿山的叛亂，眼看自己天下的基業岌岌可危，失去了楊貴妃的陪伴，唐玄宗的人生彷彿被掏空了一半。此時，唐玄宗並非高高在上的帝王，而是一個陷入絕境的無助者，除了無奈地接受命運的安排，他別無選擇。

如果當初不踏入昏庸的泥潭，唐玄宗的人生或許會有另一番結局。如今，他只能在悔恨中度過餘生。

第五章　唐玄宗──造就盛世與崩壞的帝王

　　唐玄宗下令將楊貴妃的屍體抬到將士們面前，顯示自己已經做出了決定。士兵們的怒氣因屍體而消散，繼續保護著唐玄宗踏上逃亡之路。然而，唐玄宗心中再也沒有任何幻想，開始懷疑李亨主導了這場兵變。逃亡途中，唐玄宗與李亨分道而行，李亨北上準備平定叛亂，自此自立為帝，成為唐肅宗。

　　唐肅宗即位後，唐玄宗被尊為太上皇，幾乎不再涉及政事。他更多的時間是在回憶楊貴妃，宦官將她遺留下的香囊交給他，他把它視若珍寶，獨自一人時才拿出來回味過往。

　　而此時，隨著唐玄宗的勢力衰退，宦官中最有權勢的變成了李輔國。李輔國趁唐肅宗病重之際，帶領五百騎士強行逼迫唐玄宗遷往甘露殿，而唐玄宗的親信，如高力士、陳玄禮、玉真公主等則被流放、調離或迫使出家。失去了所有熟悉的人，唐玄宗最終鬱鬱寡歡，孤獨終老。

第六章
李林甫 ——
笑裡藏刀的權臣之路

第一節　政治演員

唐玄宗時期，大唐王朝經歷了兩個重要的變化：

一方面，前期勵精圖治，開創了盛大的開元盛世，這是唐玄宗最大的功績；

另一方面，後期則是奢華腐敗的統治，最終引發了安史之亂，這是唐玄宗最大的失誤。

史學界普遍認為，安史之亂的導火線是楊國忠的腐敗，但在楊國忠之前，還有一個人物被認為是導致大唐由盛轉衰的罪魁禍首，這個人就是李林甫。

李林甫出身於宗室貴族，是宗室貴族中最高官職的典型代表。他的曾祖父是唐朝高祖李淵的堂弟，依靠這種血脈關係，他進入仕途可以說是「近水樓臺」。但李林甫並不是一開始就受重視，他最初被任命為千牛直長，顯然這對他來說是無法滿足

第六章　李林甫——笑裡藏刀的權臣之路

的起點。他深知，只有藉助身邊的關係才能繼續上升，因此，他首先利用的是自己的舅父姜皎。

姜皎是唐玄宗寵信的臣子。一次，唐玄宗在後花園賞玩一株綠植，姜皎連聲稱讚，唐玄宗便將其移植到姜皎家中。李林甫知道，擁有這樣一位寵臣舅父無疑是一筆巨大的資源，因此，他極力討好姜皎。姜皎素有文藝修養，而李林甫精通音律，二人因此有了更多的接觸，李林甫也因此得到了姜皎的寵愛，姜皎常在朝廷上為李林甫推薦職位。

與此同時，姜皎的親戚，當時的侍中源乾曜也在一定程度上支持李林甫。源乾曜的兒子源潔為李林甫求職，最終使他得到了司門郎中的職位。這一職務並非輕鬆獲得，源乾曜對此也頗為謹慎，認為只有有能力和有聲望的人才能擔任。然而，李林甫最終還是得到了這個機會，並因此逐步升遷，最終擔任國子司業。

在李林甫的早期生涯中，雖然並未得到其他官員的特別關注，但他並沒有因此灰心喪氣。恰恰相反，李林甫本質上是一個極具耐心、精於權謀且心機深沉的人。他深知，攀升至權力的巔峰需要不僅僅是才能，更多的是對人心的掌控。因此，李林甫透過一系列精心設計的策略，使得許多高官對他產生好感並為他說好話。他特別善於將巴結和奉承轉化為實際的幫助和支持，進而收買人心，幾乎讓那些被他算計過的人都心存感激。這種深厚的權謀能力，使得李林甫在當時的朝廷中別具一格，

第一節　政治演員

幾乎無人能與之匹敵。

李林甫最著名的政治手段之一便是彈劾宰相張說。開元十四年（西元 726 年），李林甫任御史中丞時，聯合御史大夫崔隱甫、宇文融等人彈劾張說，指控他受賄和與非法出家的和尚王慶則有過密關係。張說因此被關押，並被迫提前退休。然而，儘管張說失勢，李林甫卻並沒有繼續追擊他，反而出奇地拒絕了乘勝追擊。

對此，崔隱甫和宇文融感到不解。他們認為這是打擊張說的最佳時機，錯過此刻可能會導致張說東山再起，對他們進行報復。然而，李林甫深知，自己的權力之路還遠未達到巔峰，如果此時過於急功近利，便可能留下惡名，這對未來的升遷不利。李林甫並不急於摧毀張說，而是用一番公私分明的道理來勸導崔隱甫和宇文融，告訴他們，彈劾張說是根據事實和證據，而不是出於私人恩怨。如果繼續加罪於張說，那便是公報私仇，失去了應有的公正。他的這一番話，不僅讓崔隱甫和宇文融深感震撼，也展現了李林甫超凡的政治手腕和深刻的權謀眼光。

李林甫的這一番話，表面上看似是對崔隱甫和宇文融的勸誡，實際上卻是針對外界的展示。很快，李林甫公私分明、品德高尚的形象在朝廷內外廣為流傳。即便是曾被他彈劾、因此失去權勢的張說，也不得不稱讚李林甫的厚道。更重要的是，崔隱甫和宇文融並沒有聽從李林甫的建議，依然將彈劾張說的奏章呈上，結果引起了唐玄宗的極大憤怒。唐玄宗盛怒之下，

第六章 李林甫——笑裡藏刀的權臣之路

將二人貶出京城,而李林甫的公正形象則傳入了唐玄宗的耳中。很快,唐玄宗便將李林甫升任為主管官吏考核的吏部侍郎。

在這場權謀鬥爭中,李林甫成為最大的贏家。他不僅借彈劾張說之事順利升遷,還借唐玄宗之手將潛在的威脅——崔隱甫和宇文融清除。他不僅成功獲得了張說的理解,還獲得了唐玄宗的青睞,樹立了厚道、正直的名聲。如果你以為這就已是李林甫的所有手段,那就大錯特錯了。作為一位典型的奸臣,他最為高明的地方在於,他的攻心計從未讓人察覺,他最擅長的便是揣測唐玄宗的心思。

張說縱容部下貪汙、頻頻與和尚王慶則往來,這些行為顯然不是偶然的,然而,李林甫選擇在張說權勢最為鼎盛、專橫跋扈之際彈劾他。李林甫憑藉其高超的察言觀色能力,早已從宦官、嬪妃等管道得知唐玄宗對張說的專權行為深感頭痛。此時捅破張說的種種弊端,正好迎合了唐玄宗的心意。否則,即便證據確鑿,若唐玄宗偏袒張說,李林甫也很難動搖其地位。

此外,唐玄宗對於結黨營私的行為深感反感,而結黨營私與專權密切相關,兩者的結合會極大削弱皇權。李林甫深諳此道,選擇繞開這一點,而崔隱甫和宇文融卻不明這一局勢,最終淪為炮灰。唐玄宗心中並不認為張說有篡位之心,只是對他的專權感到反感與不安。唐玄宗並不想將張說置於死地,以免讓自己落下不尊師重道的壞名聲。在這方面,唐玄宗與李林甫的思維竟出奇地相似。

第一節　政治演員

　　因此，李林甫最終得以進入唐玄宗的視線，成為外界眼中公正、厚道的吏部侍郎，負責文武百官的考核工作。隨著他職權的擴大，前來求辦事的人也越來越多，其中不乏地位高於他的權臣。例如，唐玄宗的大哥寧王便透過他請求升遷親信。但李林甫並未因寧王的身分而偏袒，而是將此事公開，狠狠打了寧王的臉。李林甫鐵面無私、不屈服於權勢的形象再一次贏得了唐玄宗的讚賞，唐玄宗也更加欣賞他，認為他是理想中的好臣子。

　　然而，撥開層層迷霧，真相便昭然若揭，這一切不過是李林甫精心策劃的政治表演，他正是這場演出的導演與最出色的演員。李林甫並非沒有給寧王的親信升官，而是將九個親信一併提拔，卻特意將寧王託付的第十個親信抖了出來。這個第十個人，便是充當炮灰的角色。

　　這一切，實際上是李林甫與寧王事先商議好的。李林甫深知如何精算局勢，顯然不願為自己承擔無謂的風險。因此，他巧妙地利用了寧王，要求其配合，讓寧王的親信中有一人被打臉，既能顯示自己公正無私的形象，又不會對寧王造成實質性的損害。為了鞏固自身的利益集團，寧王也並不在意這些表面上的犧牲，最終這一出精采的政治戲碼便上演了。寧王的九個親信得以升遷，而李林甫則藉此贏得了「公道正直」的美名，兩全其美。

　　事實上，李林甫此類操作並非少見，而且做得極為出色，

第六章　李林甫—笑裡藏刀的權臣之路

成功贏得了唐玄宗身邊權貴的歡心，尤其是那些深得唐玄宗寵愛的宦官與嬪妃。從這些人的口中，李林甫也更加準確地掌握了唐玄宗的心思和喜好。

當時，後宮中最受寵的並非楊貴妃（她是在武惠妃去世後才上位的），而是武惠妃。唐玄宗對武惠妃及其子壽王李瑁寵愛有加，而因此疏遠了太子李瑛。

這一情況意味著，壽王李瑁有潛在的巨大危機──他與太子李瑛爭奪皇位，太子可能會對他不利。武惠妃對此心知肚明，且她本就有意讓壽王爭奪未來的皇位。

身居高位的李林甫洞察此局，及時站隊，開始透過武惠妃身邊的親信宦官向她表明，願意盡全力保護壽王。武惠妃聽後自然心生感激，既然李林甫願意幫助她的兒子，她也不會虧待他。於是，她暗中支持李林甫，多次在唐玄宗耳邊讚揚李林甫，使得唐玄宗對李林甫產生了更深的信任。

開元二十一年（西元 733 年），侍中裴光庭去世，留下了一個空缺，成為眾多大臣爭奪的職位。武惠妃大力為李林甫謀劃該職。

當時，唐玄宗身邊的權臣宦官高力士，身為武三思府中的成員，算是武氏利益集團的一員。既然是自家人，武惠妃提出請求時，高力士自然不能拒絕。但高力士畢竟是個精明的權臣，他深知李林甫的能力，因此不敢貿然推薦李林甫為宰相。

很快，中書令蕭嵩提名尚書右丞韓休為侍中，唐玄宗已同

意但未正式任命。得知這一消息後,高力士立即告知了武惠妃,並讓她趕緊將此消息告知李林甫。李林甫在得知後,迅速與韓休接觸,提前透露了這個消息。韓休隨後被任命為侍中,心中對李林甫感激不已,遂在適當時機推薦李林甫,稱他有宰相之才。武惠妃也暗中助力,唐玄宗得知宰相與寵妃共同推薦李林甫後,終於決定將李林甫任命為黃門侍郎。

兩年後,李林甫被晉升為禮部尚書、同中書門下三品,並與侍中裴耀卿、中書令張九齡等共同擔任宰相,正式登上了權力的巔峰。時年,李林甫五十二歲,對於追求政治理想的人來說,這是最好的時機。然而,李林甫追求這一切,背後並非他此前所展現的「大公無私」,而是為了滿足自身的私欲。

第二節 口蜜腹劍

當李林甫當上宰相後,他的腐敗治政方式從本質上並未發生任何根本變化,唯一的不同是,他前期極力塑造了一個正面的形象,透過精心安排的政治表演贏得了廣泛的讚譽,而後期,儘管他未曾完全撕下虛偽的面具,行事卻越發毒辣、陰沉,並逐漸暴露出其陰險狡詐、口蜜腹劍的本性。

有些人認為將李林甫視為奸佞之臣有些過於苛刻,試圖為他正名,認為他在政治作為上有其值得肯定的地方,且在大節

第六章　李林甫—笑裡藏刀的權臣之路

與施政措施上對國家和民眾有所貢獻,如整頓教育、完善法制等。對於這種觀點,我們不能完全否定,但也無法完全認同。縱觀歷史上的奸臣與貪官,哪一個長期為官的人沒有做出一些政績?每一個走上官場的人,都必須有所作為,否則如何能長久身居高位?我們不排除個別極為低調的人,但那些能在高位上長期執政的人,都是在各方監督下作事,必定有一定的政治能力與成效。李林甫作為官員二、三十年才得以升任宰相,若沒有一定的政治能力和業績,又怎可能達到如此高的職位?

然而,這與他腐敗、奸佞的本質並不矛盾,政績只是他為實現日益膨脹的私欲所需的基礎,是「必須」,並非其高尚性格的體現。我們不能因為他有所作為而忽視了他奸佞的本性,李林甫的所作所為不能說完全沒有公德,但卻掩蓋不了其陰險狡詐的本質。

當李林甫成為宰相後,他不再像之前那樣隱忍。身為宰相,待他巴結的人已經不多,而需要巴結他的對象卻排起了隊。在這個權高位重的時刻,李林甫終於實現了數十年來的夢想。達到了這一地位後,李林甫更不容許他人威脅和覬覦自己的權勢,正如唐玄宗也始終警惕著有人覬覦自己的帝位一樣。因此,李林甫加快了排除異己、鞏固自身利益集團的步伐。這些行動大多隱祕進行,表面上卻依舊是迎合唐玄宗、與其保持一致,避免與唐玄宗產生任何對立。

唐玄宗在處理朝政之外,還需要應對後宮的權力鬥爭。這

第二節　口蜜腹劍

種鬥爭通常也會影響到朝廷，因為各個妃子都希望自己的兒子能繼位，成為太子。正因如此，太子李瑛、鄂王李瑤、光王李琚等三位王子因母親失寵而心生不滿，私下怨言不斷。

俗話說，「禍從口出」，他們未曾意識到自己的言語將會付出巨大的代價。三人的怨言被駙馬都尉楊洄聽到，楊洄將此事告知了武惠妃。武惠妃聽後，便看到這是一個除去自己兒子競爭對手的機會，於是她向唐玄宗哭訴太子他們的不滿。唐玄宗極為寵愛武惠妃，聽聞此事後，憤怒不已，立即表示：「這三個逆子，我一定要廢除他們！」

於是，他召集當時的宰相商議此事。張九齡聽後，嚇得一身冷汗，急忙勸阻唐玄宗不要做出衝動的決定，並表示自己不敢執行廢除太子及王子的命令。而李林甫則在旁保持沉默，未作發言。

唐玄宗無奈，只得暫時擱置此事。然而，李林甫退朝後，私下與宦官們交談時卻表示：「這是天子自己的家事，何必與外人商量？」

他的意思明顯是，既然唐玄宗已有意廢除三位王子，那就按照他的意願去做，無需顧慮朝廷意見。表面上看，李林甫似乎保持中立，實際上卻是在支持唐玄宗的決定，因為不管唐玄宗如何選擇，只要是他的決定，李林甫的表態就已經為唐玄宗提供了堅定的支持。

李林甫深知唐玄宗並不喜歡太子，同時他也答應了武惠妃

第六章　李林甫—笑裡藏刀的權臣之路

要幫助壽王。因此，他的態度進一步堅定了唐玄宗的決心。兩年後，唐玄宗便照李林甫的建議，將太子李瑛、鄂王李瑤、光王李琚三人廢為庶人，並將李瑛的妻兄，駙馬都尉薛鏽流放至瀼州。不久，三人又被唐玄宗以其他藉口賜死，令時人紛紛表示憤慨。李林甫透過這一手段，兌現了自己的承諾，為壽王排除了對手，也進一步鞏固了自己的權力。

在處理太子問題之後，李林甫對其他異己者同樣毫不手軟。在廢除三位王子之前，唐玄宗曾有意提拔當時的朔方節度使牛仙客，打算讓他兼任尚書一職。對此，張九齡表示：「陛下，宰相之職關乎天下社稷民生，必須由學富五車、經國之士擔任。牛仙客暫時還不能達到該要求啊！」

唐玄宗聽罷，心中不禁泛起一陣不平之意，心想：「難道我的眼光還不如你？為何你們總要與我作對！」

正巧此時，李林甫暗中前來投靠唐玄宗，表明自己的立場，言辭諂媚地說道：「陛下選拔賢才，重在才識和能力，何必拘泥於滿腹經綸的讀書人呢？陛下如此廣開賢路，有何不妥？」

這一番話無異於添油加醋，使唐玄宗深以為然，暗自將李林甫的言辭記在心中。未過多久，唐玄宗不僅破格提拔牛仙客為宰相，更是將原本位高權重的宰相張九齡、裴耀卿一同罷黜。自此，朝中再無人能與李林甫抗衡，權力平衡被打破，李林甫權勢越發熾盛。

不久，李林甫被授予中書令、集賢殿大學士、修國史等要

第二節　口蜜腹劍

職。與此同時，刑部一年所判死刑案不過 58 起，甚至大理寺監獄的屋簷上有鳥兒棲息，被認為是「國泰民安」的象徵。唐玄宗因此將此功勞全歸於李林甫，晉升其為晉國公。

然而，官場的風向常因細節變動而起波瀾。監察御史周子諒因上奏牛仙客不堪宰相之任，便被唐玄宗杖殺。而李林甫則趁機進讒，稱周子諒乃張九齡引薦之人，由此再度牽連張九齡，致使其再遭貶謫。至此，李林甫排斥異己、阻斷言路的手段暴露無遺。但因其權位顯赫，且得唐玄宗寵信，朝中文武百官大多噤若寒蟬，少有人敢與其抗衡。

開元二十六年（西元 738 年），武惠妃病逝。由於太子李瑛早已被唐玄宗賜死，東宮太子之位空懸。李林甫為了履行對壽王李瑁的承諾，極力勸說唐玄宗立壽王為太子。然而，唐玄宗心中屬意的卻是忠王李璵，不僅因其年長，更因其秉性剛直、仁德禮義、孝道崇高，且治學勤勉。高力士亦傾力支持忠王李璵。李林甫一時無言以對，只得順應此前自己所說的「立儲乃皇室家事，外臣不便干涉」，不再多言。當年六月，唐玄宗正式立忠王李璵為皇太子，後世的唐肅宗李亨即由此而來。

立太子一事，往往涉及朝中各方利益集團的博弈。儲君一旦確定，往往意味著其他各方勢力的衰敗，除非太子自身過於軟弱。然而，李林甫雖未能助壽王登上太子之位，亦未因此失寵。唐玄宗對其依舊信任有加，甚至允許他在家辦公，百官需在其府邸門外候命，宛若「天子第二」。但李林甫深諳官場險

第六章　李林甫—笑裡藏刀的權臣之路

惡，擔憂日後太子李亨掌權後對自己不利，故萌生「先下手為強」之意圖。

排除異己的最高明之法，莫過於「借刀殺人」。李林甫這一手法可謂運用純熟。此次，他將目標對準了李亨的妻兄韋堅，選取「旁敲側擊」之策略，伺機出手。他一面將韋堅推薦至高位，一面密令御史中丞楊慎矜對其嚴密監視，靜待其過失，以圖一擊必中。

機會終於到來。天寶五年（西元 746 年）正月十五，李亨出宮遊玩，恰巧遇見韋堅正與皇甫唯明密會。皇甫唯明是當時的隴右節度使，權勢不小，且一向不滿李林甫擅權，曾建議唐玄宗罷免李林甫。此番密會之事被楊慎矜抓住不放，立即向唐玄宗密報，指責韋堅身為皇室內戚，不應私結邊將。李林甫見機行事，立刻添油加醋，誣告韋堅與皇甫唯明圖謀不軌，欲擁立太子為帝。

唐玄宗聞之大怒，立刻下旨將韋堅、皇甫唯明一同貶官，並命李亨休棄太子妃韋氏。此舉不但削弱了韋氏一族的權勢，也向太子李亨發出警告之訊號。李林甫不僅除去韋氏一族，亦成功遏制了太子一系的勢力，從而為自己鋪平了朝堂之路，保全了自身安危。

李林甫的權術陰謀在唐玄宗一朝可謂登峰造極，尤其是在太子李亨一事上，展現出其精妙的心機與狠辣的手段。唐玄宗雖然貴為天子，但在李林甫的「口蜜腹劍」攻勢下，逐漸被矇蔽

第二節　口蜜腹劍

視聽，最終釀成朝堂的暗流湧動。

李林甫對太子李亨的打壓可謂步步為營，穩準狠。起因是太子妾室杜良娣的父親杜有鄰與女婿柳勣不和，柳勣竟以「妄稱圖讖，交構東宮，指斥乘輿（出自《資治通鑑》）」為名誣告杜有鄰。所謂「圖讖」，意指借用影像、讖言來占卜未來，而「指斥乘輿」則是直接攻擊皇帝的罪名，絕非小事。李林甫順勢將此事放大，不僅處死了杜有鄰和柳勣，還將杜良娣廢為庶人，使太子李亨受到了重大打擊。隨之而來的，便是針對太子親信勢力的大清洗。

在這場政治風暴中，李林甫的打擊層面之廣、手段之狠令人瞠目結舌。北海太守李邕、淄川太守裴敦復等地方官員皆被以「杖殺」處置，韋堅、皇甫唯明則被賜死，而前宰相李適之更是被迫服毒自盡，李林甫甚至派人將李適之的兒子也杖殺於河南府。凡是與太子李亨關係密切的人，幾乎無一倖免。這一系列動作，既是為斬斷太子勢力的「羽翼」，也是為鞏固自己在朝中的權勢，形成一股「官場唯李林甫馬首是瞻」的局面。

李林甫的「口蜜腹劍」在這場權力鬥爭中表現得尤為淋漓盡致。所謂「口蜜腹劍」，意指說話柔和甜美，實則心藏殺機。此成語便源於李林甫的行事作風。

一次，唐玄宗在勤政樓垂簾觀看樂舞，偶見樓下有一人騎馬而過，風度翩翩，玄宗不禁讚嘆其風采。此人正是兵部侍郎盧絢。雖屬無意之舉，且唐玄宗亦無深意，但李林甫卻捕風捉

第六章　李林甫—笑裡藏刀的權臣之路

影，視其為威脅。他將盧絢之子召至府中，假意關懷道：「陛下欲任你父為嶺南道交州、廣州刺史，若不願去，恐會被貶。」

嶺南在唐代被視為瘴氣之地，雖非流放之所，但環境惡劣，仕途也常被視作窮途末路。盧絢之子聞言心中一凜，李林甫又繼續暗示道：「若實在不願前往，可自請調任洛陽，出任太子賓客或太子詹事。」

盧絢聽信其子之言，主動向唐玄宗請辭，願赴洛陽。李林甫立刻上奏唐玄宗稱盧絢染病，不能視事，終將盧絢貶為太子員外詹事，權力大減。此事一石二鳥，既削弱了盧絢的權勢，也打擊了太子一系的力量。

不僅盧絢一人受害，嚴挺也因李林甫的設計而被貶為太子詹事。更著名的案例當屬宰相李適之。

李林甫故意設下圈套，稱華山中藏有金礦，若開採必可「富國強兵」。李適之聽信讒言，遂上奏唐玄宗請求開採金礦。李林甫見時機成熟，立刻上奏稱金礦所在乃「龍脈」，一旦開採，便是「斷龍脈」，大不吉利。

唐玄宗大怒，斥責李適之不忠，令其日後事必先請示李林甫。此後，李適之的政治地位大幅下滑，最終被迫自盡，連其家眷也難逃厄運。李林甫這一手「借刀殺人」之計，堪稱心機深沉的典範。

李林甫的獨裁式治理方式將「立仗馬」的比喻推至極致。他對百官明言道：「你們當如『立仗馬』，立於馬廄中，靜默不鳴，

便能得飼料豐厚。若有一聲嘶鳴,便會被踢出隊伍。」這句話的寓意清晰無比:百官只需默默守職,少說話、不議論,否則便會被排斥。為強化這種「靜默文化」,李林甫積極清除對己不利的朝臣,肅清異己,以至於朝堂上下噤若寒蟬。

李林甫任宰相長達十九年,期間大權獨攬,排除異己,使得唐玄宗對其倚重有加,鮮有人敢反駁其政見。其以「柔中帶剛」的手段,表面言辭溫和,暗中卻刀鋒凌厲。唐玄宗逐漸被其言論矇蔽,誤以為「治世無事」,將大唐帝國的繁榮視作理所當然。然而,表面上的太平盛世實則暗潮湧動,官場腐敗、朝政不明,皆與李林甫的專權獨斷密切相關。所謂「百官皆懼,唯李林甫獨尊」,此言非虛。

李林甫的官場獨裁雖成就了一時的權力巔峰,但最終未能逃脫歷史的評判。其口蜜腹劍的伎倆雖得一時之利,卻埋下了唐朝後期動盪不安的禍根。若說大唐由盛轉衰,李林甫無疑是重要推手之一。

第三節　與安祿山鬥智

在李林甫的強權淫威之下,朝中大多數官員雖心懷不滿,卻大多選擇隱忍不發。然而,仍有少數人不甘屈服,敢於與之爭鋒。張九齡便是這類人中的典型代表。身為一代名相,張九

第六章　李林甫──笑裡藏刀的權臣之路

齡素以清正廉明、剛直不阿著稱，深受士林敬仰。儘管如此，面對李林甫的詭計和陰謀，他終究未能占得上風。

當時，安祿山尚為邊疆一名小將，因一場敗仗按律應當被處死。張九齡堅持依法辦事，主張依律處決安祿山，然而李林甫卻百般阻撓，力主保全安祿山性命。最終，張九齡在這場權力較量中敗下陣來，被迫憤然辭官。李林甫的勝利不僅鞏固了自己的地位，也使安祿山因此得以保全性命。從某種意義上來說，李林甫可謂安祿山的「救命恩人」。

天寶十年（西元 751 年），李林甫兼領安西大都護、朔方節度使和單于副大都護等重職。然而，次年他便上表請求辭去兼任的朔方節度使一職，並奏請唐玄宗改由胡人駐守邊疆。李林甫的理由是，漢人膽怯懦弱，難堪大任，而胡人天性勇猛，善戰能征。唐玄宗對此建議深表認同，隨即開始大力任用胡人出身的番將，由此培養出如高仙芝、哥舒翰等赫赫有名的少數民族大將。

表面上，李林甫的這一策略看似合情合理，甚至具有策略遠見，然而其深層用意卻別有玄機。實際上，他的真實意圖並非為國選才，而是為鞏固自身的宰相地位。李林甫深諳邊疆節度使常因立功受賞而位高權重，最終有可能入朝拜相，從而威脅到自己的權勢地位。為防止這種局面，他選擇扶持外族將領，確保中樞權力不被節度使威脅。然而，他低估了胡人的野心，未曾預料到安祿山等人竟會圖謀不軌。此舉不僅使得安祿山勢

第三節　與安祿山鬥智

力不斷壯大,甚至埋下了「安史之亂」的禍根。

安祿山此人,表面粗鄙,實則心機深沉,極善逢迎取巧。他深知如何借勢上位,自被推薦入朝覲見唐玄宗後,便立即認唐玄宗和楊貴妃為乾爹、乾娘。藉助這層親密關係,他的地位扶搖直上,備受寵信,連朝中眾多權貴也不敢輕易得罪他。

初入長安時,安祿山的傲慢無禮盡顯無遺。他憑藉與唐玄宗和楊貴妃的親密關係,頗有一種「仗勢欺人」的姿態,朝中文武百官皆為之側目。他不僅對同僚不屑一顧,甚至對李林甫也表現出幾分輕慢。然而,李林甫絕非易與之輩,作為「口蜜腹劍」的代名詞,他的老謀深算豈能被安祿山這等「初入局者」輕易看透?

李林甫雖心中憤怒,卻不露聲色。他深知,安祿山的靠山乃是唐玄宗與楊貴妃,若明面上與之為敵,無疑自取其禍。於是,李林甫設下一計,打算以「軟刀子」敲打安祿山,讓其明白自身的分量。

為此,李林甫將親信大夫王鉷召至府中,密謀一計。次日,王鉷帶著安祿山一同前往拜見李林甫。一路上,王鉷與安祿山談笑風生,言語間毫無緊張之態。然而,一踏入相府,王鉷立刻「變臉」,不再與安祿山多言,而是疾步前行,快步跑到李林甫面前,深深作揖行禮,態度謙卑,言語恭敬,猶如面對天子一般。隨後,王鉷低頭垂手,細聲稟報政務,連大氣也不敢喘一聲。

第六章　李林甫—笑裡藏刀的權臣之路

安祿山眼見此情此景，心中震動不已。他此前雖驕橫無忌，但自認與大夫級別的官員身分相當，二者雖有地位之別，卻不至於相差懸殊。然而，親眼目睹大夫王鉷對李林甫表現出的極度敬畏，他不禁感到一陣寒意。安祿山意識到，眼前的李林甫並非尋常的宰相，而是權勢滔天的「土皇帝」，擁有超乎常理的控制力和威懾力。

在這一情境的震懾下，安祿山頓時收斂了囂張之態，學著王鉷的模樣，低頭哈腰，不敢直視李林甫，言語小心翼翼，態度恭謹如對天子。自此，安祿山不敢再對李林甫輕視，深藏起自己的野心，裝作一副謙卑聽命的模樣，靜待機會的到來。

李林甫深諳權謀之道，他在確認威懾效果顯著後，隨即展開了第二步策略——施展他的獨門祕訣「讀心術」。儘管李林甫並不懂什麼江湖武林祕笈，但在宦海沉浮數十年間，他的確練就了一種獨特的洞察人心的本領。這種揣摩人心的能力，使他在朝堂內外遊刃有餘，得以以「口蜜腹劍」之名著稱於世。即便眾人皆知其為人陰險，仍難以避開他的權謀圈套。

據傳，李林甫只需與人簡短交談幾句，便可判斷出對方的性格與心理動向。由此，他在朝堂中聲名狼藉，朝臣多對他敬而遠之，既不敢親近，也不敢得罪。因為得罪李林甫的下場往往極為慘烈，輕則仕途不保，重則性命不保，甚至屍骨無存、連安葬之地都無法保全。許多人因與李林甫交惡而喪命，且死狀悽慘，令人不寒而慄。

第三節　與安祿山鬥智

這一切,身在邊疆的安祿山一時無法洞察,故而也難怪他一度誤判了形勢。當時,李林甫與王鉷聯手上演了一場「威懾大戲」,將安祿山嚇得心神不寧、坐立不安。李林甫故意提高音量,叮囑安祿山要「好生效力朝廷」,並刻意留下「皇上年歲已高,但是宰相還沒老啊」這樣意味深長的警告。此言一出,安祿山如遭雷擊,心中愈加忐忑不安。李林甫的這句話無異於明示:我雖年老,但眼睛仍明亮,朝局之事一切盡在掌控之中。安祿山自此對李林甫心生懼意,每次見面都畢恭畢敬,唯恐言行不慎觸怒對方。

李林甫的讀心術更令安祿山心驚膽顫。每逢二人對話,李林甫總能搶在安祿山開口前道出其心中所想,令安祿山驚愕不已,背脊發涼。即便在極寒的三九嚴冬,安祿山也常因李林甫的「未卜先知」而汗透衣背。

回到邊疆後,安祿山時常打探從長安歸來的使者,急切詢問李林甫是否說過自己的言行。有時聽到李林甫的稱讚,他才得以安然入睡幾日;但若聽到「讓他老實一點」這類警告,安祿山便如墜冰窟,心中惶惶不安。李林甫的這種壓制與威懾,雖令安祿山不敢輕舉妄動,但也逼迫其不斷擴充軍力,以求自保。

有觀點認為,正因李林甫的威懾與壓制,安祿山在其生前始終不敢輕易反叛,唐朝也因此多得了十幾年的安穩歲月。然而,這種說法雖有一定道理,但未必完全正確。安祿山雖懼怕李林甫,但對其心懷怨恨,時常期盼李林甫早日離世。李林

第六章　李林甫—笑裡藏刀的權臣之路

甫在世時，安祿山的反叛之念未曾徹底熄滅，而是被迫隱藏於心。李林甫的去世，則成了安祿山的「解鎖之鑰」。

天寶十四年（西元 755 年）十一月，李林甫去世後不久，安祿山便以「清君側」為名、以討伐楊國忠為藉口，於范陽起兵，發動了震驚天下的「安史之亂」。

「安史之亂」一舉改變了大唐的歷史發展，使得大唐從「盛世」邁向「衰世」。儘管安祿山最終兵敗身死，但安史之亂的餘波深遠，直接導致了大唐的「藩鎮割據」局面。

此後，地方將領擁兵自重，中央對地方的軍事、財政和人事控制力大為削弱，地方軍閥的權力日益膨脹。這種藩鎮割據的局面持續了百餘年，直至唐朝滅亡。可以說，安史之亂的負面影響綿延百年，其惡劣後果不容小覷。

溯其本源，安史之亂的直接導火線無疑是楊國忠的專權，但深層次的根源則在於李林甫的權謀操控。李林甫為了一己私欲，極力庇護安祿山，並在關鍵時刻將其拉攏為黨羽。為維護自身權勢，李林甫不僅未能及時懲處安祿山，反而提拔重用他，使其掌控十餘萬大軍。

李林甫的初衷雖是希望安祿山能為其所用，但他未曾預料到，安祿山的「自保」行為會演變為「擁兵自重」，最終走向反叛。若非李林甫一味庇護、任用安祿山，後者恐難有如此巨大的反叛資本。因此，從某種程度上看，李林甫的所作所為助推了安祿山的崛起，進而促成了安史之亂的爆發。

李林甫的角色並非「功臣」，而更像是一位「禍首」。他為一己私利，罔顧社稷安危，助長了安祿山的野心，最終引發大唐的「由盛而衰」之變。

李林甫的「權謀壓制」一方面確實在一定時期內穩住了安祿山，但另一方面，這種「高壓政策」也使安祿山不得不加速擴充實力，以期自保。李林甫對安祿山的「主動推舉」與「被動逼迫」共同促成了安祿山的坐大，成為大唐盛世轉為衰世的「關鍵推動力」。這種依賴權術的腐敗政治，不僅讓李林甫在朝堂中一度得勢，也讓大唐的權力結構埋下了隱患，導致了百年藩鎮割據的局面。

安史之亂的歷史教訓不容忽視。它警示後世，短視的權謀之術雖可一時穩局，但卻可能招致更大的禍患。李林甫的「讀心術」雖精妙絕倫，但其本質卻是以私利為導向的「權謀術」。其結果，既使安祿山「被迫」做大，也使唐朝的國家權力結構陷入分裂，推動了唐朝由盛轉衰的歷史轉折。

第四節　身死家滅

李林甫在達到權力頂峰之時，不得不提到一個對其命運產生深遠影響的人物——楊國忠。這位在前期作為李林甫推行政治打壓的得力助手，最終卻成了李林甫走向敗亡的關鍵推手。

第六章　李林甫—笑裡藏刀的權臣之路

　　李林甫與楊國忠的關係，可謂一場典型的「共謀者的悲劇」。在針對太子李亨的連番構陷中，二人狼狽為奸、相互利用，配合得可謂天衣無縫。李林甫為何在身為宰相、位高權重之際，依然要與楊國忠深度合作？

　　這是一個值得深思的問題。李林甫素以深諳權變著稱，在武惠妃受寵之時，他便竭力攀附，不惜為爭立壽王為太子而與現任太子李亨針鋒相對。武惠妃死後，楊貴妃成為唐玄宗的寵妃，楊氏家族的地位迅速上升，楊國忠也藉此契機踏入政治舞臺，搖身一變成為朝堂中炙手可熱的皇親國戚。正因如此，李林甫在拉攏楊國忠時，不遺餘力。楊國忠也明白與李林甫結盟的必要性，二人一拍即合，各取所需，成為互為倚重的政治盟友。

　　在針對太子李亨的陰謀中，李林甫深知其中的巨大風險——一旦失敗，他自己便可能遭到反噬。因此，他與楊國忠精心策劃，分工明確。二人於京城專門設立了一個名為「立推院」的特別機構，專職打擊李亨的黨羽。李林甫是幕後主使，楊國忠則衝鋒在前，每次對李亨的構陷，均由楊國忠率先挑頭。楊國忠之所以敢於冒如此大風險與太子對抗，原因有三：

　　首先，楊氏家族此時如日中天。楊貴妃深受唐玄宗寵愛，而唐玄宗對楊貴妃的感情之深，已到了可以左右政局的程度。李亨雖為太子，但在唐玄宗面前卻不得不對楊貴妃避讓三分，生怕一旦得罪楊貴妃，他的處境會如同前太子李瑛般悲慘。

　　其次，楊國忠有李林甫的庇護。李林甫貴為宰相，深得唐

第四節　身死家滅

玄宗信任,地位一人之下,萬人之上。楊國忠依仗李林甫,行事無所顧忌。反之,李林甫也不敢對楊國忠掉以輕心,因為一旦楊國忠遭難,他很可能供出李林甫的罪行。李林甫精於算計,這一層關係他不可能不明白。

第三,楊國忠本人的野心也不容小覷。當時的李林甫雖身居相位多年,但年事已高,楊國忠正值壯年,仕途雄心勃勃。對於楊國忠來說,當前正是難得的上位時機,若不搏一把,恐怕此生再無機會。由此,楊國忠在與李林甫的聯手中扮演著更為激進的角色,目的就是為自己鋪路。

儘管李林甫與楊國忠在表面上維繫著「親密合作」,但彼此的內心早已埋下猜忌的種子。楊國忠之所以賣力配合李林甫,不過是希望憑藉其力量獲取提拔,但老謀深算的李林甫卻不可能為楊國忠創造「羽翼豐滿」的機會。楊國忠出身楊貴妃家族,本身已是顯赫一時的皇親國戚,如果再讓他在官場上進一步成長,勢必會對李林甫的地位構成威脅。

唐玄宗曾評價李林甫「妒賢嫉能,天下無二」,他最擅長的手段便是藉機剷除異己。李林甫最初認為楊國忠才疏學淺,難成大器,但隨著楊國忠的權勢日益坐大,李林甫內心的不安也逐漸加劇,二人之間的關係開始生變。

為了對抗楊國忠,李林甫決定扶持另一股勢力,以牽制楊國忠的擴張。李林甫將目標鎖定在了王鉷身上。王鉷時任御史中丞,與楊國忠位同權敵。楊國忠原以為憑藉與李林甫的關係,

第六章　李林甫—笑裡藏刀的權臣之路

自己應能更進一步，然而李林甫卻反其道而行之，提拔了王鉷為御史大夫。這一做法，令楊國忠對李林甫心生怨懟，心中萌生了剷除李林甫的念頭。

二人的矛盾因王鉷的提拔而逐漸表面化，最終徹底決裂。天寶十一年（西元 752 年），一場政治風波讓楊國忠看到了報復李林甫的機會。當時，王鉷的弟弟王焊與刑縡密謀叛亂，意圖誅殺李林甫、陳希烈和楊國忠等人。事發之後，唐玄宗命楊國忠與陳希烈共同負責審訊王焊與刑縡。楊國忠深知這是一次絕佳的反擊機會，遂在審訊中大做文章，故意將李林甫也牽涉進來，指控其與王鉷勾結謀反，並讓陳希烈作旁證。王鉷最終被誣陷為同謀，遭唐玄宗賜死。儘管李林甫憑藉老辣的應對手段，避免了被定罪的厄運，但唐玄宗的信任已大不如前。從此，李林甫的權勢大不如前，楊國忠的勢力則迅速膨脹，成為朝中炙手可熱的人物。

王鉷死後，其所兼領的職務盡歸楊國忠，楊國忠的地位更上一層樓。自此，李林甫與楊國忠的權勢消長一目了然，李林甫從高峰走向谷底，而楊國忠則以勢不可擋的氣勢，步步攀登至權力的頂端。二人之間的這場政治博弈，不僅是唐玄宗時期政壇中「合縱連橫」的生動寫照，也昭示了帝國權力格局的深刻變化。

李林甫因楊國忠的構陷而憤懣不已。素來算計他人的李林甫，此番竟被他人算計，心中百感交集。常言道「常在江湖走，

第四節　身死家滅

哪有不溼鞋」，但這一次，他的「鞋」溼得過於嚴重。此次變故不僅使他失去了一個牽制楊國忠的得力助手，還險些使他自身陷入危境。楊國忠誣陷王鉷時，李林甫曾力辯王鉷無罪，奈何無濟於事，最終只能保全自身平安。但他深知，唐玄宗對他的信任已不如從前，朝廷的權力天平正逐步向楊國忠傾斜。為防楊國忠得逞，李林甫決定另謀對策。

天寶十一年（西元752年）十月，南詔入侵邊境，劍南告急。李林甫為削弱楊國忠的權勢，並伺機將其除去，遂向唐玄宗建議讓楊國忠兼任劍南節度使，前往邊疆指揮作戰。楊國忠得知後，佯裝不願前往，哭訴道：「陛下，救救臣吧！李丞相此舉是假借調任之名，行報復之實。臣查出他與王氏之事有關，他恐藉此良機加害於我，臣萬萬不能前往劍南啊！」

唐玄宗安撫道：「愛卿毋需憂慮。你先去平定劍南之亂，朕定會很快召你回朝，屆時封你為宰相。」

這一番話的言外之意，顯然是希望楊國忠能立下軍功，憑此功績回朝拜相。此語一出，李林甫與楊國忠心中皆瞭然。楊國忠聽後士氣大振，心知此行是大展身手的契機，便欣然領命，前往劍南。李林甫卻大為不滿，本想藉機削弱楊國忠，甚至將其剷除，未料反助對方步步高升。事與願違的挫敗令李林甫深感鬱結，內心的壓抑使他舊疾復發。恰逢唐玄宗命他隨駕前往華清宮，舟車勞頓，加重了病情。

巫醫勸說道：「您只需去見見陛下，病便會好轉。」

第六章　李林甫──笑裡藏刀的權臣之路

　　李林甫病重臥床，唐玄宗本欲親臨府中探望，但侍臣以防止感染為由予以勸阻，遂改為命人將李林甫抬至庭院。唐玄宗登上降聖閣，手持紅巾遠遠向他招手致意，口中慰問數句。李林甫因病重無法起身，只能由家人代為跪拜謝恩。禮畢，他又被抬回府中。

　　不久後，楊國忠被召回朝中。當時楊國忠尚在劍南，得知李林甫病重的消息，內心半信半疑，急忙啟程返回長安。唐玄宗命楊國忠前往華清宮探望李林甫。謁見之時，楊國忠謹慎異常，拜於床前，不敢稍有大意。他深知李林甫的狡詐手段，生怕此番「病重」只是又一場陰謀。李林甫卻已心力交瘁，難再施展機謀，唯有感慨道：「楊大人，我已是將死之人。人之將死，其言也善。你定會榮登相位，先行恭賀你。臨終之際，唯望你能照顧我的家人，切莫讓他們受苦。」

　　李林甫這一生口蜜腹劍，算計無數，求人的場景寥寥無幾，此刻卻低聲相求，話語中流露出對身後之事的深深不安。楊國忠一邊連聲稱「不敢當」，一邊迅速退出，生怕久留生變。

　　天寶十二年（西元753年）十一月二十四日，李林甫病逝，遺體由子嗣護送回長安，安葬於平康坊府邸。唐玄宗追贈他為太尉、揚州大都督，並賜班劍武士與西園祕器以示哀榮。然李林甫屍骨未寒，楊國忠便如願拜相，成為新一代的權臣。

　　然而，李林甫的死並未讓楊國忠徹底安心。素知「斬草不除根，春風吹又生」的道理，楊國忠決定剷除李林甫餘黨及家屬。

第四節　身死家滅

當年，楊國忠聯合安祿山，誣告李林甫生前與叛將阿布思結為父子，並密謀造反。安祿山還派阿布思部的降將入朝作證，唐玄宗聞訊震怒，命官府徹查。李林甫的女婿楊齊宣為自保，主動附和楊國忠，出面作證。

當時，李林甫的遺體尚未入土，便被削去一切官爵，家產遭抄沒，子嗣被除名流放嶺南、黔中，黨羽五十餘人被貶斥。唐玄宗甚至下令劈開李林甫的棺木，挖出其口中含珠，剝去金紫朝服，改以庶人之禮重新入殮。李林甫一生機關算盡，操弄朝政，最終落得身死家滅、死不安寧的悲慘下場。此事也成為「邪不勝正」的典型範例，昭示腐敗政治的結局和人心的無常。

第六章　李林甫—笑裡藏刀的權臣之路

第七章
楊國忠 ——
災禍之中的權力遊戲

第一節　少年混混

楊國忠是唐玄宗時期不可忽視的重要人物。他早年與李林甫明爭暗鬥，最終憑藉手段排擠掉李林甫，掌控大權；晚年則因捲入與另一位姓李的關鍵人物——李輔國的糾葛，而失去性命。這種前後境遇，不免引人深思。

楊國忠，原名楊釗，是楊貴妃的族兄，血緣關係較遠，僅隔了兩、三代。他的祖輩和父輩均定居於蒲州永樂（今山西永濟）。父親楊珣曾任宣州司主參軍，但家境貧寒。母親張氏是武則天寵臣張易之的妹妹。值得注意的是，楊釗與楊貴妃在她成為唐玄宗寵妃之前並無交集。

楊釗少年時期生活在家鄉，他因行為放蕩、不務正業而被鄉鄰視為典型的反面教材。嗜酒如命、賭博成性，且經常向他人借錢，生活潦倒困頓。一直到三十歲時，他的人生仍毫無起

第七章　楊國忠—災禍之中的權力遊戲

色。孔子曾言：「三十而立。」而楊釗卻在三十歲時因難以為繼，被迫離鄉，前往他處尋找出路。

楊釗離開山西後，輾轉來到四川，成為一名屯田兵。在部隊中，他表現積極，改掉了些許痞氣，因而立下了一定功勞。然而，益州長史張宥並不看好他的為人，儘管楊釗有功，張宥非但沒有提拔他，反而命人打了他一頓，然後才將其任命為新都尉。張宥的眼光確實獨到，楊釗後來飛黃騰達，但他的品行最終釀成了禍患。

在新都尉的職位上，楊釗僅能勉強果腹。任期結束後，他生活更加窮困，一度無法維持生計。這時，他遇到了人生中的第一位貴人——當地富豪鮮于仲通。鮮于仲通欣賞楊釗相貌堂堂、言辭機敏，認為他日後必有所成，於是在經濟上給予大力資助，幫助他度過難關。

然而，楊釗並未因此洗心革面。他很快便重操舊業，染指賭博，並在成都輸得精光，最終無力償還，只能逃亡。他短暫地跑到關中，擔任扶風尉，但因不適應官場環境而辭職，最終又回到四川，重新投靠鮮于仲通。

對於鮮于仲通而言，養一個門客無關緊要。他家財萬貫，完全可以供養楊釗終生。更重要的是，鮮于仲通具有與眾不同的眼光。他看中楊釗能言善辯，認為日後或許能倚仗此人。於是，他沒有因楊釗的不良品行而將其棄之不顧，毅然收留了他。

不久，楊釗聽聞堂妹楊玉環被封為貴妃，頓時眼前一亮，

第一節　少年混混

認為飛黃騰達的機會來了。楊釗本就是一個擅長投機取巧之人，此時更是抓住機會，謀求借助楊貴妃的關係踏上仕途。

與此同時，劍南節度使章仇兼瓊也在謀求攀附楊貴妃，以獲得政治庇護。當時，李林甫獨攬朝政，專權跋扈，章仇兼瓊擔心自己的職位難保，遂希望透過結交楊貴妃家族在朝廷中尋求援助。他多方打聽得知楊貴妃出身蜀地，便試圖尋找可靠之人前往長安聯繫楊家。恰巧，章仇兼瓊與鮮于仲通交情深厚，鮮于仲通得知其需求後，立即向他推薦了楊釗。

楊釗與楊貴妃同為楊氏家族成員，並透過其堂妹的顯赫地位找到了仕途的契機。楊釗身材魁梧，儀表堂堂，性格機敏且善於辭令，深得當時川蜀節度使章仇兼瓊的賞識。章仇兼瓊認為楊釗是可用之才，於是任命他為「推官」，並以進貢「春綈」為由，派遣他前往長安聯繫關係。

天寶四年（西元745年）十月，楊釗終於抵達長安。他清楚地意識到，這是他人生翻盤的重要時機，因此即使沒有章仇兼瓊的指派，他也會主動履行拜訪楊氏諸姐妹的職責。當時，除了深受唐玄宗寵愛的楊貴妃外，她的三位姐姐也因皇帝的寵信而享有顯赫地位。楊貴妃雖難以直接接觸，但楊氏三姐妹則相對容易見到。藉助章仇兼瓊提供的珍貴蜀中貢品，楊釗以堂親的身分逐一拜訪這些姐妹，並表示這些禮物由章仇兼瓊所贈。

楊氏三姐妹因受到貴重禮物而心生好感，對楊釗也多有青睞。同時，她們在唐玄宗面前頻頻稱讚章仇兼瓊，令玄宗對其

第七章　楊國忠──災禍之中的權力遊戲

印象深刻。然而，這次「禮尚往來」中真正受益最多的卻是楊釗。他巧妙地利用他人贈予的禮品以及自己能言善辯的才能，不僅完成了章仇兼瓊的任務，還成功為自己爭取到了認可。

楊釗在與楊氏三姐妹建立良好關係的過程中，展現了極高的社交能力，她們甚至向唐玄宗推薦了這位堂弟，特別提到他精通一種名為「樗蒲（樗蒲是一種繼六博戲之後，於漢末時期盛行的古代棋類遊戲。其博戲中用於擲採的投子最初以樗木製成，因此得名為「樗蒲」）」的賭博遊戲。

唐玄宗對政務的興趣早已減退，尤其在得到了楊玉環後，他的心思更多放在享樂之上。當得知楊釗擅長樗蒲，玄宗欣然接受這一「對手」，又因楊釗是楊貴妃的堂兄，特意將他留在長安，並授予了一個小職務。儘管此職務無關大權，但因楊貴妃的緣故，楊釗得以獲得特別恩准，隨供奉官出入禁中，這對於普通人而言無疑是極大的榮耀。

然而，楊釗並不滿足於當前地位。他不甘心永遠依附於人，而希望能有朝一日獨當一面，甚至能夠自由出入宮禁。為了實現這一目標，他在楊貴妃與唐玄宗面前頻頻表現，最終被任命為金吾兵曹參軍。雖然依舊是閒職，但這一官職為楊釗創造了更多接觸權貴的機會，也成為他邁向更高仕途的重要一步。

就這樣，楊釗在三十多歲時，憑藉與楊貴妃的親屬關係，成功進入唐朝官僚體系，並開始了自己的仕途經營。然而，正

如因果輪迴，因這份權勢奠基的事業，也為他日後淒涼的命運埋下了伏筆。

第二節　步步高升

在長安立穩腳跟後，楊釗藉助楊貴妃和楊氏家族得寵的便利條件，積極謀劃，內外兼顧。在宮廷內部，他致力於侍奉唐玄宗，為此對楊貴妃百般討好，竭力從她處獲取關於唐玄宗的內廷消息。由於掌握這些關鍵資訊，楊釗比其他人更能迎合唐玄宗的喜好，因此深受賞識。

而在朝廷中，他透過巴結權貴、八面玲瓏，廣泛織就人脈網路，每次禁中設宴時，楊釗都負責掌管樗蒲文簿（一種娛樂活動的記分簿）。他每次計分既迅速又準確，表現出極大的精明能幹，令唐玄宗留下了深刻印象。

「真是個好度支郎！」唐玄宗不禁當面誇讚。度支郎中是戶部中負責統計核算財賦收支的官職，唐玄宗本意是隨口稱讚楊釗的精明善算，並無意讓他實際擔任此職。然而，楊氏姐妹聽到唐玄宗如此讚譽楊釗，喜不自勝，頻繁請求唐玄宗兌現「諾言」，任命楊釗為度支郎。唐玄宗耳根軟，再加上對楊釗的聰明才智頗為欣賞，順水推舟賣了個人情，任命楊釗為御史中丞王鉷手下的判官。從此，楊釗仕途步入快速上升通道，但也逐漸

143

第七章　楊國忠—災禍之中的權力遊戲

走上了歪路。

天寶七年（西元 748 年），楊釗擔任給事中，兼任御史中丞，專管度支事務，逐漸成為頗具影響力的重臣。他坐上度支郎中的位置後，開始頻繁利用職權謀取私利。他經常向唐玄宗彙報國庫充盈，誇耀這是前所未有的盛況。有一次，他建議唐玄宗將地方州縣庫存的糧食、布帛變賣，換成輕便貨物運回京城，以供宮內使用。

天寶八年（西元 749 年）二月，唐玄宗帶領百官參觀左藏庫，見到國庫果然充實，十分高興。為表彰楊釗在聚斂財物方面的貢獻，唐玄宗特賜他紫衣金魚袋，並任命其兼任太府卿，負責管理錢糧事務。翌年，楊釗兼任兵部侍郎。

天寶九年（西元 750 年）十月，楊釗請求唐玄宗賜予吉利的名字，理由是其原名「釗」含有「金」和「刀」二字，不利於表達忠心報國之意。唐玄宗對楊釗的忠誠深信不疑，遂賜名「國忠」。從此，楊釗改名楊國忠，但其行為卻與「忠國」二字漸行漸遠。

在此期間，楊國忠與李林甫表面上和睦共事，實際上各懷鬼胎。李林甫希望藉助楊國忠的關係討好楊貴妃和唐玄宗，而楊國忠則試圖透過李林甫的勢力壯大自身仕途。兩人互相利用，在構陷太子李亨一事上高度一致（詳見李林甫一章），但因權勢鬥爭的失衡終致分裂。李林甫不願楊國忠凌駕於自己之上，而楊國忠則力圖將李林甫踩在腳下。這種矛盾注定不可調和，分

第二節　步步高升

化成為必然。

王鉷的得寵及李林甫的推薦升遷，僅是二人明爭暗鬥的藉口而已。而在他們之上，唐玄宗是二人共同巴結的對象。唐玄宗雖表現昏庸，但對於李林甫與楊國忠之間的爭鬥心知肚明。他曾評價李林甫「善妒天下無雙」，因而寵信楊國忠，不可能不知李楊二人必生矛盾。然而，他選擇對此矛盾有意忽視，因為除了取悅楊貴妃之外，唐玄宗還希望透過楊國忠制衡李林甫的專權，並為後者挑選接班人。

唐代政治鬥爭向來以其殘酷性著稱，而在唐玄宗手中，這種鬥爭更增添了幾分戲劇性。這也從側面反映出唐玄宗統治後期，即開元之治晚期的深度腐敗。上梁不正下梁歪，君臣之間沆瀣一氣，將江山社稷與百姓生計視作滿足私欲的工具。

天寶十一年（西元752年）十一月，李林甫病逝後，唐玄宗任命楊國忠為右相，同時兼任文部尚書，並繼續管理原職務。楊國忠從侍御史一路晉升至宰相，兼任職務多達四十餘項。這一飛速崛起的背後，是其精心經營與官場腐敗的共同產物。

楊國忠原本不過是一個年過三十、一事無成的小人物，甚至因無所作為而被族人嫌棄。然而，藉助楊貴妃的關係，加之個人能力與精明，他迅速攀上權力巔峰。他的成功雖有運氣成分，但更依賴於當時腐敗的官場環境。如果沒有這種土壤，楊國忠這朵誤國之花便無從盛開。他的崛起離不開天寶年間經濟形勢的需求和他善於斂財的才能。僅靠裙帶關係而無實際能力，他

第七章　楊國忠—災禍之中的權力遊戲

絕不可能在短時間內青雲直上。

值得注意的是，楊貴妃對楊國忠的仕途幫助並不如想像中大。作為唐玄宗寵妃，楊貴妃與許多皇后、妃子不同，她對政治不甚關心，也無野心染指朝政。然而，她多年獨得恩寵，使得她成為楊國忠強而有力的政治靠山。更有趣的是，當楊國忠成長為朝堂的霸主後，反而成為楊貴妃在後宮地位的重要支撐。外戚勢力的壯大在客觀上保障了楊貴妃的寵愛地位，兩人形成了互為依靠的關係。

唐玄宗在早期相對理智，即使寵愛武惠妃，也能夠妥善處理外戚關係，僅授予他們閒職、散官，從不委以實權。他深知外戚專權的危害，一旦權力失控，便可能導致禍國殃民。然而，在楊氏家族面前，唐玄宗卻表現出極大的縱容，使得外戚逐漸掌控朝政，埋下隱患。

與此同時，宦官對朝廷的影響也日漸突顯。楊國忠的崛起與唐玄宗寵愛的宦官高力士密切相關。高力士為討好楊貴妃，將她作為政治依託，全力幫助楊氏家族在朝堂中站穩腳跟。在李林甫、安祿山等人爭權奪寵的局勢下，楊國忠作為後起之秀，必須依靠一個強硬的後臺。而楊貴妃並無直接政治力量，高力士才是其真正的支持者。

高力士扶持楊國忠並非毫無私心。他深諳官場險惡，為確保自身安全，選擇扶植有潛力的新人以作後盾。高力士曾幫助過李林甫、韋堅、安祿山、高仙芝等受皇帝寵信的重臣，但這些

第二節　步步高升

人羽翼豐滿後,便不再將他放在眼裡。因此,他需要重新培植可靠勢力,而楊國忠正是他的新選擇。楊國忠不僅擅長逢迎,而且心機深沉、手段狠辣,成為高力士理想的代理人。

儘管得到高力士的支持,楊國忠在朝中的地位仍顯單薄。宰相李林甫與太子李亨分別依靠安祿山和西北鎮的軍事力量,而楊國忠並無類似的依仗。正因如此,他雖然多次陷害李亨,卻始終無法將其剷除。這也成為他難以安心的重要原因。為了彌補這一弱點,他急切地尋求培植自己的軍事力量。

在當時,東北和西北方鎮已被李林甫和李亨掌控,楊國忠無法插手。因此,他將目光投向了劍南軍鎮,試圖以此為後盾,為自己的權勢保駕護航。

天寶年間,南詔王國已歸附唐朝,其清平官(清平官,是唐代南詔國王以下的最高行政官職。清平官分為坦綽、布燮和久贊三類,共設六人,其職權和地位相當於唐朝的宰相)常常帶著妻女前往拜見漢族地方長官。然而,一次途經雲南時,太守張虔陀非但沒有友善相待,反而戲弄南詔王族的妻子,並敲詐勒索。此舉嚴重損害了南詔王閣羅鳳的尊嚴,激起了他的憤怒。憤而發難的閣羅鳳不僅遭受張虔陀的辱罵,還被誣告為叛逆。最終,閣羅鳳憤起反叛,殺死張虔陀並占領夷州。

面對南詔的叛亂,唐玄宗決定採取行動平息局勢。這一局勢給了權臣楊國忠擴充勢力的機會。天寶九年(西元750年),楊國忠舉薦鮮于仲通為劍南節度使,負責率軍鎮壓南詔。然

第七章　楊國忠—災禍之中的權力遊戲

而，楊國忠此舉適得其反，鮮于仲通並非擅長軍事與政治之人，其缺乏變通的能力讓戰局更加複雜。他領兵八萬分兩路進攻，聲勢雖大，卻不善應變。

南詔王閣羅鳳目睹唐軍壓境，心生忌憚，便派使者前來議和，表示願意歸還俘虜與物資，並修復雲南郡城歸還唐朝。然而，鮮于仲通仗恃兵力強盛，無視南詔的求和之意，反而扣押使者並繼續進攻。次年，唐軍在西洱河與南詔軍交戰，結果慘遭失敗，六萬士兵陣亡，鮮于仲通本人亦險些喪命，狼狽而逃。然而，楊國忠向朝廷謊報戰功，鮮于仲通不僅未受懲罰，反而受到嘉獎。

楊國忠擅長顛倒是非黑白，他的謊言居然能令唐玄宗深信不疑，可見此時的唐玄宗已漸趨昏庸，而楊國忠的腐敗亦愈加猖獗。更為離譜的是，楊國忠暗中操縱鮮于仲通上奏，建議由自己擔任劍南節度使進行遠端指揮。唐玄宗對此毫不猶豫地批准。楊國忠趁機進一步請求再次征伐南詔，唐玄宗遂下令在長安、洛陽、河南、河北等地廣招士兵。然而，北方士兵對南方的瘴氣環境深感畏懼，多不願應徵。楊國忠便採取強制徵兵的手段，大肆抓捕青壯年入伍，此舉導致關中與中原百姓怨聲載道。

儘管民怨沸騰，但楊國忠一貫漠視民生疾苦。他深知，若能透過這次戰爭立下戰功，便可在朝廷中與李林甫、安祿山等人抗衡；即便戰敗，他亦可如前次般謊報戰果。在唐玄宗的寵信和昏庸治政之下，楊國忠屢次發動針對邊疆與少數民族的戰爭，

不僅令邊疆軍民深陷苦難，更激化了邊境矛盾。然而，這些劣跡並未影響楊國忠的仕途，他反而因此頻頻升遷，官職不斷增加，權勢達到頂峰，最多時兼任多達四十個職位。如此繁多的職務顯然超出一人所能承擔，他卻以此謀取私利，尸位素餐。

這一系列事件不僅反映出楊國忠的專權與貪腐，也從側面揭示出唐玄宗晚年政治的頹敗，為安史之亂的爆發埋下隱患。

第三節　專權誤國

楊國忠的政治地位日益攀升，他與長期掌控軍政大權的宰相李林甫之間的矛盾也愈加激化。這二人均為腐朽貴族與官僚統治集團的代表，但有所不同的是，李林甫代表舊貴族官僚的利益，而楊國忠則以新貴族的利益為依託。李林甫竭力維護既得利益，而楊國忠則試圖擴張自身的權力。論權術之深，楊國忠較之李林甫更為老練，可謂「道高一尺，魔高一丈」。

李林甫長於阿諛奉承，妒賢嫉能，口蜜腹劍，陰險專橫，自開元二十二年（西元734年）五月擔任宰相，歷時十餘年。面對如此勁敵，楊國忠採取了一系列策略。他首先籠絡李林甫的親信酷吏吉溫，並採納其建議，逐步削弱李林甫的勢力。天寶八年（西元749年），刑部尚書、京兆尹蕭炅因貪汙罪被貶為汝陰太守；天寶九年（西元750年），御史大夫宋渾也以同樣罪

第七章　楊國忠—災禍之中的權力遊戲

名被流放潮陽。這些均是楊國忠向唐玄宗密報並建議處理的結果。見自己的親信被打壓，李林甫對楊國忠恨之入骨，卻又無可奈何。

不久後，李林甫試圖利用劍南戰亂調離楊國忠，未曾料到楊國忠一方面向唐玄宗哭訴不願離京，另一方面暗中部署黨羽負責平息戰亂，表現得比李林甫更加圓滑老練。最終，李林甫因鬱鬱寡歡，加之本身病重，很快去世，其相權遂落入楊國忠之手。

天寶十一年（西元 752 年）十一月，楊國忠完全取代李林甫掌握相權。然而，其施政並未體現出「以天下為己任」的抱負，反而沿襲了李林甫的執政套路，僅是換了執行者。

對於唐朝及朝臣而言，楊國忠不過是「第二個李林甫」，甚至更甚。他自任宰相後愈加驕橫，公卿以下的官員皆不被他放在眼裡，頤指氣使，使人敢怒不敢言。朝廷事務一旦涉入楊國忠之手，其他大臣便鮮有置喙之人。即便是左相老臣陳希烈，也畏懼楊國忠的權勢，事事看其臉色行事，不敢提出異議。儘管陳希烈對楊國忠百般忍讓，仍然遭受排擠。

兩年後，楊國忠迫使唐玄宗免去陳希烈的宰相職務，改任懦弱易控的韋見素為宰相。韋見素上任後，對楊國忠唯唯諾諾，從不提出異議，這使得楊國忠越發得意。

此外，楊國忠還在地方上大肆安插親信黨羽。他任命司勳員外郎崔圓為劍南留後，實權堪比節度使，以掌控西南地區；

第三節　專權誤國

又提拔魏郡太守吉溫為御史大夫，負責京畿、關內等事務，以鞏固對京畿的控制。內外部署得當，手握軍權的楊國忠愈加肆無忌憚。

按律令，宰相須每日處理政務至下午兩點以後方可離開，但楊國忠無視傳統，每天早早離開官署。即便專橫如李林甫，也不敢在上午十一點前便回家，而楊國忠卻敢如此早退。他輕視唐玄宗的權威，對國事處置草率專斷；在選拔官員上，他任人唯親，倡導以資歷為標準，以籠絡人心。一批長期不得升遷的官員因此得以晉升，感恩戴德，對楊國忠唯命是從。

此外，楊國忠更是破壞選官制度，將本應經過嚴格審查的任命程序變為黑箱作業。他要求令史屬將選任名單交至其府邸，並當場敲定，根本無視門下省的稽核程序。

不僅如此，楊國忠還將文武百官視作僕從，隨意召令到府中差遣。如吏部侍郎韋見素與張倚身著紫袍官服，也被他指使如家奴，毫無朝廷重臣的尊嚴。楊國忠府中的人甚至公然嘲笑他們，稱其為紫袍「主事」，根本不像朝廷命官。這種情況，進一步彰顯了楊國忠的驕橫跋扈與權勢滔天。

國忠目中無人，戲弄朝臣，專橫跋扈，把控朝政，卻仍能獲得唐玄宗的賞識與重用。唐玄宗甚至認可鮮于仲通所撰寫的頌詞，並親自修改其中幾字。這些修改之處，鮮于仲通還特意用金粉裝飾，以此示好唐玄宗和楊國忠，可謂諂媚至極。

楊國忠專權的表現，還包括為家人謀私。天寶十二年（西元

第七章　楊國忠—災禍之中的權力遊戲

753年）十月，楊國忠隨唐玄宗前往臨潼華清宮避寒。當時，其子楊暄參加明經科考試卻未通過。此事令主考官禮部侍郎達奚珣極為為難。無奈之下，他派兒子昭應尉達奚撫前往華清宮告知楊國忠。楊國忠聽聞達奚撫來訪，起初喜形於色，以為兒子必定金榜題名，誰知達奚撫直言道：「家父命我轉告相公，令郎未能通過考試，請示您的意見。」

聞此言，楊國忠勃然大怒，罵道：「混帳，我的兒子還不能富貴？叫他們看著辦！」言罷，他怒氣沖沖騎馬揚塵而去，留達奚撫尷尬至極。無計可施，達奚撫只得寫信給父親告知情況。達奚珣最終只能違心舞弊，將楊暄列為一等。不久，楊暄更得到不當提拔，升任戶部侍郎，而達奚珣則從禮部侍郎調任交部侍郎。楊暄用極短的時間獲得旁人多年難以企及的職位，顯然全賴其父之勢。

楊國忠提拔之人，多為其親屬或心腹，對國家少有實際貢獻，反而屢屢因私謀利，令忠心為國的官員對他怨恨不已。百姓對楊國忠的怨氣更甚。自其掌權以來，便不斷搜刮民脂民膏，加重賦稅，雖表面充實國庫，卻令無數百姓生活困窘。唐玄宗只見國庫充盈，卻未見百姓倉儲空虛，民不聊生。楊國忠在朝廷內外一面網羅勢力，一面搜刮百姓，同時又極度奢靡享樂，其專橫誤國可謂有過之而無不及，甚至勝於李林甫。

「朱門酒肉臭，路有凍死骨」正是此時社會的真實寫照。然而，楊國忠對此毫無愧疚，認為為官便是為己謀私，所謂為國

為民不過笑談。他曾說：「我家本來窮困潦倒，如今能過上好日子，為何還要重回苦日子？放著現成的樂不享，豈不可惜？及早行樂，過一天算一天吧。」

此言道出兩點：其一，楊國忠人生觀低下，視享樂為唯一追求；其二，他深知自己所為多為見不得光之事，早料有朝一日會落得慘淡下場，因而趁權勢猶在之時窮奢極欲。儘管心存預感，楊國忠仍希望惡果永遠不會降臨。他為此竭力剷除身邊威脅。當時，李林甫已年邁，其他文官盡被其駕馭，唯獨安祿山成為其眼中釘。楊國忠難容安祿山與己爭寵，二人明爭暗鬥日益加劇。

隨著矛盾激化，唐廷的政治風波不斷升級，終致安史之亂爆發，楊國忠難辭其咎。

第四節　動盪前夜

在談及唐玄宗治下的政治局勢時，楊國忠與安祿山的矛盾尤為引人關注。可以說，安史之亂的直接導火線，正是二人之間日趨激化的爭鬥。更為準確地講，楊國忠與安祿山的矛盾由爭寵而起，最終無可調和，迫使安祿山藉機發動了叛亂。為了釐清這一事件的始末，首先有必要了解安祿山的生平及其崛起之路。

第七章　楊國忠—災禍之中的權力遊戲

　　安祿山，原名軋犖山（出自《新唐書・逆臣傳上・安祿山》），出生於營州柳城（今遼寧朝陽）一個胡人家庭。其父是康姓胡人，母親阿史德則是突厥巫師，擅長巫術。安祿山自幼喪父，隨後其母改嫁給突厥將領安波至的哥哥安延偃，軋犖山因而隨繼父姓安，改名安祿山。年少時的安祿山機敏多智，擅長揣摩人心，且精通六種蕃語。他曾擔任過「互市牙郎」，即突厥與唐朝邊境貿易的仲介人，這一身分為他日後的人脈累積奠定了基礎。

　　開元二十年（西元 732 年），年滿三十歲的安祿山因其相貌奇偉、驍勇善戰，受到幽州節度使張守珪的賞識，被任命為「捉生將」。由於安祿山熟悉當地的地形地貌，深諳奚、契丹的活動規律，每次出征均能斬獲頗豐。甚至在僅率領三五名騎兵的情況下，也能成功生擒數十名契丹士兵。張守珪視其為不可多得的人才，不僅對他寵信有加，甚至還將其收為義子。

　　開元二十四年（西元 736 年），安祿山被任命為平盧討擊使、左騎衛將軍，負責討伐叛亂的奚、契丹部落。然而，他自恃勇銳，不將敵人放在眼裡，貿然深入敵境，結果大敗而歸。按軍法，他本應被斬首處置。張守珪不忍心對他下此重手，便將安祿山捆綁送至東都洛陽，交由朝廷裁決。時任宰相張九齡秉公執法，認為安祿山「狼子野心，面有反相」，主張處死以絕後患。但宰相李林甫為削弱張九齡的勢力，竭力為安祿山求情。唐玄宗亦對安祿山的勇敢有所憐惜，最終僅將其革職，而未予法辦。

　　被革職的安祿山「以白衣將領」身分繼續效力邊疆。開元

第四節　動盪前夜

二十五年（西元737年）二月，張守珪在捸祿山大敗契丹，次年，其部將假借張守珪之名擅自出兵攻打奚部，結果遭遇慘敗。此後不久，張守珪病故，安祿山則被任命為千盧軍兵馬使。

開元二十八年（西元740年），御史中丞張利貞擔任河北採訪使，巡視平盧（今遼寧朝陽）。安祿山一改驕狂之態，對張利貞阿諛奉承，並以重金賄賂隨行人員，使其大加稱讚。回京後，張利貞在朝廷中多方美言，安祿山遂被擢升為營州都督，兼任平盧軍使，還統管奚、契丹、渤海、黑水四府事務。翌年二月，安祿山入朝面見唐玄宗，極盡諂媚之能事，成功博得唐玄宗的歡心，被封為驃騎大將軍。從此，安祿山的仕途愈加順暢。

天寶三年（西元744年），安祿山兼任范陽節度使和河北採訪使，天寶六年（西元747年）正月，被任命為御史大夫，其妻段氏被封為國夫人。然而，這一切榮耀尚未令安祿山滿足。為進一步鞏固自己的地位，他請求認楊貴妃為養母。唐玄宗見楊貴妃無子，欣然應允。

天寶九年（西元750年），唐玄宗賜安祿山爵位，封其為東平郡王，這是唐朝首次對將帥封王的創舉。次年，安祿山又被加任河東節度使，唐玄宗甚至下令為他修建富麗堂皇的官邸，所用家具器皿之精美，連宮中都望塵莫及。安祿山入住新宅後，大擺酒宴，唐玄宗還特意遣宰相赴宴，示以恩寵。

至天寶十載（西元751年）二月，唐玄宗調整官職，調河東節度使韓休珉入朝任羽林將軍，安祿山接任河東節度使一職。

第七章　楊國忠—災禍之中的權力遊戲

　　至此，安祿山已兼任平盧、范陽、河東三鎮節度使，及河北道採訪處置使，統領二十萬大軍，控制了今山西、河北、北京、天津及遼寧西部的廣大地區，成為割據一方的「土皇帝」，權力日益膨脹，行事日趨驕橫恣肆。

　　楊國忠此時已晉升為宰相，但他與安祿山的關係卻極其微妙。作為後來居上的文臣，楊國忠曾因職卑勢微，對安祿山多有討好之舉，甚至親自攙扶安祿山，以示恭敬。然而，隨著楊國忠權勢日增，二人的矛盾逐漸顯露。楊國忠試圖向唐玄宗進諫，指稱安祿山有謀反之意，但唐玄宗對此不以為然，認為不過是將相不和。為遏制安祿山，楊國忠奏請唐玄宗任命哥舒翰為河西節度使，欲借哥舒翰與安祿山的矛盾牽制其勢力。安祿山深知其中奧妙，二人之爭進一步加劇。

　　楊國忠與安祿山的矛盾，最終演變成安史之亂的導火線，史稱「將相不和，禍起蕭牆」。

　　天寶十二年（西元 753 年）冬，楊國忠隨唐玄宗居住在華清宮期間，向玄宗提到安祿山面有「反相」，預言他日後必定會造反。楊國忠進言道：「陛下若不信，不妨召安祿山入京試探一番，他定然不敢前來。」楊國忠的言外之意，分明是在建議唐玄宗仿效鴻門宴設局引誘安祿山。唐玄宗聽後，心中認同這一計策，便決定親自驗證安祿山是否真懷叛逆之心，遂於天寶十三年（西元 754 年）正月召安祿山入朝。

　　令楊國忠始料未及的是，安祿山不僅如期赴京，還表現得

第四節　動盪前夜

膽識過人。他一抵華清宮，便當著唐玄宗的面痛哭流涕，訴說自己作為胡人，受陛下的特殊寵愛，卻遭到楊國忠的誣陷中傷，哀求玄宗為他主持公道、還其清白。此舉可謂出其不意，安祿山未等唐玄宗開口，便先發制人，反將楊國忠一軍，且順勢表明自己的忠誠。唐玄宗聽後深感安祿山的赤膽忠心，不僅對其百般安慰，還賞賜了豐厚的財物。

楊國忠原本意在陷害安祿山，結果卻反遭其譏諷羞辱，計謀不成，反令唐玄宗對安祿山更加信任。自此之後，凡是楊國忠詆毀安祿山的話，唐玄宗大多不予採信，反而認為楊國忠心胸狹隘、嫉賢妒能。

安祿山此次「將計就計」，成功在唐玄宗心中樹立了忠臣形象。唐玄宗更是認為，安祿山此番孤身入京，已足以證明其忠誠可靠，遂對他信賴有加。無論是楊國忠，甚至連太子李亨的勸諫，唐玄宗也一概置之不理。為了進一步籠絡安祿山的忠心，唐玄宗萌生了讓他擔任宰相的念頭，欲授予他「同平章事」一職。

「陛下三思！」作為宰相的楊國忠首個站出來極力反對。他直言道：「安祿山雖有軍功在身，但他大字不識一個，如何能擔此重任？此事一旦傳揚出去，朝野內外定會譁然，豈不成了天下的笑柄？若讓不識字之人起草制書，大唐的尊嚴何在？威嚴何在？」

唐玄宗聽後，心中覺得有理，認為大唐的面子不可失。於

第七章　楊國忠—災禍之中的權力遊戲

是，雖然不再授安祿山為宰相，但依然晉升他為左僕射，並將安祿山的兩個兒子分別任命為三品和四品官。安祿山趁機請求兼領閑廄、郡牧兩職，並請求讓親信吉溫擔任武部侍郎，兼任閑廄副使。唐玄宗對此毫不猶豫，悉數應允，可見他對安祿山的寵信已達頂峰。楊國忠見狀大為惱怒，心中暗自不平，而安祿山則趁機將吉溫拉攏至自己麾下，進一步鞏固了在朝中的勢力。

這一年二月，安祿山再次為部下請求封賞。他向唐玄宗提出，請求為部下的功臣們加官進爵，並表示：「請陛下親書委任狀，由我親自帶回去頒發，以彰顯陛下的隆恩。」

實際上，安祿山此舉意在籠絡部下人心，為日後發動叛亂做好人事布局。唐玄宗未察覺其中深意，深信安祿山對自己忠心耿耿，便同意了這一請求。當年，安祿山部下的五百多人被封為將軍，兩千多人被任命為中郎將。唐玄宗自以為此舉能使安祿山感恩戴德，殊不知這卻成了安祿山部隊的「軍心保障」，助長了安祿山的反叛之勢。安祿山完成封賞後，察覺在京滯留過久恐生變故，便迅速返回范陽，繼續其隱祕的部署。

天寶十三年（西元754年）八月，左相陳希烈因不堪與楊國忠的長期不和，辭去宰相之職。唐玄宗考慮由武部侍郎吉溫接任，但楊國忠極力反對，推薦了性情溫和的韋見素為宰相。楊國忠此舉顯然是為了防範吉溫的進一步得勢，而韋見素的軟弱也使楊國忠的權力得以穩固。

第四節　動盪前夜

天寶十五載（西元 756 年）年末，楊國忠暗中指使他人告發河東太守兼本道採訪使韋涉貪汙受賄，要求御史臺徹查此事。韋涉為自保，向吉溫求援，並希望吉溫從中為他說情。楊國忠早已洞悉其意圖，派人監視韋涉的行蹤，捕捉到了吉溫的行賄證據。藉此機會，楊國忠羅織罪名，指控吉溫貪贓七千匹，並以「強奪士女為妾」等罪名將他打入大牢，施以杖刑，直至活活打死。

楊國忠此舉意在藉機向安祿山示威，意圖震懾對方。但「打狗還需看主人」，杖殺吉溫，實則是在安祿山心頭狠狠捅了一刀。楊國忠的行徑徹底激怒了安祿山，促使其決定加速叛亂部署。果然，安祿山在不久後以「為吉溫申冤」為名向唐玄宗上書，要求重新審理吉溫案。然而，唐玄宗無法在二人之間分辨對錯，只能將此事擱置不理，吉溫也因此成為楊國忠與安祿山權力鬥爭的犧牲品。

此時的安祿山已不再對楊國忠的陰謀懷抱幻想，他下定決心要儘早發動叛亂。楊國忠對吉溫的帳殺處置，成了安祿山日後舉兵的「正當藉口」，這場蓄謀已久的浩劫，正悄然逼近大唐的心臟。

安祿山在杖殺吉溫事件後，花費了大半年的時間精心部署策略，其間與唐玄宗展開了一場鬥智鬥勇的博弈，巧言令色、步步為營，最終使唐玄宗深陷迷局，直至安祿山率軍兵臨城下，唐玄宗依然難以置信。安祿山之所以能夠得逞，與其周密

第七章　楊國忠—災禍之中的權力遊戲

的策略密不可分。

首先，安祿山透過假借唐玄宗的密令巧妙地掩蓋了其謀反之意。明目張膽地起兵反叛，必將失去「師出有名」的道德優勢，難以調動士卒的積極性。因此，安祿山選擇謊稱是奉唐玄宗的密旨行事，以此穩定軍心、凝聚士氣。此舉既是對唐玄宗的矇蔽，也是對部下的心理操控。

其次，為了確保後方穩固，安祿山著手鞏固大本營的防務，為南下大軍的順利推進提供堅實保障。他任命范陽節度副使賈循鎮守范陽，平盧節度副使呂知誨鎮守平盧，別將高秀岩鎮守大同。這些據點皆為安祿山的核心勢力範圍，且多為士卒的故鄉。此舉不僅有效防範了後方可能的變故，也透過穩住家鄉士兵的情緒，進一步確保了軍心不亂。

第三，安祿山採用了聲東擊西的戰術，以迷惑唐軍的判斷。在正式起兵之前，安祿山派遣將領何千年、高邈等率領二十名輕騎，假借向朝廷獻射生手的名義，快速奔赴太原，圖謀劫持北京（今山西省太原市）副留守。此舉的目的是製造假象，使唐軍誤以為安祿山意在進取太原，繼而沿襲李淵當年奪取關中的路徑。這一聲東擊西之策，掩蓋了安祿山南下洛陽的真實意圖，為其大軍推進爭取了寶貴的時間和策略先機。

一切準備妥當後，安祿山集結主力，拉開了叛亂的帷幕。天寶十五載（西元756年）六月，叛軍攻破潼關，唐軍防線全面崩潰，長安陷入極度危機之中。面對局勢的急轉直下，唐玄宗

第四節　動盪前夜

在楊國忠的建議下,決定攜帶隨從隊伍向西南撤往四川。途經馬嵬驛(今陝西興平縣)時,軍士因疲勞飢餓再加上炎熱酷暑,拒絕繼續前行。局勢至此已一觸即發,楊國忠的政敵——太子李亨、宦官李輔國和禁軍將領陳玄禮,認為除去楊國忠的時機已經成熟。陳玄禮遂向士卒宣揚,安史之亂的罪魁禍首正是楊國忠,除去楊國忠便可平息動亂。

此時,20餘名吐蕃使者在驛站西門外攔住楊國忠的馬頭,索要食物。此舉激怒了已處於憤懣不安中的士兵,軍士群情激憤,迅速將楊國忠包圍,並高喊:「楊國忠與吐蕃勾結謀反!」隨後,一支箭射中楊國忠的馬鞍,迫使他逃入驛站西門內,士兵們隨即蜂擁而入,將楊國忠亂刀砍死。

在楊國忠被處死後,事態進一步升級,楊貴妃也未能倖免,被勒令縊死。此外,楊國忠的長子,擔任大常卿兼戶部侍郎的楊暄,韓國夫人和秦國夫人也在此次變故中遇害。楊國忠的妻子裴柔、幼子楊晞和虢國夫人則試圖逃至陳倉(今陝西省寶雞市)。途中,裴柔在竹林中自知難以生還,遂讓虢國夫人以劍刺死自己。虢國夫人隨後嘗試自刎,然而未能立刻死亡,最終被縣吏押回獄中,因血凝喉間窒息身亡。

馬嵬驛之變表面上是軍士譁變,實則是一次由太子李亨、宦官李輔國及陳玄禮等人密謀的權力鬥爭。早在天寶五載(西元746年),李亨便因李林甫和楊國忠的排擠而被邊緣化,地位極為孤立。楊國忠擔任宰相後,對李亨的打壓越發嚴厲,致使太

第七章　楊國忠—災禍之中的權力遊戲

子處境艱難。安祿山叛亂後，唐玄宗原本有意傳位於李亨，奈何楊國忠及其姐妹的強烈反對，使得禪位之事未能成行。待唐玄宗決定入蜀避難時，若李亨一同前往，其地位將完全受制於楊國忠勢力，恐無翻身之日。正因如此，李亨趁機與宦官、禁軍將領密謀，發動了馬嵬驛之變，除去了楊國忠及其黨羽。

楊國忠的敗亡再次驗證了權力的變幻無常。快速獲得的權勢，往往稍縱即逝；倘若無法透過正當途徑獲取權力，最終也難逃被權力反噬的命運。

楊國忠憑藉裙帶關係攀至高位，盛極一時，卻因專權誤國、結黨營私而眾叛親離，最終死於馬嵬驛之變。這一歷史教訓，彰顯了不義之財、不正之權終將成為命運的絆腳石。

第八章
李輔國 ——
宦官當權的極致象徵

第一節　毒死建寧王

　　李輔國，原名李靜忠，出生於武則天長安三年（西元703年）。其出身貧寒，家境困窘。據史料記載，李靜忠年幼時，因家庭生計困難，被父母閹割後送入宮中做了太監。古代的閹割手術極為殘酷，存活率僅在 40%～50% 之間，且術後需臥床休養兩、三個月方可痊癒。由此可見，李靜忠的家庭極可能處於生計無以為繼的狀態，迫使其父母作出如此艱難的決定。一般而言，若非迫於無奈，父母絕不會讓自己的孩子冒此生命危險。

　　入宮之初，李靜忠被安排在皇家馬廄從事雜役，負責清理、餵養馬匹等繁重勞作，不僅工作辛苦，還經常遭受上司的斥責與驅使。然而，李靜忠並未甘於此等境遇。由於他幼時曾上過私塾，識字算帳的能力使他在一眾太監中脫穎而出，得以晉升為馬廄的記帳員。這一變動表示李靜忠從單純的勞力角色逐漸

第八章 李輔國—宦官當權的極致象徵

向管理職位過渡。此後,他負責的馬匹養得膘肥體壯,頗得上司賞識,被推薦至太子李亨身邊,專門飼養太子的寶馬。

這一任命對李靜忠來說是一次難得的機遇。為了博取太子的賞識,他盡心竭力,將這匹寶馬餵養得毛色光亮、體格強健。每當太子李亨外出騎乘這匹寶馬,總是心情愉悅,漸漸開始留意到這位辦事用心的太監。

隨著信任的加深,李靜忠被調入東宮,負責太子出行事宜。自此,他不再局限於馬廄管理,而是逐漸成為李亨的親信。李亨的妃子張良娣也對其評價頗高,認為他是個可堪重用之人。安史之亂爆發前,李靜忠已成為太子身邊的核心幕僚,常為李亨出謀劃策。

天寶十五年(西元756年),安史之亂進入第二年,唐玄宗逃往巴蜀避亂,太子李亨則留守洛陽應對叛軍。局勢危急之際,李靜忠敏銳地察覺到機會來臨,便極力勸說李亨自行稱帝。李亨的長子廣平王李俶(後改名李豫)和三子建寧王李倓也力主李亨稱帝,以重振朝綱,平定叛亂。

李亨雖有即位的念頭,但擔心因此背負「不孝不忠」之名,猶豫不決。關鍵時刻,李靜忠挺身而出,言辭懇切地勸諫道:「殿下,人心所向乃成敗關鍵。皇上既已出京,萬事皆由殿下裁決。自馬嵬坡事變以來,殿下戰功卓著,眾望所歸,天下之人無不以殿下為領袖。此時若不即位,恐生內亂,反賊將趁機而入。請以社稷為重,俯順天意,等到平定叛軍之日,再迎奉皇

第一節　毒死建寧王

上歸京，天下人亦會稱頌殿下的功德。」

李亨聽後，內心的遲疑被打消，他決定即位，不再推讓。是年八月，李亨在靈武（今寧夏靈武市）正式登基，史稱唐肅宗。肅宗即位後，為穩固統治，尊唐玄宗為太上皇，仍保留其皇室尊號。唐玄宗自知大勢已去，未作反對，順應局勢。

肅宗即位後，李靜忠作為其「開國功臣」身分驟然躍升。由於在登基過程中出謀劃策的關鍵作用，他獲得了肅宗的高度信任，成為朝中舉足輕重的權臣。李靜忠由幕後走向前臺，與朝中大臣分庭抗禮，甚至權勢一度超越諸多文武重臣。

李靜忠的成功，既得益於其洞察時局的敏銳眼光，也得益於其膽大心細的性格。他敢於在關鍵時刻諫言，推動李亨即位，為自己博得了肅宗的信賴。然而，這種特殊的功勳背景使得李靜忠的權力迅速膨脹，最終走向專權的深淵。依仗皇帝的寵信，他不再滿足於本職事務，而開始干涉朝政、操控大權，甚至與朝中重臣發生權力衝突。這種專權行為，既是其膽識過人的體現，也是其欲望膨脹的結果。

唐肅宗即位不久，便採納李泌的建議，任命廣平王李俶為天下兵馬大元帥，統領東征大軍，同時任命宦官李靜忠為元帥府行軍司馬，掌管軍政要務。凡是四方的奏章、御前符印的軍令，皆由李靜忠經手處理。李靜忠的權勢之重，為後世宦官專權開了先河，隨著時間的推移，宦官干政之風愈演愈烈，最終加速了大唐的衰亡。

第八章　李輔國—宦官當權的極致象徵

　　儘管權傾一時，李靜忠在此階段卻不敢肆意妄為。雖身兼要職，位高權重，但他尚未建構堅實的政治後臺和利益團隊，稍有差池便可能遭到攻擊。為求自保，李靜忠絞盡腦汁，最終決定依附張良娣——肅宗的寵妃、未立的皇后。李靜忠對張良娣百般巴結、極盡逢迎，成功贏得了她的信任，二人從此形成了互為倚靠的權力同盟，互為掩護、共謀私利。

　　與此同時，肅宗對早年受楊國忠排擠、被貶至穎陽隱居的恩師李泌深感思念，渴望其回朝輔政，以助自己平定動盪的局勢。在肅宗的盛情邀請下，李泌終抵達靈武。師生重逢，肅宗喜不自勝，情誼深厚的二人不但共食同行，甚至同榻而眠。每至夜晚，肅宗都要與李泌促膝長談，商討國家大事，諸如作戰方略、將帥人選等重大決策。肅宗一度欲封李泌為右丞相，但李泌以「無意仕途」為由堅辭不受，肅宗無奈作罷。

　　然而，李泌的到來讓李靜忠心生不滿。昔日肅宗倚重他為心腹，如今卻冷落疏遠，使得李靜忠妒意陡生，暗下決心要將李泌再次逐出肅宗身邊。機會不久便出現了——唐玄宗從西蜀遣使送來一副名貴的「七寶馬鞍」，其上鑲嵌著奇珍異寶，張良娣見之大為喜愛，愛不釋手。李泌卻認為此物奢靡不祥，恐使肅宗重蹈唐玄宗驕奢之覆轍，遂勸肅宗將「七寶馬鞍」收入國庫，用以備戰。肅宗當時尚有勵精圖治之志，採納了李泌的建議，將寶鞍收歸國用。張良娣對此深感不滿，認為李泌斷了她的「愛物」，對其心生嫌隙。李靜忠見狀，乘機添油加醋，挑撥是非，

第一節　毒死建寧王

並慫恿張良娣向肅宗哭訴，要求立自己為皇后。肅宗對張良娣本就寵愛有加，立其為后的念頭早已滋生，遂與李泌商議此事。

李泌直言道：「陛下，如今國事未定，長安尚未收復，立后之事不宜倉促為之。當前之急，乃安定局勢、平定叛亂，待大局穩定後再行立后之舉，方為上策。」肅宗權衡之下，認為李泌所言有理，便暫緩了立后之事，專心致志於平定安史之亂。不料此事又被張良娣知曉，她對李泌的怨恨越發深重，遂與李靜忠合謀，屢屢在肅宗面前進讒言，抹黑李泌的聲譽，製造種種刁難給他，使李泌陷入進退兩難的境地，不知是應留朝輔政，還是重歸山林避禍。

建寧王李倓一向嫉惡如仇，見張良娣與李靜忠狼狽為奸、排斥賢能，不禁義憤填膺。性情剛直的李倓不擅隱忍，遂上奏肅宗，請求肅宗懲治二人，以端正朝廷風氣。肅宗聞言後，並未表態，僅安撫李倓道：「此事朕自有分寸，你且回去安心待命。」然而，此事最終不了了之。

從這段歷史不難看出，肅宗與李泌、李靜忠的關係各有不同。肅宗對李泌的倚重，更多體現在政務上的依賴。李泌作為老師和智囊，總是以治國之理要求肅宗，使肅宗無法在他面前流露軟弱或懈怠。而李靜忠則不同，他既是肅宗的宦官，也是心腹之人，擅於逢迎獻媚，能為肅宗分憂解悶，成為宣洩情緒的對象。肅宗與李靜忠的關係更為輕鬆自在，二者的關係如同「親信與奴僕」，而與李泌的關係則像「君主與謀士」。相較之下，肅

第八章　李輔國─宦官當權的極致象徵

宗自然更偏愛能為自己帶來情緒慰藉的李靜忠。而張良娣作為肅宗的寵妃，集美貌與嬌寵於一身，其受寵之深自不必言。

李泌的困境並非單純由李靜忠和張良娣所致，根源在於唐肅宗的預設與縱容。這種行為可以視為帝王權術的典型表現，透過縱容下屬間的互相牽制來鞏固自身權力。肅宗的放任，使得李靜忠和張良娣有恃無恐，甚至不惜採取極端手段對廣平王李俶實施報復。

有一天，前線捷報傳來，廣平王李俶為此大喜，設宴慶祝，不勝酒力酩酊大醉，隨即倒頭睡去。不料半夜酒醒時，忽然發現有一黑影持劍向他刺來。他倉促之下本能地以手臂格擋，劍刃刺入肩膀，血流不止，而刺客則倉皇逃逸。李俶因失血過多昏迷過去。

肅宗得知此事後大為震驚，連夜前往探望昏迷中的李俶。目睹兒子傷勢嚴重，肅宗悲痛欲絕，立即命令李靜忠緝拿刺客。李靜忠行動迅速，不久便帶回一名蒙面黑衣人至肅宗面前。肅宗怒不可遏，拔劍衝上前去欲斬刺客。刺客嚇得跪地求饒，哭訴道：「皇上饒命！小人是奉建寧王之命前來刺殺廣平王的。建寧王還說，若不成功，小人性命難保！」

肅宗聞言憤怒難平，怒斥道：「如今你的小命還能保住嗎？」隨即命人將刺客拖出去處決。

肅宗久久不語，臉色陰沉如鐵。李靜忠見狀，故意小心翼翼地試探道：「陛下，如今該如何處置此事？」

第一節　毒死建寧王

　　肅宗沉思片刻，終於咬牙說道：「殺！王子犯法，與庶民同罪！」

　　李靜忠聽罷暗自竊喜，立刻派心腹攜帶肅宗的旨意與毒酒，趕赴軍中。當時的建寧王李倓對此事毫不知情，竟被強行灌下毒酒，甚至沒有任何申訴機會，便含冤而逝。

　　建寧王遇害之時，廣平王李俶尚在昏迷中，待他醒來後，三弟李倓已然身亡。李泌聞訊後，立即從軍中趕回，將李靜忠和張良娣聯手設計謀害建寧王的真相告知李俶。李俶悲憤不已，深感局勢險惡。他意識到，肅宗即位未久，他們竟敢如此明目張膽地弒殺皇子，若不採取行動，自己可能也難以倖免。

　　李俶越發堅定了除掉李靜忠和張良娣的決心，而李泌也深知權力鬥爭的凶險，遂萌生退意。西元 757 年九月，唐軍收復長安後，叛亂平定大局已定。為避禍端，李泌執意告別官場，選擇歸隱衡山修道，以求自保。

　　李泌離開後，李靜忠如釋重負。建寧王的死、李泌的出走，使得李靜忠的目的達成。他因此初嘗權謀甜頭，行事愈加肆無忌憚，為日後的悲劇埋下伏筆。

第八章 李輔國—宦官當權的極致象徵

第二節 一手遮天

西元 757 年，由於成功收復長安，唐肅宗欣喜若狂，大肆封賞功臣。其中，封李俶為楚王，冊立張良娣為淑妃，並任命李輔國為殿中監，掌管宮中事務。同年十二月，肅宗從成都迎接太上皇唐玄宗回到長安，將其安置在城南的興慶宮居住。

次年二月，距離上次封賞僅半年，肅宗再度進行封賞活動。他任命李靜忠為太僕卿，並改封李俶為成王，同時冊立張淑妃為皇后。李靜忠為了表示忠心，主動請求改名為李輔國，肅宗欣然同意。自此，李靜忠便改名為李輔國。然而，名不副實，李輔國非但沒有輔佐肅宗治理國家，反而以權謀私，作威作福。

李輔國逐漸成為皇宮的總管，並掌握禁軍，集軍政大權於一身。這種情況在唐朝歷史上尚屬首次。他隨肅宗深居宮中，日夜侍奉左右。肅宗釋出的軍政詔令都需經過李輔國的批准，若無他的簽字，任何詔令都無法施行。

除正式朝會外，宰相和百官平日奏事，肅宗通常不親自接見，而是由李輔國代為接受，並釋出命令。在外界看來，肅宗實際上已成為傀儡皇帝，而真正掌權者是李輔國。宮中宦官見到李輔國時，猶如見到皇帝一般，戰戰兢兢，只敢尊稱他為「五郎」，不敢直呼其名。

李輔國不僅掌控軍政大權，還干涉皇位繼承事宜。在唐朝歷史上，宦官決定皇位繼承人的現象並不少見，但在當時卻

第二節　一手遮天

屬罕見。張皇后之子李侗年幼無知,卻被封為興王。李輔國為了鞏固自己的權勢,與張皇后聯合威逼肅宗,要求立李侗為太子。李輔國認為,若李侗成為太子,他將成為新的「開國功臣」。李侗年幼無力與之抗衡,張皇后亦非他的對手,他便可繼續掌控天下。

肅宗對此感到為難,但內心已有合適的人選。他召見大臣李揆,商議太子人選。肅宗說道:「李大人,此次召你前來,是想與你商量立太子之事。皇后一直希望我立李侗為太子,但他年幼,不知能否擔起社稷重任。成王李俶隨朕征戰,功勞卓著,聲望亦高,我意欲立他為太子,你意下如何?」

李揆聽後激動地跪下,雙手作揖,答道:「恭喜陛下,此決定有利於社稷。」

肅宗聽後更加堅定。儘管李輔國與張皇后極力反對,肅宗此次卻決心已定。他想起李泌的囑託:「做任何決定皆須以社稷為重。」

肅宗最終下令,正式立成王李俶為太子,並賜名李豫。

雖然李輔國未能左右立太子一事,但他卻藉機對太上皇唐玄宗進行報復。肅宗迎回唐玄宗後,玄宗居住於興慶宮。儘管經歷安史之亂,失去皇位,但唐玄宗並不悲傷,依舊沉迷詩酒,每日在長慶樓設宴款待將軍大臣,過著安史之亂前無異的生活。

李輔國對此心懷不滿。原來,唐玄宗雖已年老昏聵,但仍有基本判斷能力。他多次勸肅宗不要重用李輔國,此事被李輔

第八章　李輔國—宦官當權的極致象徵

國得知後,他對唐玄宗懷恨在心。

李輔國上奏肅宗稱:「陛下,如今局勢尚未完全穩定,太上皇居住宮外,頻繁接觸外界,恐有不安全之虞。為確保安全,臣建議將太上皇遷入宮中居住。」

唐肅宗得知太監李輔國企圖軟禁太上皇唐玄宗時,心中震怒,深感其行為已然駭人聽聞。然而,李輔國無視肅宗的反對,逕自行動,假傳聖旨,謊稱皇帝邀請太上皇赴太極宮敘舊。唐玄宗毫無戒備,抵達太極宮後卻被強行留置,再不得返回興慶宮,並被告知這是肅宗的指令。此後,唐玄宗被軟禁於太極宮,處於李輔國的嚴密監控之下。

第二日,肅宗得知真相後怒不可遏,立即召李輔國面見。然而,令人驚訝的是,李輔國毫無畏懼,不僅親自赴見,還帶領六軍統帥及眾多大將一同前來,氣勢凌人。肅宗直言其罪責,質問道:「假傳聖旨,逼迫太上皇遷居太極宮,你可知罪?」

李輔國卻鎮定自若,辯稱:「陛下息怒!臣之所為,完全是為了陛下與社稷著想,請陛下明鑑。」

他的話得到了隨行大臣和統帥們的附和,肅宗見狀不敢冒然行事,唯恐激化矛盾引發變故,最終選擇暫時隱忍,平息爭端。然而,自此,肅宗的實權徹底被李輔國架空,成為名義上的傀儡皇帝,朝政盡數落入李輔國之手。

上元二年(西元761年)八月,李輔國被任命為兵部尚書,繼續掌控兵權。然而,他的野心並未因此止步,他進一步向

第二節　一手遮天

肅宗提出擔任宰相的要求。宦官出任宰相在唐朝歷史上尚屬首次，肅宗對此既憤怒又無奈，但礙於形勢不敢明言拒絕，只得以文武百官或有異議為由，試圖拖延。

李輔國深知肅宗的推辭之意，遂祕密拉攏朝臣，利用威脅或利誘手段，爭取他們的支持。然而，肅宗亦暗中謀劃，他召見宰相蕭華，叮囑其聯合朝臣堅決反對李輔國的提議。蕭華對此表示支持，並將肅宗的計畫告知僕射裴冕。裴冕素來剛正不阿，堅定表態絕不妥協。

由於蕭華和裴冕的堅持，李輔國未能如願成為宰相。此後，李輔國對二人心懷不滿，伺機報復。

寶應元年（西元762年）三月，他開始誣陷蕭華專權，屢次在肅宗面前中傷他。肅宗起初屢屢拒絕，後在李輔國的威逼下，無奈罷免蕭華的宰相職務，將其降為禮部尚書。不久，李輔國再次誣告蕭華不軌，最終將其貶為峽州司空，遠離京城，徹底失去了與李輔國抗衡的能力。

裴冕也未能倖免，同樣遭到李輔國構陷，被貶為冕州刺史，被迫離開朝廷。至此，肅宗身邊的忠臣紛紛被排擠，朝中要職均被李輔國安插心腹掌控。

雖未正式拜相，李輔國的權勢已超越宰相，甚至凌駕於皇帝之上，成了實際上的權力掌控者。這場不見硝煙的權力鬥爭，最終以肅宗的全面失勢而告終，國政深陷宦官專權的危機之中。

第八章　李輔國—宦官當權的極致象徵

第三節　擁立代宗

隨著李輔國逐步侵蝕唐肅宗的皇權，加之其父唐玄宗李隆基病逝，肅宗心情越發憂鬱，身體每況愈下。最終，他重病纏身，無法親自處理朝政。這種局面正是李輔國所期望的，因為肅宗已無力與他抗衡。然而，儘管病重，肅宗並未完全失去理智。在他尚能清醒決策時，以詔書的形式，將所掌握的軍政大權移交給皇太子李豫，囑託他務必履行監國職責。此舉使天下明確了未來的皇位繼承者是李豫，即便李輔國權勢滔天，也不敢公然篡位。

然而，儘管名義上李豫掌握了實權，實際上由於其缺乏執政經驗和果斷魄力，朝廷大權迅速落入李輔國與張皇后之手。

此時的大唐王朝風雨飄搖，肅宗與李豫的皇權成為李輔國與張皇后爭奪的目標。二人原本同屬一陣營，然而隨著肅宗病重，共同的敵人不復存在，剩下的權力成了他們爭奪的焦點。

張皇后心存廢太子之念，企圖改立肅宗次子越王李係為太子。然而，在共同對抗李輔國時，張皇后採取了「敵人的敵人即為朋友」的策略，打算與李豫聯合除掉李輔國，待大事成後再逼李豫退位。這一借刀殺人後過河拆橋的策略雖有一定巧妙之處，卻因張皇后的過度張揚與拙劣執行而失去效果。

張皇后找到李豫，苦心勸說，歷數李輔國的種種罪行：其專權擅政，長期掌控禁軍；持有皇帝璽印，所有制敕需經其署

第三節　擁立代宗

押方能生效；甚至假傳聖旨，逼迫太上皇遷居太極宮。單憑假傳聖旨一罪，便已足以判處極刑。

張皇后說道：「如今皇上病重，李輔國更加目無法紀，若我們不先下手除掉他，很快便會淪為他的刀下之鬼。」此言並非毫無根據。李輔國確實對張皇后存有殺機，但對李豫尚未動斬草除根之心。李豫對張皇后的建議持保留態度。他並非不願剷除李輔國與其同黨程元振，而是不希望在肅宗病重期間採取激烈行動，以免驚擾父皇，留下不忠不孝的罵名。

李豫回應道：「皇后，此事需從長計議，務必謀定而後動。」他的猶豫源於對父皇健康的顧慮，以及自身性格的懦弱。

張皇后繼續催促：「太子殿下，時不我待，再拖延下去，你我的性命難保！」然而，李豫始終無法下定決心，反覆強調：「讓我再考慮，此事暫且擱置，當務之急是設法治癒父皇的病。」李豫的優柔寡斷使張皇后徹底失望。她意識到無法依靠太子扳倒李輔國，遂轉而尋求越王李係的支持。

相較於李豫，越王李係雖非太子，但在其他方面頗具優勢。他與李輔國積怨已久，且心懷奪嫡之志多年。更為重要的是，李係此時駐守潼關，手握軍權，能夠迅速調動兵力對抗李輔國。然而，他性格魯莽、血氣方剛，缺乏深思熟慮的能力。

張皇后祕密召回李係，向其闡述計畫，得到他欣然應允。李係對此滿懷興奮，彷彿太子之位已是囊中之物。然而，這場暗流湧動的爭鬥，注定使大唐王朝的局勢更加動盪不安。

第八章　李輔國—宦官當權的極致象徵

　　張皇后與越王李係密謀，在宮中埋伏一隊人馬，擬矯詔召李豫與李輔國入宮，以廢黜太子，剷除李輔國，隨後分權而治。張皇后立即擬定詔書，命二人入宮。李係則召集親信內侍總管朱光輝、段恆俊、馬英俊、啖庭瑤與陳仙甫五人，命他們從所轄內侍中挑選百餘名青壯太監，裝備鎧甲兵器，埋伏於宮門兩側，只待時機行動。

　　此計畫雖在歷史上屢見成效，但張皇后與李係低估了李輔國的警覺。二人前腳部署完畢，後腳即被密探將消息透露給了李輔國與程元振。

　　李輔國久經風浪，聽聞張皇后的陰謀後並未驚慌，而是迅速與程元振調集數百名禁軍悍卒，埋伏於凌霄門外，嚴陣以待。

　　次日清晨，李豫接到詔書後匆匆趕往宮中。未料到，早已埋伏的李輔國攔住他，耳語告知張皇后與李係意圖加害的詳情。

　　「殿下，我收到可靠消息，他們已在宮中設下埋伏，若您貿然入內，必然凶多吉少。若殿下信得過老奴，請暫且不要入宮，老奴已有計策應對。」李輔國低聲說道。

　　李豫聞言大驚失色。儘管對張皇后的敵意已有察覺，但越王李係竟聯合其意圖加害自己，令李豫感到不可置信。權衡利弊後，他不得不相信李輔國的警告。

　　李輔國接著建議：「殿下不如將計就計，程元振率兵埋伏宮門外，待宮門開啟，您迅速撤往飛龍廄，老奴與伏兵一同入宮

第三節　擁立代宗

清剿叛逆。殿下只需保全自身安全，靜候佳音即可。」

李豫思忖再三，終於點頭應允，對李輔國的謹慎與籌謀深感信任。

按照計畫，李輔國護送李豫至宮門，朱光輝等人見李豫與李輔國僅帶十餘隨從，便放心開門迎接。然宮門甫一開啟，李輔國立刻指揮兩名禁軍護送李豫迅速撤往飛龍廄，同時率領伏兵衝入宮中，展開清剿行動。

「糟糕，中計了！」朱光輝等人驚覺事態不對，急忙試圖關閉宮門。然而為時已晚，李輔國的禁軍迅速衝入，對宮中埋伏的太監展開猛烈攻擊，剎那間刀光劍影，殺聲震天。朱光輝等人拚死抵抗，最終悉數被擒，只有少數人帶傷逃竄。

伏兵攻入後，越王李係、朱光輝等五位帶頭太監悉數成為李輔國俘虜。見事態已定，李輔國命程元振留守宮門，自己則親率部隊直奔張皇后的寢宮。

到達寢宮後，李輔國四處搜尋，未見張皇后身影。他斷定張皇后可能藏於皇帝寢宮，便迅速帶兵趕往。果然，張皇后正瑟縮於肅宗床邊，面露驚恐。

李輔國不由分說，將張皇后從床後拖出。張皇后驚慌失措，死死抓住床柱，拚命呼喊肅宗求救。肅宗見狀，怒目圓睜，竭力想要制止，但因重病纏身，竟一言不發，最終悲憤氣絕。

肅宗駕崩，李輔國變本加厲，將張皇后押至偏殿軟禁，同

第八章　李輔國—宦官當權的極致象徵

時派人緝拿其餘同黨。肅宗第六子兗王李僩聞訊趕來救援，也被李輔國一併拘禁。

肅宗崩逝於寶應元年（西元762年）四月十七日，距其父玄宗駕崩僅十三日。肅宗李亨終年五十二歲，在位五年。其一生飽經風雨，是唐朝歷史上唯一在外地登基的皇帝。他在安史之亂中登上帝位，卻未能見到亂局終結，便匆匆離世。

肅宗薨後，宮中再無能與李輔國抗衡之人。李輔國假傳聖旨，以「張皇后、越王李係及兗王李僩合謀造反」之罪，將三人處死。

次日，李輔國擁戴李豫繼位，即為唐代宗。李豫身著喪服，在肅宗靈前接受群臣朝拜，正式成為大唐天子。

第四節　宦官之治

唐代宗李豫即位後，雖對李輔國專權不滿，但因其擁戴有功，一時難以處置。

寶應元年五月，代宗加封李輔國為司空兼中書令，成為唐代首位以宦官身分入主宰相之人，正式實現了他多年的政治野心。不僅如此，代宗更尊其為「尚父」，賜食邑八百戶。儘管受封殊榮，李輔國並未滿足，反而越發驕橫跋扈，甚至公然對代宗聲稱：「陛下只需安坐宮中，朝政之事儘可交由老奴處置。」

第四節　宦官之治

其囂張氣焰已至頂峰。

代宗雖對李輔國不滿，但因剛登基不久，羽翼尚未豐滿，且政局未穩，只得隱忍不發，伺機而動。然而，李輔國身邊的心腹程元振卻對他心懷不滿。程元振與李輔國曾共同策劃並執行肅宗朝的宮廷變局，自認功勞顯赫，卻未能獲得心儀的高位，對李輔國心生怨恨。程元振開始向代宗密奏，歷數李輔國的罪狀，並懇請代宗採取行動加以制裁。

代宗本已對李輔國積怨頗深，聽到程元振的揭發後，決定藉助程元振之手除去李輔國。

是年六月，代宗藉機對李輔國說道：「李公公乃三朝老臣，為大唐立下汗馬功勞。朕念您年事已高，不忍再勞累，特命程公公接管軍務，您也該好好休養了。」

如此一來，李輔國的元帥行軍司馬、兵部尚書等要職被悉數移交給程元振。隨後，代宗下令李輔國遷出皇宮，回府安居。李輔國對此感到震驚萬分，深感難以置信。他回顧自己的一生，歷經無數算計奪權，如今竟被昔日的同僚暗算，令人不禁感嘆命運無常。

心懷不甘的李輔國嘗試進入中書省書寫謝表，但值班官員卻嚴詞阻止：「李公公，此為宰相之門，您既已卸任，已無資格入內。」

李輔國憤恨至極，咆哮道：「真是人走茶涼！既然如此，老

第八章　李輔國—宦官當權的極致象徵

奴只有去九泉之下侍奉先皇了！」

面對李輔國的怒氣與指責，代宗為安撫其情緒，下詔表彰李輔國的功績，並賜其封號博陸王，允許其風光出京，解甲歸田。至此，李輔國的政治生涯畫上了句號，曾一手遮天的權臣終究歸於沉寂。

那麼李輔國的結局是怎麼樣的呢？

李輔國最終步入人生暮年，但在一次毫無防備的情況下，他的生命戛然而止。這一次，他並非被罷黜職權，而是永遠地退出了歷史舞臺。作為掌控朝政多年的權臣，李輔國黨羽遍布天下。若不趁機將其徹底除去，讓他有機會東山再起，甚至引發類似「安史之亂」的禍亂，後果將不堪設想。

就在李輔國準備離京之際，一天深夜，一名刺客潛入其府邸，將正在夢中安睡的李輔國一劍刺死。不僅如此，刺客還割下了他的首級與右臂。對於古人而言，被割下頭顱是一種極大的恥辱，而屍首不全更是令人忌諱之事。多行不義的李輔國，終於以這樣一種慘烈的方式結束了自己罪惡的一生，時年五十九歲。

李輔國遇刺身亡後，代宗下令追捕凶手，並特意命人用木頭製成一個腦袋，安置在他的無頭屍體上，隨後加以安葬，還追贈他為太傅。然而，李輔國的死因以及凶手身分，卻成為唐朝歷史上一樁著名的公案。從當時到後世，對此爭論不休，始終未有一個令人信服的定論。

第四節　宦官之治

不過，在史學界，有三種觀點獲得了較多認同。

第一種說法：代宗密令刺殺；

有學者認為，李輔國是被代宗派人暗殺的。早在代宗還是太子之時，便受到李輔國的嚴密壓制，兩人之間積怨頗深。更何況，李輔國曾殺害代宗的兄弟李俶，並假傳聖旨逼迫玄宗遷居太極宮，圍攻皇宮導致肅宗驚恐而亡，這一系列事件更讓代宗對其仇恨加深。因此，代宗為替父皇和弟弟報仇，下定決心除掉李輔國。

然而，李輔國作為擁立代宗登基的「開國功臣」，若代宗公開對其動手，便難以找到正當理由。因此，他可能採取祕而不宣的方式，派人暗殺李輔國，再滅口刺客，讓真相無從追查。李輔國死無全屍，正是代宗雪恥的一種手段。從某種角度看，李輔國的結局正是因果報應，以其人之道還治其人之身。

第二種說法：程元振主使行刺；

另一種觀點認為，殺害李輔國的是程元振。眾所周知，程元振與李輔國素有嫌隙，多次受到李輔國的壓制。儘管程元振也成為代宗的「開國功臣」之一，但他認為自己的功勞因李輔國的存在而未得到應有的重視和獎賞。因此，他可能萌生了取而代之的念頭。

程元振後來接替李輔國擔任元帥行軍司馬與兵部尚書之職。然而，李輔國的舊部大多不服從他的指揮。程元振或許認為，

第八章　李輔國—宦官當權的極致象徵

唯有徹底除掉李輔國，才能震懾那些不服管教的舊部，鞏固自己的地位。李輔國的被刺，正是一種赤裸裸的警告：誰敢不服從新權力中心，便將落得同樣下場。

第三種說法：民間俠士復仇。

第三種流傳甚廣的說法是，刺殺李輔國的是一位民間俠士。李輔國雖已被解除職務，但他的罪行仍令民眾痛恨不已，殺死他是民意的體現。據傳，一名民間俠士潛入李輔國家中，將其斬首以平民憤。更有傳聞稱，曾有人在杭州目睹過一名相貌奇特的武士，此人酒後失言，自稱是刺殺李輔國的凶手。然而，這一說法並無確鑿證據。

儘管關於李輔國之死的三種說法各有支持者，但多數歷史學家更傾向於認定代宗派人刺殺李輔國的觀點最為可信。身為一名多行不義的權臣，李輔國儘管機關算盡，終於如願以償成為宰相，但這一夢卻如黃粱一夢般短暫。他的最終結局，正驗證了腐敗者終將自食惡果的古訓。

第九章
元載 ——
權力與貪欲的沉浮之路

第一節　心高志遠

　　元載，鳳翔岐山人，出身貧寒，幼年時生父早逝，母親攜他改嫁給景升，成為景升的繼子。景升本姓景名升，並不姓元。元載後來改姓元，是因其繼父景升為唐太宗之子曹王李明的王妃元氏代為收租表現出色，受到元妃的賞識，得以與元氏聯宗，因而改名為元升。元載遂隨繼父改姓元。

　　元載自幼酷愛學習，尤其喜歡寫文章，天性聰慧敏捷，博覽子部、史部等書籍，尤好道家典籍。家境貧困，他數次步行參加鄉試，但屢試不第。

　　天寶初年，唐玄宗崇奉道教，詔令徵召精通莊子、老子、文子、列子之學的士人。元載應策試中第，獲授邢州新平縣尉之職。其後，監察御史韋鑑出任黔中採訪使，延攬元載為判官。

　　元載聲名漸顯，後升任大理評事，繼而為東都留守苗晉卿

第九章　元載—權力與貪欲的沉浮之路

延攬,任命為判官,隨後又升任大理司直。

唐肅宗即位後,急於重整軍務,命諸道採訪使量才選拔屬官。當時,元載避居江東,因才名被蘇州刺史、江東採訪使李希言奏薦為副使,拜為祠部員外郎,後升任洪州刺史。兩京收復後,元載被召入朝,任度支郎中。

由於其才思敏捷、對答如流,肅宗對其頗為賞識,遂將國計民生之重任交予他,委派其為使節,赴江淮總領漕運事務。不久,他又加授御史中丞一職。數月後,元載被徵召入朝,升任戶部侍郎、度支使兼諸道轉運使。當時,肅宗病重,元載由此窺見機遇。

肅宗病重之際,朝廷內部的權力格局趨於鬆動,元載趁機積極謀取更高權位。他與當時的權臣李輔國交好,李輔國的妻子元氏與元載為宗親,二人因而關係密切。李輔國時權傾朝野,無人敢逆其意,元載藉助李輔國之力,得以更進一步。

朝廷選拔京兆尹時,李輔國力薦元載出任此職。然而,元載自視甚高,不屑於此,意欲攀登宰相之位,遂以辭去京兆尹一職為由,向李輔國表露心跡,專心等待宰相之職的機會。其後,李輔國敗落,百官未識程元振的真實面目,元載趁機而動,最終取代蕭華,登上宰相之位。

西元762年(寶應元年)四月十八日,肅宗駕崩。四月二十一日,代宗即位。李輔國權勢更盛,屢次在代宗面前稱讚元載。元載因擅長揣摩聖意,屢受代宗寵信。次月,元載被拜為同中

第一節　心高志遠

書門下平章事,仍兼度支轉運使。同時,他又被加授集賢殿大學士、修國史一職,授銀青光祿大夫,封許昌縣子。元載因度支轉運事務繁瑣、責任重大,而薪俸微薄,且憂慮操持錢穀事務會損害名聲、阻礙升遷,便尋機卸下此職。他與劉晏交好,遂舉薦劉晏接任度支事務,自己則被加任營田使。李輔國被罷職後,元載又獲加判天下元帥行軍司馬之職。

元載與內侍董秀私相結交,贈予董秀金帛,令中書主書卓英情祕密傳遞消息。因此,每逢代宗提出政務問題,元載總能先知先覺,對答如流,深受代宗器重。代宗不知元載的手段,反而視其為賢臣,多次升遷並加賞之。

然隨著權位日隆,元載漸如昔日的李輔國,專權驕橫,其妻王氏亦為凶暴之人。元載上朝時,王氏縱容其子元伯和等人在外恣意遊樂。顧礫上奏彈劾此事,但代宗因過於倚重元載,反將顧礫治罪。

此時,雖李輔國已敗,但尚有一人對元載構成威脅,此人即內侍魚朝恩。魚朝恩權傾朝野,素不與元載合作,元載時常忌憚其權勢。魚朝恩依仗軍權,結黨營私,代宗對其心生厭惡,但礙於其擁兵自重,不敢輕舉妄動。大曆四年,元載察覺代宗對魚朝恩不滿,遂密奏請求將其除去。代宗雖有此意,但因魚朝恩握有軍權,羽翼眾多,擔憂萬一失敗,局勢難以收拾,自己或重蹈父皇肅宗之覆轍,故未敢決斷。

元載見代宗躊躇,主動請纓:「陛下,此事若全權交由臣辦

第九章　元載—權力與貪欲的沉浮之路

理，臣定不負所托，必給陛下一個滿意的交代。」代宗見其言之鑿鑿，欣然同意，並叮囑元載行事務必小心。

魚朝恩和元載，雖同為唐代權臣，但二人皆為陰險狡詐之徒，實乃半斤八兩。與之相較，元載深諳權謀之道，且具備更為深遠的籌劃能力。他早已洞察魚朝恩的行事風格，並為除掉此人做了周密的準備。

首先，元載以重金收買了魚朝恩的心腹，從而及時掌握其一舉一動。魚朝恩每次上朝，慣以射生將軍周皓率領百餘人護衛，又依靠陝州節度使皇甫溫為外援。元載深知此二人對魚朝恩的重要性，便不遺餘力地將其籠絡至己方陣營。隨後，代宗對朝中人事進行調整，將鳳翔節度使李抱玉改任山南西道節度使，任命皇甫溫為鳳翔節度使。表面上看，這一安排似乎是順應魚朝恩的喜好，進一步抬高了其親信的地位，實則用意深遠，旨在使魚朝恩放鬆警惕。果然，魚朝恩對此洋洋自得，誤以為自己深得皇帝寵信，殊不知滅頂之災已悄然而至。

然而，天網恢恢，雖周密布置，亦難免有疏漏之處。不知何人走漏了風聲，魚朝恩的黨羽察覺到朝中氣氛異常，遂密告魚朝恩，提醒他謹慎行事。魚朝恩雖有所懷疑，但在幾次試探後，發現代宗對他態度如常，便放下戒心。殊不知，代宗正是有意示之以安，以麻痺其警覺。

大曆五年（西元 770 年）三月初十，寒食節之日，代宗設宴款待親貴大臣。宴罷，代宗忽傳下旨意，命魚朝恩留殿議事。

第一節 心高志遠

此事雖略顯反常，但因方才酒宴方酣，魚朝恩未起疑心，依例乘四輪小車前往（因其體形肥碩，行動不便，故常乘車上朝）。入殿後，代宗開門見山，厲聲質問他為何膽敢圖謀不軌。魚朝恩大為震驚，起初一時語塞，但旋即鎮定，百般辯解，甚至表現出強硬態度，毫無認罪之意。

然其尚不知，四周早有周皓等人埋伏。隨著代宗一聲令下，周皓等人一擁而上，將魚朝恩按倒在地，迅速將其勒斃，整個過程乾淨俐落，毫無拖泥帶水之處。至此，魚朝恩之亂遂平，代宗心中稍感寬慰。

然則，亂臣易除，權欲難平。魚朝恩雖亡，但「魚朝恩」式的權臣未能就此絕跡。元載，正是繼承這一角色的下一個「魚朝恩」。因在誅殺魚朝恩一事上居功甚偉，元載自認功高蓋世，遂越發驕橫跋扈、行事乖張，日益恣意妄為。他不但褒貶前賢、貶抑同列，甚至以文才武略自傲，視朝臣為無物。其種種行徑，已使得朝中正道難行。

元載為鞏固權勢，採取了種種不法手段，最為嚴重者有二：

其一，肆意安插親信，干涉官吏任免。在江淮一帶的官員選拔上，他將貪婪無恥之徒安置於京師要職，而那些忠誠正直之臣則被排擠到無關緊要的閒散職位。

其二，公開販賣官職，肆意斂財。凡欲求官者，或結交元載的宗族親屬，透過中書省主書行賄，只要賄賂到位，便可得一官半職。此等貪腐之行，昭然若揭，眾目睽睽。相比前朝權

第九章　元載—權力與貪欲的沉浮之路

臣,元載之斂財方式可謂明目張膽,前所未有。

　　元載的黨羽中,還有一位朝中勢力頗大的王縉。王縉一向精於斂財,貪欲極重,故與元載狼狽為奸,互為倚靠。二人恣意妄為,越發驕橫不法,彼此勾結,肆無忌憚。代宗雖察覺到他們的惡行,但念及元載曾立大功,又礙於朝臣名分,始終未敢明言斥責。儘管如此,代宗曾多次私下召見元載,屢次言辭懇切地勸誡他,但元載表面上唯唯諾諾,轉身便將代宗之言拋諸腦後,依舊故我,毫不收斂。

　　元載之驕橫,發展至極致時,已達到目無法紀的地步。他甚至請求代宗下詔,免除吏部、兵部對六品以下官員的選拔稽核,將其全權交由自己定奪。其專權之心昭然若揭。

　　此後,御史李少良上奏朝廷,密陳元載的諸多惡行,元載得知後大怒,親自面奏代宗,逼迫代宗在朝堂上將李少良等人當場杖斃。此事一出,朝野震動,滿朝文武為之憤懣,但因懼於元載的威勢,敢怒不敢言,避之唯恐不及。元載對此卻甚為得意,他要的正是這種人人懼他、無人敢言的局面。

　　元載一生籠絡黨羽、排除異己,廣結私交、疏遠正士,致使忠臣良將或遭排擠,或被棄於邊緣。其朋黨之盛,堪稱一時之最。因其黨羽遍布朝中,代宗雖數次欲加懲治,卻苦於無人可用,心力交瘁之下,反助長了元載的肆無忌憚之氣焰。所謂「蛇鼠一窩」,正是元載及其黨羽的真實寫照。

　　縱觀元載一生,其權謀手段雖可稱「巧」,但為人處世之

道盡顯「險」。他所為雖一時得志，然終成眾矢之的，其權勢之盛，亦終將因代宗的震怒而化作泡影。由此觀之，貪權者必敗，專橫者必亡，此乃不變之理。

第二節　揮霍無度

元載在掌握大權後，其貪腐、驕奢淫逸的本性逐漸暴露無遺。不僅在政治上巧妙操控權術，在個人生活中也極度奢靡墮落。尤為引人注目的是他對建造房屋的狂熱愛好。那麼，元載究竟熱衷建造房屋到何種地步？

據史書記載，唐代長安城內共有109個坊，元載一人便獨占了其中的三個，分別是大寧坊、安仁坊和長壽坊。要知道，唐代的「坊」相當於現代的一個小型社區，而元載占據了三坊之地，足見其房產規模之龐大、建築數量之多。其貪腐之巨可見一斑。

而在元載倒臺後，官方對其家產進行了清算，結果令人瞠目結舌——元載的宅舍數量多到足以分配給數百名有品級的官員居住使用。須知，唐代的有品級官員通常能獲得朝廷撥給的寬敞府邸，而元載的房產竟能滿足數百名此類官員的居住需求。可見，他名下的房產數量遠不止百間，而是數百間獨立府邸。

據記載，元載在長安城中興建了南、北兩所豪華宅第，其

第九章　元載—權力與貪欲的沉浮之路

規模宏大、氣派非凡,為當時之最,堪稱「唐朝第一豪宅」。這兩處宅邸無論在建築風格、內部裝飾還是奢華程度上,都遠超尋常貴族之家。更令人驚嘆的是,元載還在東都洛陽營建了一處規模宏大的園林式私宅。待其倒臺後,這座私宅被充公,竟被改造為皇家園林,可見其建築之精美、規模之宏偉。

除了這些大規模的宅邸,元載還在城南擁有數十處豪華別墅。別墅之間以肥沃的良田相連,呈現出一片連綿不絕的富貴景象。這些別墅的排場與布局更是令人咋舌。別墅中,婢女、奴僕數量超過百人,穿著考究,服侍周到。

元載的豪奢不止體現在宅邸的數量上,更體現在宅邸的細節上。他在自家宅邸內修建了一座名為「蕓輝堂」的豪華殿堂。蕓輝是一種名貴的香草,產自于闐國,其質地如玉般潔白,摻入土中不會腐爛。元載將這種香草搗碎成粉,用其塗飾牆壁,以增添光澤與芬芳。因而,這座殿堂被命名為「蕓輝堂」。

蕓輝堂的建材也極其奢華,屋梁採用沉香木,窗戶則以金銀為飾,殿內的屏風由美玉製成,紫色的紗帳輕盈通透,極具神祕氣質。尤其是這座紫色紗帳,據傳是元載從南海溪洞一位酋長處得來,以「絞綃」織物製成。此種織物輕薄如煙,掛在室內宛若無物,但在冬日裡卻能擋風,夏日裡則能清涼透氣,顏色朦朧難辨,給予人仙境般的感受。人們因此稱元載的臥室「紫氣繚繞」,頗具仙家氣象。

更值得一提的是,元載家中的屏風也是一件稀世之寶。這

第二節 揮霍無度

座屏風原本是宰相楊國忠的至愛之物，屏風上雕刻著前朝美女妓樂圖，精工細作，工藝複雜絕妙，人工難以複製。屏風的壓簾裝飾使用了水晶，串飾則用碧色寶石穿成，晶瑩剔透，光彩奪目，顯示出不凡的貴氣和高雅的品味。

元載在這座薈輝堂前還建造了一座水池，池堤由瑪瑙和紋理精美的石材築成，池內栽種的花草也是珍品。其中有「蘋陽花」，開花時紅豔如牡丹，另有「碧芙蓉」，香氣馥郁，花開高大壯麗。如此盛景，讓人聯想起今日的私人奢華花園，而其成本之巨，令人無法估算。

依靠官職薪資，元載顯然不可能建造出如此豪華的住宅群。每一座宅邸的造價都足以讓普通百姓耗盡一生的積蓄，而元載卻能建造出數百座這樣的府邸。這些錢從何而來？他所貪汙的鉅額贓款，已不言自明。官員的俸祿有限，但元載的財產規模卻達到了令朝野震驚的地步，他的腐敗程度可見一斑。

關於元載的故事中，還有一段充滿神祕色彩的傳聞：

某日，元載閒坐於庭院，憑欄而立，賞玩水池中的花草。忽然，他聽到一陣清亮的歌聲，歌聲悠揚婉轉，似乎是一名十四五歲的少女在唱〈玉樹後庭花〉。

歌聲美妙至極，元載心中一震，不禁四處張望，但未見人影。細聽之下，他驚訝地發現，歌聲竟似從池中盛開的芙蓉花中傳出。心中好奇的他緩步靠近，俯身細看，只聽到花中傳來細微的喘息聲。

第九章　元載—權力與貪欲的沉浮之路

元載內心驚駭,但依然忍不住想要探究一番。他小心翼翼地剖開一朵芙蓉,然而,花中什麼也沒有。這件奇事,元載當時未敢聲張,只與家人密談,並囑咐他們不要對外洩漏。但元載伏法後,家中童僕被發配平廬為兵卒,其中一名童僕在酒後吐露了這一隱祕奇事,令世人瞠目結舌,驚為神蹟。

綜上所述,元載的驕奢淫逸和貪腐行徑,不僅體現在他對權力的濫用上,更表現在其生活的極度奢華之中。他的宅邸之多、豪宅之奢,堪稱地主中的地主,其房產之多足以滿足數百官員的居住需求。而其堂中花池裡傳出的歌聲,亦為後人增添了一段神祕的談資。元載的這段故事,也為世人提供了貪腐必敗、奢靡無度必亡的歷史教訓。

從現代科學的視角來看,某些古代傳聞和故事確實顯得荒誕不經,然而其背後所傳達的寓意卻值得深思。與其將其視作單純的傳說,不如將其解讀為一則寓言故事。舉例而言,〈玉樹後庭花〉這一樂曲素有「亡國之音」之稱,而其出現在元載的私家花園中,顯然在隱喻元載的貪汙腐敗已至極限。

那麼,元載的鉅額不義之財究竟來源於何處?

總體而言,其主要的斂財手段是透過買賣官職獲利。元載自恃曾立有「除惡」之功,目空一切,凡是謀求官職者,必須賄賂其家族子弟及幕僚主書,方能如願。所謂「主書」,即相當於當時的祕書,這位與元載同流合汙的祕書,二人狼狽為奸,禍害一方。

第二節　揮霍無度

元載不僅自身腐化墮落，還縱容其妻子、子弟大肆搜刮財物、賣官鬻爵，整個官場因此形成一條不成文的「潛規則」：想做官，先找元載。

有幾則史料和野史軼聞能夠印證這一腐敗現象的嚴重程度。例如，嶺南軍區的司令徐浩為求調任京官，便以大量金銀珍寶賄賂元載，而元載對此一概「來者不拒」。不久，徐浩果然得以順利上任。此外，地方官員陳少遊為保住自身的官職，選擇每年向元載進貢十萬貫金銀。依靠這份「政治投資」，他在地方上為所欲為，肆意剝削百姓，亦從中聚斂了大量財富。類似的事例在當時的官場中可謂屢見不鮮，皆可見元載賣官鬻爵、貪腐無度的局面。

此外，一則出自野史的小故事生動展現了元載的權勢之大與貪欲之深。當時民間廣泛流傳著「求官先找元載」的說法，宣州一位年邁的老人因此變賣家產，千里迢迢前往京師求見元載，意圖謀求一官半職。元載雖然收下了老人的全部家產，但未能為其謀得官職，只是隨手在一張便函上題下了自己的名字「元載」二字。老人對此深感失望，然而迫於元載的權勢，他不敢發作，只能怏怏離開京城。

在回程途中，老人途經幽州時，忽生一念：既然家財已散，身無長物，而這張便函或許還有些許作用。於是，他懷著試一試的心態，將這份題有「元載」二字的便函送至幽州的官府。不料，幽州的地方官員見到這張便函後大驚失色，視若聖旨，

第九章　元載─權力與貪欲的沉浮之路

立即將老人奉為貴賓，親自出城迎接，款待他以豐盛的酒肉。臨別之際，這位地方官不僅將老人恭送出城，還贈送了上等綢緞一千匹。如此高規格的接待，源於地方官不敢輕視元載的權勢，深怕怠慢了元載的「親信」，從而引火燒身。

這段小故事雖然出自野史，但其背後揭示了元載在當時的威權之重、黨羽之多以及其影響力已滲透到大唐政治的各個角落。如果沒有大批依附於他的黨羽勢力，即便元載權勢再大，也難以形成如此廣泛的控制力。也正因如此，元載的腐敗行為成為了其日後被清算的重要罪證。

這些歷史細節不僅描繪了元載的腐敗手段和權勢之大，也為後世研究唐代官僚體制的病變提供了豐富的佐證。

第三節　伏法受刑

自古以來，腐敗的高官鉅貪從未能逃脫法網的制裁。唐代宰相元載便是其中的典型代表，他執政十四年，權傾一時，卻在貪欲的泥潭中越陷越深，最終身敗名裂，家破人亡。

元載在位期間，一方面掌控朝政，另一方面卻大肆貪墨，侵吞公帑，修建了奢華至極的宅邸。不僅如此，他還在豪宅中「金屋藏嬌」，收納了美妾薛瑤英。

薛瑤英生得嬌小美麗，容顏俏麗。據載，其母趙娟原是岐

第三節　伏法受刑

王的愛妾，後改嫁薛家，生下薛瑤英。趙娟從小便讓薛瑤英食用香料，致使其肌膚芳香，體態輕盈，宛若越國的旋波、移光，漢代的趙飛燕、晉代的綠珠，也難以與她比肩。其身輕如燕，無法承受厚重衣物。為此，元載特地為她求來稀有的「龍綃玉衣」，此衣由高麗國所產的「卻塵獸」毛織成，色如殷紅，質地光亮柔軟，輕盈若無。每當薛瑤英穿上這件衣物，身姿曼妙、舞步輕盈，令元載如痴如醉，荒廢政務，沉溺其中。

薛瑤英入府後，薛家一門趁勢而起，其父薛宗本、兄長薛從義及母親趙娟頻繁出入元府，藉機斂財索賄，打著「走門路」的旗號，從中撈取利益。更為惡劣的是，他們與中書舍人卓倩等人相互勾結，狼狽為奸。薛家之人利用與元載的關係，為謀取私利者牽線搭橋，受賄索賄，成為貪腐鏈條中的一環。元載對此不僅不加阻止，反而予以縱容，凡是薛家或卓倩提出的請求，元載一概應允。在這種不受約束的權力濫用之下，元載的腐敗行為愈演愈烈，成為當時朝堂上人人皆知的祕密。

元載身邊僅有賈至和楊炎兩位「知己」。二人常到元府，目睹薛瑤英的舞姿歌喉，皆為其美色所驚嘆。賈至曾作詩讚美道：「舞怯銖衣重，笑疑桃臉開。方知漢武帝，虛築避風臺。」楊炎也作詩一首：「雪面淡娥天上女，鳳簫鸞翅欲飛去。玉釵翹碧步無塵，纖腰如柳不勝春。」在這美色的迷惑下，元載越發沉湎聲色，怠於朝政。

「上梁不正下梁歪」，元載的子孫亦隨其腳步，淪為貪腐之

第九章　元載—權力與貪欲的沉浮之路

輩。元載有三子,皆不成器,仗著父親的權勢大開方便之門,貪汙受賄,買官賣官,攫取大量不義之財。這些錢財大多用以蓄養情婦,揮霍無度,奢靡成風。更令人不齒的是,元載不僅不加以管教,反而與三子一同觀看優伶的露骨表演,成為他每日的「消遣專案」。父子同場觀戲,荒淫之風昭然若揭。

貪婪的欲望和毫無底線的行為,最終引來了朝廷的雷霆之怒。面對元載的專權弄權、結黨營私和嚴重的官場腐敗,代宗李豫再三規勸未果,最終決定整肅朝綱,重振朝堂之風。

西元777年春,代宗一聲令下,命大將軍將正在宰相府內辦公的元載逮捕入獄,同時收押其家眷及黨羽。鐵證如山之下,元載再也無法狡辯,對其罪行供認不諱。其妻王氏及三子亦被判處死刑,薛瑤英則再嫁閭里小戶人家,命運陡轉,人生再無榮華可言。至此,這位曾經的權傾朝野的宰相,最終難逃法網,落得身首異處的下場。

元載一生貪婪無度,荒淫不檢,既毀了自己,也禍及子孫。最終,他的家族因其不義之財覆滅,而他本人也在歷史的長河中留下了貪官的汙名。

元載在行刑前,依照官場的舊例,行刑官詢問他是否有遺言想留給這個世界。這位曾經權傾一時、享盡榮華富貴的大貪官,此時心如死灰,僅留下了一句發人深省的話:「只求一刀斃命,願得快死矣。」

這位生前志得意滿的重臣,死後卻一無所有,權勢與財富

第三節　伏法受刑

皆化作雲煙，不僅自身命喪黃泉，家族也因之遭受滿門抄斬、祖墳被毀的慘烈下場。元載在生命的最後一刻，或許終於明白，平凡人的簡單生活，躬耕田畝、頤養天年，才是真正的幸福。

悔悟為時已晚，世間從無後悔藥可尋。他的貪婪與腐敗早已深深損害了朝廷的運作，禍及百姓。因為他揮霍無度的享樂，其本質上皆由普通百姓的血汗錢堆積而成。

然而，元載伏誅後，最為欣喜的卻並非百姓，而是代宗皇帝。歷史上，鉅貪之人不乏其例，如明朝的嚴嵩、清朝的和珅，皆是貪婪成性、富可敵國之輩，但無論他們如何斂財，對皇帝的威嚴仍存敬畏之心。元載則不然，他驕橫跋扈，目中無君，甚至不將代宗放在眼裡。這一現象固然與代宗在位期間形成的寬容風氣有關，但更深層的原因在於代宗性格的軟弱無力，使得元載的權勢一度超越了皇權。因此，當代宗抓住機會將元載剷除時，心中不免大快。其一，他得以重新收回被元載掌控的軍政大權，重振皇權威嚴；其二，元載家中大量的金銀財寶、珍奇異物被充公，轉而補充國庫，為朝廷的治理與施政提供了經濟支撐。

代宗與眾人雖早已知曉元載家財豐厚，但當從其位於大寧坊、安仁坊和長壽坊的宅邸中抄出的大量珍寶時，仍不免大為震驚。金銀珠寶、稀世奇珍堆積如山，抄家消息接連不斷地由太監傳回宮中，場面之盛，超乎常人想像。

然而，最令人不解的則是元載家中藏有 800 石胡椒。這批

第九章　元載—權力與貪欲的沉浮之路

胡椒數量之巨，堆滿了大理寺（相當於當時的最高法院）的大院子，震驚了在場的官員和百姓。即便只是聽聞此事，也足以令人瞠目結舌。

那麼，800石胡椒究竟意味著什麼？按照公制換算，800石胡椒大約等於64噸，裝滿3個常規貨櫃都綽綽有餘。如此龐大的儲量，足以供長安百萬居民敞開食用一輩子。問題在於，元載為何要囤積如此大量的胡椒？

在漢唐時期，凡是來自外國的商品，通常在名稱前加上「胡」字，以區分中原自產物品。例如，胡琴、胡蔥、胡瓜、胡豆、胡桃、胡茄、胡楊、胡床、胡餅、胡麻、胡蘿蔔等物品，皆為當時人眼中的「舶來品」。這種命名方式體現了中國對外來文化和物資的接受與區分。漢唐時期，外國商品主要透過陸路的絲綢之路運入，而「胡」字也多指西域一帶的外來物品。明清時期，海上絲綢之路興起，海外貨物被稱作「洋貨」，再到民國時期，則被稱為「舶來品」。

胡椒在當代已成為常見的調味品，家家戶戶都能輕鬆購得，毫不起眼。然而，在漢唐時期，中原不產胡椒，其主要產地為印度一帶，尤其是摩伽國。段成式在《酉陽雜俎》中記載：「胡椒，出摩伽陀國，呼為昧履支。」這裡的「昧履支」可能是印地語的音譯，而摩伽國則位於今印度北部，距離長安超過九千里。運送胡椒的航線從印度洋的馬拉巴爾海岸出發，途經中亞，再到達長安。即使是直線距離，也在三千多公里之外。唐人能夠

第三節　伏法受刑

從如此遙遠的國家進口調料品,足見當時的對外貿易何其繁榮。

清代學者丁耀亢在《天史》中談到元載囤積胡椒一事,感慨道:「人生中壽六十,除去老少不堪之年,能快樂者四十多年耳。即極意溫飽,亦不至食用胡椒八百石也。唯愚生貪,貪轉生愚。黃金雖積,不救燃臍之禍,三窟徒營,難解排牆之危,事於此儕,亦大生憐憫矣。」

丁耀亢的這段話意在諷刺元載的貪婪行徑。假如一個人活到六十歲,真正快樂的時光不過四十年,即使每日將胡椒當作主食來食用,也無法吃盡800石。丁耀亢以此警示世人,貪欲會使人喪失理智,而貪婪之人往往會被貪欲所害。元載之所以囤積800石胡椒,並非基於理性需求,而是被無盡的貪欲矇蔽了心智,凡可得之物,皆貪而取之。這種盲目的占有欲,最終使元載成為腐敗的象徵,並導致其身敗名裂的結局。

元載的故事告訴後世,貪欲一旦膨脹,便如無底之壑,永不滿足。無論權勢多大、財富多豐,終有窮盡之時。正如《天史》所言,「黃金雖積,不救燃臍之禍」,縱使累積再多的金銀財寶,也無法挽救自取滅亡的命運。

元載的悲劇在於,他用一生的貪婪換來了家族的滅亡和自身的羞辱,成為後世官場貪腐的反面教材。

第九章 元載—權力與貪欲的沉浮之路

第十章
魚朝恩 ——
庸才小人登上高位

第一節　小人得志

魚朝恩（西元722年～770年），瀘州瀘川（今四川瀘縣）人，唐玄宗時入宮為太監。安史之亂爆發後，他隨玄宗出逃，並侍奉太子李亨，深得信任。歷任三宮檢責使、左監保全將軍，主管內侍省。他狡猾機智，精通文字與籌算。

肅宗乾元元年（西元758年），魚朝恩被任命為觀軍容宣慰處置使等職，負責監督九個節度使的數十萬大軍。這表示唐代宦官開始掌握兵權。唐軍收復洛陽後，魚朝恩被封為馮翊郡公，開府儀同三司。

宦官程元振倒臺後，魚朝恩迅速崛起。吐蕃攻入長安時，代宗倉促逃往陝州。當時禁軍大多潰散，只有魚朝恩率神策軍護送代宗回朝，極大地振奮了軍心。代宗返回長安後，任命魚朝恩為天下觀軍容宣慰處置使，掌管神策軍，寵信無比。

第十章　魚朝恩—庸才小人登上高位

有一次，魚朝恩視察國子監，代宗特地下詔命宰相、百官以及六軍將領相送。京兆府為此設宴款待，並安排教坊樂隊助興。宴席期間，大臣子弟兩百餘人身著紅紫服飾扮作學生，在國子監廊下列隊。這一盛大場面令魚朝恩得意非常。代宗還下令賜錢一萬貫作為本金，用於放貸取息，所得收益用於學生的飲食費用。此後，每逢魚朝恩到國子監視察，他都會帶上數百名神策軍前呼後擁，壯大聲威。京兆府每次為其張羅酒食，動輒耗費數十萬錢。

魚朝恩漸漸驕橫無比，不將朝中文武放在眼裡。他在朝堂上常侈談時政，欺壓大臣，即便是以強辯著稱的宰相元載，也只能默默聽從。

一次朝堂會議上，魚朝恩厲聲責問：「宰相的職責在於調和陰陽、撫慰百姓，如今陰陽失調、水旱頻發，京畿屯駐數十萬軍隊，給養匱乏，漕運困難。皇帝因此夜不能寐，宰相卻不讓賢，豈不羞恥？」

眾臣聞言大驚，宰相低頭不語，無人敢作聲。此時，禮部郎中相里造從容站出，反駁道：「陰陽失調、糧價高漲乃觀軍容使所致，與宰相何干？京師已無大事，六軍足以維持安定，卻又調來十萬大軍，致使軍糧不足、百官供應困難。宰相不過行文書之責，又有何罪？」魚朝恩被頂撞，一時語塞，拂袖而去，憤憤地說：「南衙官僚結黨，欲加害於我（出自《封氏聞見記·卷九》）。」

相里造一事後，魚朝恩心存怨恨，伺機報復。恰逢國子監修復後舉行慶典，魚朝恩在典禮上手持《易經》高坐講學，面對百官，選講「鼎折足，覆公餗」以譏諷宰相。宰相王縉怒容滿面，而元載卻神色如常。魚朝恩因此對元載心生提防，並稱：「聽後怒者乃常情，面帶笑容者實深不可測。」最終，他果然敗在元載手中。

魚朝恩逐漸驕橫跋扈，常言「天下事豈能離得了我？」代宗對其行徑不悅，卻因其掌控禁軍而無可奈何，只能容忍其貪腐。然而，紫衣事件徹底激怒代宗。

魚朝恩之養子令徽年僅十四，在內侍省任內給使，代宗賜其綠服。一日，令徽因班次低被黃門觸碰，憤而告狀。翌日，魚朝恩竟攜令徽面見代宗，直言請求賜紫衣。更甚者，不待代宗表態，旁人已將紫衣呈上。令徽穿戴後叩謝，代宗雖表面順從，心中已極為憤怒。此事後，代宗意識到魚朝恩權勢滔天，已難以容忍。

最終，魚朝恩的驕縱與腐敗，為代宗埋下清除他的決心。

第二節　陷害忠臣

魚朝恩腐敗的重要表現之一，便是與郭子儀爭奪權力。

乾元元年（西元 758 年）九月二十一日，唐肅宗任命朔方節

第十章　魚朝恩—庸才小人登上高位

度使郭子儀、河東節度使李光弼、關內節度使王思禮等九大節度使，集結步騎兵二十餘萬人，向鄴城發起大規模進攻，意圖徹底消滅安慶緒。然而，令人費解的是，肅宗並未為這支龐大的軍隊設定元帥，而是發明了一個名為「觀軍容宣慰黜陟使」的新頭銜。這個職務的持有人作為天子特使，取代了傳統元帥的職能，掌握了調遣九路大軍的最高指揮權。

而這個人，正是內侍宦官、開府儀同三司魚朝恩。

當時，史思明自范陽率軍南下解救安慶緒，在攻占魏州後選擇按兵不動，靜待時機。李光弼主張進攻魏州以阻止史思明增援，但這一計畫遭到魚朝恩的反對。魚朝恩既缺乏軍事才幹，又剛愎自用，未能協調各軍統一行動，致使各軍各自為戰。最終，唐軍在交戰中失利，六十萬官軍迅速潰敗，整個戰局急轉直下，唐軍從進攻轉為全面防守。

乾元二年（西元 759 年）正月初一，史思明在魏州自封為「大聖燕王」，對唐軍和李光弼形成挑釁。李光弼隨即向魚朝恩提議分兵北上逼近史思明，認為即使無法取勝，亦可與之相持，緩解唐軍腹背受敵的險境。然而，魚朝恩卻斷然拒絕。這種拒絕不僅源於他對自身權威的維護，也緣於對敵我形勢的誤判。他盲目樂觀，堅信敵寡我眾，勝利唾手可得，卻未曾料到這一戰役很快因他的自負而招致慘敗。

為加強東都防守，肅宗命郭子儀留守東都，任命他為東都畿、山南東道、河南諸道行營元帥。魚朝恩因妒忌郭子儀的戰

第二節　陷害忠臣

功,將相州戰敗的責任歸咎於他。肅宗聽信讒言,不久便將郭子儀調回京師,解除其職務。

上元元年(西元760年),魚朝恩繼續擔任觀軍容使,駐守陝州(今河南三門峽西)。此時,史思明已攻占洛陽,並與李光弼軍對峙於河陽。有人建議重用郭子儀,稱其軍事才幹卓越且對社稷有功,當前叛亂未平,不應棄置不用。肅宗遂任命郭子儀為諸道兵馬都統,令其率禁軍及各地鎮兵直搗叛軍巢穴范陽。然而,這一計畫最終因魚朝恩的阻撓而擱置。

上元二年(西元761年)二月,有人散布謠言稱洛中將士皆為幽州、朔方人,思鄉心切,軍心渙散。魚朝恩對此信以為真,屢次上奏肅宗,催促李光弼率軍攻取洛陽。儘管李光弼熟悉敵情,認為「賊鋒尚銳,未可輕進」,但迫於肅宗的催逼,他不得不應戰。結果在邙山之戰中,唐軍大敗,河陽、懷州相繼失守,魚朝恩也狼狽逃回陝州。

寶應元年(西元762年),唐代宗任命雍王李適為天下兵馬元帥,調集諸道節度使及回紇兵十餘萬於陝州,以討伐史思明,並計劃任命郭子儀為副元帥。然而,此舉再次遭到魚朝恩等人的阻撓。魚朝恩多次從中作梗,使得傑出的軍事家郭子儀長期無法施展才華,英雄無用武之地。

官軍在橫水之戰中大敗叛軍,先後收復洛陽、汴州等地。然而,由於魚朝恩與郭英義殿後時未能控制軍紀,致使官軍與回紇兵大肆搶掠,東都大亂,並波及鄭州、汝州等地,導致

第十章　魚朝恩—庸才小人登上高位

閭井一帶荒無人煙。平定洛陽後，魚朝恩被加授為開府儀同三司，封鳳翔郡公。

廣德元年（西元763年）十月，吐蕃軍進犯涇州，不久即逼近唐京師長安，迫使唐代宗避往陝州。當時禁軍潰散，倉促之間難以重新整合。魚朝恩率領駐紮在陝州的軍隊及神策軍迎接代宗歸京，軍威因此有所振作。自此，唐代宗對魚朝恩尤為倚重，任命其為天下觀軍容、處置、宣慰使，專掌神策軍，同時頻繁允許其出入禁中。

魚朝恩因此變得愈加驕橫跋扈，不可一世，這種態度最終令唐代宗難以容忍。朝中宰臣屢受其侮辱，對其積怨已深。

大曆五年（西元770年），宰相元載首先向代宗密奏，建議除掉魚朝恩。在代宗的許可下，元載以重金賄賂魚朝恩的親信將領周皓和皇甫溫，與其暗中結交，以便隨時掌握魚朝恩的動向。

隨後，元載將鳳翔尹李抱玉調任山南西道節度使，改由皇甫溫暫代鳳翔節度使，以示對皇甫溫的重用。不久，元載又將皇甫溫暫留京師，與周皓密議誅殺魚朝恩。元載一切準備妥當後，再次將謀殺計畫密奏唐代宗。代宗特地叮囑他行事務必謹慎，切勿被魚朝恩識破反制。

三月寒食節當天，禁中舉辦宴會，元載則留守中書省，以備不測。宴會結束後，魚朝恩准備返回軍營，代宗卻下詔留

第二節　陷害忠臣

其議事。魚朝恩因身材肥胖，常以小車代步出入宮省。代宗在宮中聽到其車聲後，端坐以待。當魚朝恩抵達時，代宗立即斥責其圖謀不軌。魚朝恩雖試圖辯解，但態度仍狂妄傲慢，毫無畏懼之意。這時，周皓率人將魚朝恩撲倒擒獲，並當場將其縊殺，時年四十九歲。

因涉及宮廷祕事，魚朝恩之死並未對外公布。代宗下詔罷免其觀軍容使等職，僅保留內侍監一職，並增實封六百戶，以掩人耳目。隨後又謊稱魚朝恩因受詔責而自縊，將其屍體送還家中，並賜予六百萬錢以供喪葬。

魚朝恩死後，代宗擔心禁軍動盪，遂提拔其親信劉希暹和王駕鶴為御史中丞，以安撫北軍。同時赦免京畿地區囚犯，並釋放魚朝恩舊部黨羽。此外，代宗宣告：「北軍將士皆為朕之爪牙，爾等無需憂慮。朕將親御禁旅，體恤爾等，依舊重用。」此番表態稍稍安定了軍心。然而，劉希暹因罪行纍纍，最終仍被賜死。

魚朝恩之死源於其僭越皇權並恃寵驕橫。相比肅宗時被李輔國架空的局面，代宗雖不如肅宗強勢，卻未至於全然無力掌控局勢。李輔國因恣意妄為而遭受屍首分離的慘烈下場，相較之下，魚朝恩雖被勒死，但尚保存全屍，可謂結局尚屬體面。

然而，其四十九歲正值仕途壯年，卻因觸碰貪汙腐敗的高壓線而殞命，不僅誤國誤民，亦斷送自身前程，實為可嘆。

第十章 魚朝恩—庸才小人登上高位

第十一章
唐憲宗——
曇花一現的中興之治

第一節 削藩策略

唐憲宗李純（西元 778 年～ 820 年），初名李淳，立為太子後改名為李純。他是唐朝中期的一位皇帝，為唐德宗李適之孫、唐順宗李誦之長子，曾被封為廣陵郡王。在貞元二十一年（西元 805 年）八月正式即位。

李純出生於唐代宗（李豫）晚年。他出生次年，其祖父唐德宗即位，父親唐順宗被立為太子。儘管李純童年坎坷，但仍可謂幸運。他年幼時便經歷了歷史上的「涇師之變」。

建中二年（西元 781 年）正月，成德鎮治恆州（今河北正定）節度使李寶臣病逝。按照慣例，藩鎮節度使死後，其職位與土地由子孫繼承，故李寶臣之子李惟岳上表請求繼位。然而，唐德宗早有意革除藩鎮父子相傳且不聽朝廷命令的弊端，遂拒絕李惟岳的請求。此舉引發了魏博節度使田悅、淄青節度使李正

第十一章　唐憲宗──曇花一現的中興之治

己及山南節度使梁崇義的不滿,他們與李惟岳聯合謀劃,以武力抗拒朝廷。

唐德宗隨即徵調京西防秋兵萬餘人戍守關東,並親自在長安設宴犒勞征討兵馬,削藩戰役由此打響。最初,朝廷取得顯著成果:淄青節度使李正己病逝後,其子李納慘敗;李惟岳則被部將王武俊殺害;僅田悅依然據魏州負隅頑抗。而成德鎮大將張忠和投降,德宗任命其為成德節度使。

然而,德宗在削藩過程中,依靠藩鎮對抗藩鎮的策略,導致參與削藩戰役的幽州節度使朱滔等人不滿,形勢因此逆轉。

建中三年(西元782年)底,盧龍節度使朱滔自稱冀王,成德節度使王武俊稱趙王,淄青節度使李納稱齊王,魏博節度使田悅稱魏王,四鎮以朱滔為盟主聯合對抗朝廷。

建中四年(西元783年)十月,德宗因籌備前往淮西前線平叛,途中調遣涇原兵馬駐防。然而,這些士兵因不滿賞賜,又嫌飯菜粗劣,最終譁變,爆發了歷史上著名的「涇師之變」。當時,唐德宗倉皇出逃,僅由宦官霍仙鳴及竇文場護駕。涇原兵進駐皇宮,肆意搜刮珍寶,77位未及撤離的宗室子弟均遭叛軍殺害。而年幼的李純則幸運躲過一劫。

李純六、七歲時,德宗平亂後重返長安。某日,李純在祖父面前玩耍,德宗將其抱起逗樂,戲問道:「你是誰家的孩子,為何在我懷中?」李純正色答道:「我是第三天子。」德宗為之驚訝,小小年紀竟能如此應答。李純所言祖、父、子三代有序,

第一節 削藩策略

稱自己為「第三天子」,既聞所未聞,又契合實際。此後,德宗對這位皇孫更加喜愛。十一歲時,李純被冊封為廣陵郡王。

唐憲宗李純的家庭關係頗為複雜。他的母親王氏曾為代宗才人,另有一同父異母兄弟成為祖父德宗的養子。

憲宗的婚姻也較為特殊。貞元九年(西元793年),身為廣陵王的李純娶郭氏為妻。郭氏為尚父郭子儀的孫女,其父郭曖為駙馬都尉,母親則是代宗長女昇平公主。郭曖與昇平公主的故事家喻戶曉,後人據此創作了戲劇《打金枝》。

由於郭氏的母親為代宗長女,按輩分郭氏為順宗表姑姪,憲宗因此比郭氏矮了一輩。二人婚後,順宗因郭氏家世顯赫,對其寵愛有加,而憲宗對其亦頗為敬重。婚後二年,即貞元十一年(西元795年),郭氏生下長子李宥,即後來的唐穆宗。

貞元二十一年(西元805年)四月六日,李純被冊立為皇太子。七月二十八日,他受任權勾當軍國政事,代理監國之職。八月四日,順宗李誦將皇位傳予李純,八月九日,李純正式在宣政殿即位。

唐憲宗憑藉宦官擁立和發動宮廷政變迅速掌握最高權力,登基後在政治上大展拳腳,顯示出非凡才幹。憲宗的政治作為表明,皇帝的權力來源是否合法,與其施政能力之間並無必然關聯。如同憲宗之前的太宗和玄宗,皆是如此。

第十一章 唐憲宗──曇花一現的中興之治

第二節 元和中興

唐憲宗李純是一位勵精圖治的皇帝。他即位後,「讀列聖實錄,見貞觀、開元故事,竦慕不能釋卷」,他把「太宗之創業」、「玄宗之致理」,都當作效法的榜樣。

大概意思是:勤奮讀書,細閱歷代皇帝的實錄,尤其對貞觀、開元年間的治世典範十分崇敬,並以此為榜樣。他推崇唐太宗的創業精神和唐玄宗的治國之道,力圖效法二人,振興唐朝。

自安史之亂後,唐朝國力大幅衰退。在平定叛亂的過程中,唐廷不得已大肆封賞節度使,形成了藩鎮割據的局面。至唐德宗時,各地藩鎮越發囂張跋扈,甚至無視中央權威。憲宗繼位後,決定對割據的藩鎮展開一系列鬥爭。在西元 805 年(元和元年)至西元 820 年(元和十五年)期間,他毅然踏上削藩之路,多次對抗不法藩鎮,展開了一系列討伐戰爭。

元和元年(西元 806 年),憲宗即位伊始,西川節度使劉闢即發起叛亂。同年正月,憲宗下詔討伐劉闢。在宰相杜黃裳的推薦下,任命長武城使高崇文為左神策行營節度使,率五千步騎兵為前軍;命神策京西行營兵馬使李元奕率二千步騎兵為次軍,與山南西道節度使嚴礪、劍南東川節度使李康共同討伐叛軍。高崇文所率士兵多為邊防老兵,戰鬥力強,且高崇文擅長用兵,戰術精妙,遠勝劉闢。李元奕的神策軍雖鮮少參戰,但作為中央禁軍,亦戰鬥力不俗。

第二節 元和中興

元和元年正月，高崇文率軍由斜谷行軍，李元奕率軍由駱谷行軍，二軍合兵於梓潼。儘管劉闢一度攻陷梓州並俘獲李康，但高崇文於三月攻克梓州，繼而在鹿頭柵與劉闢決戰，擊潰敵軍萬餘人。在嚴礪與高崇文的聯合攻勢下，劉闢相繼在石碑谷、漢州、玄武、神泉等地慘敗。

最終，高崇文攻克成都，生擒劉闢，將其押送至長安。同年十月，憲宗封高崇文為渤海郡王、劍南西川節度副使並兼知節度事，任命武元衡為劍南西川節度使，後改為邠寧節度使、京西諸軍都統，同時封嚴礪為梓州刺史、劍南東川節度使。憲宗體恤民情，下詔減免劍南東西川、山南西道當年的賦稅，並釋放被脅迫的官兵，妥善安葬陣亡將士。同年十月，劉闢及其子劉超郎等九人在長安伏誅，劍南西川叛亂至此平定。

元和二年（西元807年）夏，劍南平定後，各藩鎮惴惴不安，紛紛表示願意朝見。然而，鎮海節度使李琦卻以生病為由多次拒絕入朝。門下侍郎、翰林學士武元衡認為李琦的行為是對皇權的不敬，建議憲宗嚴懲。憲宗表示同意，並於當年十月下詔徵李琦為尚書左僕射，任命王澹為節度留後，同時任命御史大夫李元素為潤州刺史、鎮海軍浙西節度使。不久後，李琦在潤州叛亂，殺死節度留後王澹及大將趙琦。憲宗隨即削除李琦的官爵和宗籍。

十月，憲宗任命淮南節度使王鍔為招討處置使，統領諸道兵討伐李琦，調動宣武、義寧、武昌兵及淮南、宣歙、江西、

第十一章　唐憲宗—曇花一現的中興之治

浙東兵馬多路合圍。同月，鎮海軍兵馬使張子良及潤州大將李奉獨俘獲李錡，並將其獻至朝廷。十一月，李錡伏誅，其財產被沒收後分賜浙西百姓，代替當年租賦。至此，淮海叛亂平息。此役中，憲宗亦得一伴侶杜秋娘。

元和五年（西元810年）十月，義武軍都虞候楊伯玉鼓動三軍叛亂，拘禁行軍司馬任迪簡。隨後，別將張佐元殺死楊伯玉，試圖自立。任迪簡勸說將士歸順朝廷，但將士因參與叛亂，擔心被追責，於是殺死張佐元以示忠誠。壬辰日，憲宗下詔封任迪簡為檢校工部尚書、定州長史、充義武軍節度觀察使及北平軍使。至此，義武軍叛亂平息。

元和六年閏十二月辛卯日，辰、溆二州的首領張伯靖因不堪忍受地方官吏的壓榨和剝削，遂舉兵叛亂。張伯靖為占據敘州（今湘黔邊界一帶）的蠻族部落首領，他率先殺害了朝廷派遣的長吏，隨後攻占辰州、綿州等地，並聯繫九個蠻族部落的洞主，試圖推行地方自治。

張伯靖率領的起義軍一路南下，接連攻取播州、費州，攻州奪府，迅速壯大為以辰、錦、敘三州為核心，涵蓋沅水中上游流域及湘、鄂、川、黔、桂五省交界地區的區域性大起義。面對這一局勢，黔州觀察使竇群奉命率軍討伐，但屢戰不利，未能取勝。於是，朝廷又調集庸蜀（今四川）、荊漢（今湖北）、南粵（今廣東、廣西）、東甌（今福建）等地的官兵，對起義軍展開圍剿。然而，張伯靖依託辰、錦、敘等州的險要地形，聯合

第二節 元和中興

九峒部族,憑險固守,朝廷軍隊久攻不克。

元和八年四月己亥日,唐憲宗決定大規模鎮壓張伯靖的起義,任命黔中經略使崔能、劍南東川節度使潘孟陽、荊南節度使嚴綬聯合出兵討伐。嚴綬接令後,認為「九峒蠻因不堪忍受貪官汙吏的苛政而起事,並非蓄意反叛朝廷」。他向朝中宰相李吉甫提出詔安的建議,李吉甫隨即向憲宗進言,主張採取懷柔政策,對九峒蠻加以招撫。憲宗認為此策可行,遂命嚴綬前往詔安。嚴綬隨即派遣部將李忠烈攜帶親筆書信,前往辰州,曉諭張伯靖及其部眾,宣示朝廷大義。

八月辛巳日,憲宗下令湖南觀察使柳公綽對張伯靖進行軍事討伐。與此同時,九峒各部首領閱覽了嚴綬的來信,感受到其詔安的誠意,遂與張伯靖商議歸降。最終,張伯靖決定接受朝廷的招安,歸順大唐。事後,憲宗見嚴綬不但成功平定叛亂,且有力地穩定了邊地局勢,遂封其為鄭國公。歷經兩年之久的張伯靖叛亂至此被徹底平息。

元和七年(西元812年)八月,魏博節度使田季安去世,依唐朝舊制,推立其子田懷諫為副大使,代理軍務。田懷諫年僅十一歲,尚無獨立處事的能力,軍中大小事務皆由家僮蔣士則等人專斷。唐憲宗就魏博的治理之策與宰相商議,欲派左龍武大將軍薛平為鄭滑節度使,以控制魏博。

在朝廷議事中,宰相李吉甫主張起兵征討田懷諫,認為用兵方能平息魏博之亂。而宰相李絳則提出不同見解,他認為:

第十一章　唐憲宗─曇花一現的中興之治

「魏博雖為驕橫藩鎮，但其權力分散，各將領之間彼此掣肘，若欲聯合造反，必因意見不一而洩密；若欲單獨起事，因兵力不足而難成大事。更何況，各鎮對部將採取厚賞嚴懲之策，使得將領們互相猜忌，誰也不敢率先反叛。只要朝廷能任用一名威嚴果斷的統帥加以節制，便可維持局面。如今田懷諫年幼，軍府權力勢必旁落，部將之間的厚薄不均，必致怨氣叢生。田懷諫既無能力獨立執掌軍政，又未能得到鄰道的支持，若無朝廷援助，魏博將自生禍亂。以臣之見，陛下不必動兵，只需屯兵不動，聲張國威，命各道挑選精兵，操練待命。如此一來，魏博將領中必有人自發請命向朝廷效忠，屆時朝廷只需迅速應對，重賞效命之人，便可收服魏博。鄰近的河南、河北諸鎮，得知此事後，必生畏懼之心，爭相歸附朝廷。此乃不戰而屈人之兵的上策。」

憲宗聽罷，深感此策可行，連聲稱讚。最終，憲宗採納了李絳的建議，選擇以不戰而屈人之兵的策略對待魏博，靜待魏博內部的變局。

不久，由於田懷諫年幼體弱，魏博軍中的軍政事務全由其家中的僕從蔣士則專擅決斷。蔣士則多次憑藉個人的喜惡擅自調動將領，導致眾將士深感不滿。朝廷的任命文書遲遲未到，軍中士卒人心浮動，越發不安。

田興在清晨前往軍府，集合了數千名士兵，當場宣布自己將擔任留後之職。他對將士們說道：「你們願意聽從我的命令嗎？」

第二節 元和中興

將士們齊聲回應:「請下令吧!」田興隨即說道:「不得冒犯副大使,必須遵守朝廷的法紀命令。我們應向朝廷申報版圖戶籍,懇請朝廷正式任命官吏。只有在這些條件達成後,我才會接受你們的請求。」將士們一致表示同意。於是,田興果斷處決了蔣士則等十餘人,並將田懷諫遷往外地,徹底掌控了軍中大權。

同年冬十月,魏博監軍將這一情況上奏朝廷。唐憲宗聞訊後,任命田興為魏博節度使。尚未等張忠順回朝覆命,憲宗的詔令便已送達魏州。田興接到任命詔書後,感念朝廷的恩德,不禁熱淚盈眶,將士們亦無不歡欣鼓舞。

時任宰相的李絳向憲宗進言:「魏博一地已有五十餘年未受朝廷教化,今忽然攜魏、博、貝、衛、澶、相六州之地歸附朝廷,動搖了河朔地區的根基,摧毀了叛亂勢力的巢穴。若不以重賞酬之,便難以撫慰將士之心,同時也難以感化周邊鄰道。臣請陛下撥內庫錢一百五十萬緡,賞賜魏博將士,以示恩德。」

宦官近臣對此提出異議,認為「賞賜過多,若今後再有類似情況,朝廷又將如何應對?」憲宗將這一意見告知李絳,李絳隨即諫言:「田興能夠不圖一地之安,不懼鄰道之患,選擇歸順朝廷。陛下若因小利而失大計,未免得不償失。錢財用盡尚可再得,而機遇一失便不可復得。倘若朝廷出兵十五萬,耗時整年攻取魏博六州,所費費用豈止一百五十萬緡?今以此數收攬六州之人心,實為明智之舉。」憲宗深以為然,遂同意了李絳的建議。

第十一章　唐憲宗—曇花一現的中興之治

十一月辛酉日（初六），憲宗派遣知制誥裴度前往魏博撫慰軍民，並攜帶一百五十萬緡賞金，犒賞魏博軍中將士，同時下令免除六州百姓一年的賦稅徭役。魏博將士得賞後，歡呼雷動，士氣大振。

憲宗在削平藩鎮的過程中，雖未能徹底根除藩鎮割據的局面，但他採取了不姑息藩鎮的方針，開始透過武力削平藩鎮。這一政策的實施，極大地提升了中央政府的威望和權威。更為重要的是，憲宗在面對戰局不利的情況下，始終堅持對藩鎮用兵，最終收穫了顯著成效。藩鎮的囂張氣焰受到沉重打擊，一些藩鎮意識到朝廷削藩的決心和威力，選擇歸順朝廷。

憲宗的削藩之舉，大大穩固了中央的皇權，削弱了藩鎮的實力，為唐朝的後續發展和政局穩定奠定了基礎。這一策略不僅震懾了叛亂的藩鎮，也為四周鄰道樹立了榜樣，增強了朝廷的控制力和號召力。

第三節　權力失衡

唐憲宗無疑是中晚唐時期頗具亮點的一位皇帝，其治下的「元和中興」被視為唐王朝的一次重要復興。儘管如此，憲宗的施政成效也如唐玄宗一般，開局頗為壯闊，但收尾乏力，未能達成善終之勢。

第三節　權力失衡

「元和中興」一詞，特指唐憲宗在位期間，由於治國措施得當，國家政治局面一度回歸正軌的歷史階段。元和年間，唐朝的財政狀況有所改善，吐蕃國力開始衰退，長期戰亂中的地方藩鎮實力也遭到削弱。憲宗利用這一有利時機，推行「以法度裁制藩鎮」的方針，將河南、山東、河北等地重新納入中央政府的直接控制，恢復了唐朝的統一局面，史稱「元和中興」。

唐憲宗是一位發憤圖強的君主。他即位後，常常閱讀《列聖實錄》，尤其對「貞觀之治」和「開元盛世」推崇備至，力求以此為施政範本。他積極應對朝廷權力日漸式微、藩鎮權力膨脹的局面，重用賢能之士，將「軍國樞機，盡歸之於宰相」，以此確保中央權威的集中和決策的高效。在這一過程中，憲宗不拘一格起用了一批卓有才幹的宰相，如李吉甫、杜黃裳、裴垍、李絳、武元衡和裴度等人。

李吉甫反對宦官操控朝政，堅定支持平定淮西之戰；杜黃裳主張對劉辟用兵，以法度整飭地方藩鎮，並剷除割據勢力；裴垍建議罷免憲宗寵幸的宦官吐突承璀的軍權，得到了憲宗的支持；李絳則在應對河北藩鎮時，主張分化敵對勢力，透過不戰而收復魏博；武元衡在削平割據的藩鎮李錡的行動中表現出色，支持出兵淮西；而裴度則是憲宗的得力助手，親自掛帥，參與指揮了平定淮西的關鍵戰役。在淮西決戰的關鍵階段，憲宗下令廢除監軍制度，將兵權歸還給將帥，最終取得了平淮西的重大勝利。

第十一章　唐憲宗─曇花一現的中興之治

　　除了這些有作為的宰相，憲宗還重用一批敢於直言進諫的大臣，這些人積極維護朝廷的清明政治。翰林學士、左拾遺白居易反對宦官吐突承璀領兵出征，主張征戰事務應交由將帥負責；東臺御史元稹嚴厲彈劾不法行為，甚至與宦官對抗；刑部侍郎韓愈則在憲宗迎奉佛骨一事上極力勸諫，反對奢靡的佛教崇拜活動，捍衛了儒家正統思想的地位。

　　在理財方面，唐憲宗的政策也頗有建樹。他任用裴垍為宰相，採取減輕江淮地區人民賦稅的措施，責令各觀察使在所屬州內自行籌措稅收，減少江淮地區的稅收壓力。此舉使得當地百姓的負擔有所減輕，民生略有恢復。此外，憲宗重用李絳，採取了「北邊營田養兵」的政策，以減輕財政壓力。

　　元和七年（西元812年），李絳上奏稱振武、天德等地的田地資源豐富，請求開墾良田作為營田基地，憲宗批准了這一建議。此後，度支使盧坦負責具體實施，經過四年的努力，開墾田地4,800頃，年產穀4,000餘萬斛，每年為國家節省度支費用20餘萬緡，這些資金用於邊防事務，成效顯著。

　　唐憲宗在理財方面的成就還體現在對度支鹽鐵的管理上。

　　元和元年（西元806年），憲宗任命李巽為度支鹽鐵轉運使，李巽在職期間大幅提升了財稅收入。據史書記載，李巽擔任轉運使的三年內，徵收的財稅總額達到了劉晏執掌期間的最高水準，其中，江淮地區的米糧運輸量也達到了每年50萬斛的目標，而這一數額在此前已多年未能實現。

第三節　權力失衡

在這些措施的支持下，唐憲宗得以集中力量對付藩鎮割據勢力，尤其是平定淮西之戰。元和九年（西元 814 年）閏八月，淮西節度使吳少陽病逝，其子吳元濟祕不發喪，謊稱其父僅是臥病在床，並自領軍務。憲宗認為平定淮西的時機已到，宰相李吉甫也主張迅速出兵，認為「淮西周邊無援，時機不可錯過」。憲宗遂任命山南東道節度使嚴綬為淮西招撫使，率大軍前往蔡州，與吳元濟對峙。

然而，嚴綬治軍無方，面對蔡州堅守不出，未能採取有效的作戰策略。他只得一面不斷補充將士的糧餉以安撫軍心，一面暗中賄賂京城內的宦官，以穩固自身的後方支持。嚴綬的無所作為使得戰事久拖不決，耗費大量人力財力。反觀淮西的吳元濟，見朝廷軍隊不敢進攻，逐漸滋生反叛之意，部下有人勸他舉旗自立。淮西節度使判官楊元卿目睹了吳元濟的動向，並注意到吳已殺害數名忠於朝廷的官員，遂向宰相李吉甫密報淮西的虛實和對策。

唐憲宗時期的淮西之戰，是唐王朝針對割據勢力展開的一場曠日持久的軍事行動，充分體現了唐朝中央與地方藩鎮的深刻矛盾。此次戰事的核心在於削弱吳元濟的割據勢力，鞏固中央集權。

元和九年，李吉甫密奏淮西局勢，憲宗秉持「先禮後兵」之策，派遣工部員外郎李君何前往蔡州祭弔吳少陽，並追贈吳少陽為尚書右僕射，表面示以恩寵，實則意在探查吳元濟的動

第十一章　唐憲宗—曇花一現的中興之治

向。然而，吳元濟並未接受詔命，反而大舉發兵，屠戮舞陽，焚毀葉縣，襲掠魯山、襄城，致使關東震驚不安，李君何無力入蔡，只得返回。此舉令憲宗下定決心討伐淮西。

元和九年九月丁亥日，憲宗命山南東道節度使嚴綬、忠武軍都知兵馬使李光顏、壽州團練使李文通、河陽節度使烏重胤等率軍伐淮西，並派內常侍崔潭峻監軍。

次年春正月乙酉日，憲宗加封宣武節度使韓弘為司徒，以期藉助其威望和兵力對抗吳元濟。此時，憲宗開始調遣宣武等十六鎮兵力合力征討淮西。

元和十年二月甲辰日，嚴綬在磁丘遭吳元濟襲擊大敗。

三月庚子日，李光顏在臨潁擊敗吳元濟，四月甲辰日於南頓再勝吳元濟，五月丙申日於時曲再度擊潰淮西軍，吳元濟兵力大挫。然則，吳元濟亦非孤立無援。其一方面憑藉地勢頑抗，另一方面聯繫河北的王承宗、李師道。王、李二人透過表章請憲宗赦免吳元濟，並在軍事上進行策應。李師道表面聲稱派兵助官軍，實則以兵制肘官軍，並派刺客襲擊河陽轉運院，殺傷多人，焚燒財物，造成巨大損失。朝臣多建議罷兵，唯憲宗決心不改，繼續推進討伐行動。

元和十年六月癸卯日，李師道派人刺殺宰相武元衡，襲擊裴度，雖未致命，但裴度亦受重傷。此事震動長安，京師內外一片恐慌，憲宗下令加強京城防衛，增派金吾衛護送朝臣。

第三節　權力失衡

八月丁未日，李師道部將訾嘉珍等人在洛陽圖謀叛亂，埋伏兵士，試圖縱火焚燒東都宮殿，幸得小將楊進和李再興告發，東都留守呂元膺及時平亂，捕殺叛軍。

同年七月乙丑日，李光顏在時曲再戰吳元濟，竟不幸敗北。為重振士氣，憲宗封韓弘為淮西行營兵馬都統，統領各路大軍。李光顏與烏重胤在小溵河再戰吳元濟，終獲全勝。此後，唐軍在固始、凌雲柵等地連戰連捷，吳元濟的抵抗愈加艱難。

元和十一年六月甲辰日，蔡州行營唐鄧節度使高霞寓在鐵城大敗，僅以身免。此役震驚朝野，群臣皆勸憲宗罷兵，憲宗則堅定表示：「勝負乃兵家常事，若將帥不行，則更換將帥；士兵不足，則增補兵源。豈可一敗而退？」宰相裴度亦力主繼續用兵，稱「逆賊不可赦，必再討之」，與憲宗立場一致。

七月壬午日，韓弘在鄢城打敗吳元濟。

元和十二年四月辛卯日，唐鄧隋節度使李愬在嵖岈山擊敗吳元濟部隊。

同月乙未日，李光顏於鄢城重創吳元濟，斬首六千至九千，繳獲軍械三萬餘件。

五月癸巳日，李愬在吳房再敗吳元濟，擒獲其將李佑。儘管如此，蔡州久攻不下，戰事持續四年，軍餉耗盡，各將領無力支撐，群臣多請罷兵。宰相李逢吉亦稱軍力不濟，請求退兵。唯有裴度保持沉默，憲宗察覺其意，問其對策，裴度請自任前

第十一章　唐憲宗──曇花一現的中興之治

線統帥，憲宗大喜，任命其為門下侍郎、同中書門下平章事、彰義節度使、淮西宣慰處置使，隨行者有刑部侍郎馬總、右庶子韓愈等人。裴度至前線後，請求罷免監軍，中使不再干預軍政，諸將方能專心作戰。裴度治軍嚴明，軍法整飭，號令統一，出戰屢捷。

元和十二年冬十月壬申日，裴度前往前線視察工事修建，吳元濟得知後，派軍隊突襲。唐軍主將李光顏親自迎戰，魏博節度使田弘正之子田布率部截斷賊軍歸路，夾擊之下，唐軍大破賊軍。此次作戰，大大削弱了吳元濟的力量，為日後徹底平定淮西奠定了基礎。

元和十二年（西元817年），唐朝憲宗下定決心削弱藩鎮勢力，以恢復中央集權。為此，憲宗命唐隨鄧節度使李愬率領三千精兵為中軍，並派遣歸將李佑、李憲率領牙隊三千人為前鋒，李進誠率三千人為後軍，共同出兵東進，直逼吳元濟的蔡州大本營。

當時，正值大風大雪，軍旗被狂風撕裂，環境艱苦異常。李愬迎著風雪，日夜兼程，直至十五日，鼓聲四次震響，李愬的部隊已抵達蔡州城下，而城內竟無人察覺，士兵如天降之軍，迅速攻破城池。吳元濟因窮途末路而請求投降，然無濟於事，最終被檻車押送至京師，後在長安斬首。自此，割據三十餘年的淮西重新歸於唐朝統治。

為安撫當地百姓，憲宗下詔免除淮西兩年賦稅，並免除鄰

第三節　權力失衡

近州縣第二年的夏稅。此外,朝廷為陣亡將士厚葬,並賜予其家屬五年口糧。淮西之平對憲宗削藩策略的推進產生了重大影響。因李師道、王承宗等藩鎮曾協助吳元濟對抗朝廷,淮西平定後,他們深感不安。王承宗求助於魏博節度使田弘正,並於元和十三年(西元818年)四月獻出德、棣二州,派出兩個兒子作為人質,表示歸順之意。田弘正為其上奏,憲宗準其請求,成德鎮自此歸附朝廷。魏博則遣使將王承宗的兒子知感、知信及德、棣二州的地圖與官印送至京師,象徵著成德鎮的正式歸降。

在淮西平定後,憲宗削藩的態勢發生根本性轉變,朝廷占據主動,官軍得以集中兵力討伐河北和山東的強藩。

元和十三年(西元818年)正月,淮西的平定震懾了李師道,他深恐朝廷將兵鋒指向淄青,於是遣使上表,願將長子送入朝中為質,並獻出沂、密、海三州。憲宗接受其投降,並派左常侍李遜前往鄆州安撫。然而,李師道在接受宣慰使時卻陳兵相迎,隨後反悔,拒絕交出人質和土地,憲宗遂下令征討李師道。元和十三年五月,憲宗任命忠武節度使李光顏為義成節度使,駐滑州。

元和十三年秋七月,憲宗下令指控李師道的罪行,命宣武、魏博、義成、武寧、橫海五鎮共討李師道。憲宗任命宣歙觀察使王遂為供軍使。朝廷的強硬態度也使得擁兵自重的韓弘感到壓力。

225

第十一章　唐憲宗—曇花一現的中興之治

九月，韓弘主動派兵討伐李師道，圍攻曹州。

同年十一月，裴度指揮田弘正率軍自楊劉渡河，至鄆州四十里處築壘，李師道軍隊為之震動。

元和十四年（西元 819 年）正月，韓弘攻克考城，斬敵二千餘人。武寧節度使李愬收復唐朝的兗州屬地臺。魏博軍在東阿大敗李師道軍，斬敵五萬。

丙午日，魏博軍在陽穀再破敵軍一萬餘人。

二月，李愬在沂州擊潰平盧軍，攻克丞縣（唐代藍陵縣）。李師道見朝廷大軍逼近，命民眾加固鄆州城池，連婦女也被迫服役，民眾怨聲載道。

二月九日，李師道軍中發生叛變，其部下兵變自潰，圍攻鄆城，捕獲李師道及其二子，在牙門外隙地將三人斬首，首級送至田弘正營中。叛亂的淄青十二州至此被平定。

憲宗的削藩策略取得了顯著成效。代宗廣德以來，歷經六十年，藩鎮跋扈，河北、河南三十餘州的藩鎮長期不供賦稅，割據獨立。憲宗透過強硬的武力手段，使包括平盧在內的河朔型強藩遵從朝廷的約束。藩鎮權力一度得到遏制，中央集權得以恢復。

正如歷史學家張國剛在《唐代藩鎮研究》中所言：「河朔藩鎮需借朝廷官爵威命以安軍情」，表明割據的藩鎮仍依賴朝廷的政治合法性，割據狀態並非完全獨立。雖然憲宗的削藩未能從

第三節　權力失衡

根本上解決問題,但與德宗時期的藩鎮割據局面相比,局勢有所好轉,李唐王朝的統治延續了一百餘年。

然而,憲宗的削藩也存在問題:

其一,過度依賴武力平藩,忽視了根本性的制度改革,導致藩鎮割據的潛在矛盾未能徹底解決。

其二,憲宗未能在經濟政策上為百姓減負,官吏貪汙橫行,百姓流離失所。

元和十四年(西元 819 年),庫部員外郎李渤上疏指出:「渭南縣長源鄉原有四百戶,今僅存一百餘戶;懿縣原有三千戶,今僅存一千戶。十家之中,逃亡者過半,而賦稅卻加重無減,此乃剝民之財,無異於落井下石。」他呼籲重視農業這一「國之根本」,認為「國之根本解決了,才可言天下太平」。但憲宗未能正視這一問題,削藩的成果也因此打了折扣。

儘管憲宗的「元和中興」並未完全恢復唐朝的鼎盛局面,但其對削藩的努力使朝廷在軍事和政治上取得了一定優勢。透過平定吳元濟、王承宗和李師道等藩鎮的割據勢力,唐朝一度恢復了對河朔大部分地區的控制,社會環境趨於穩定,文化和科學事業也得以發展。憲宗的削藩雖不盡完美,但在某種程度上為李唐王朝的延續提供了契機。

第十一章 唐憲宗——曇花一現的中興之治

第四節 英年早逝

唐憲宗在取得一系列治國成就後，逐漸生出自視功勳卓著的心態，因而越發驕奢自滿，政治風氣也因此日益敗壞。他任用親信皇甫鎛，罷黜了賢相裴度，導致朝政日趨紊亂。此外，憲宗沉迷於求仙問道，企圖追尋長生不老之術。

元和十三年（西元 818 年），他公開下詔徵召方士，試圖求取長生祕藥。皇甫鎛推薦了一位名叫柳泌的山人，令其配製所謂的長生不老之藥。不久後，憲宗又命宦官前往鳳翔迎請佛骨入宮，營造了一場盛大的宗教儀式。刑部侍郎韓愈對此深感憂慮，遂上疏直諫，勸阻迎佛骨之舉，言辭懇切而大膽。然而，憲宗大為震怒，意圖以極刑處置韓愈。後在裴度等大臣的力諫下，憲宗才稍作讓步，改為將韓愈貶謫為潮州刺史，宣稱「死罪可免，活罪難逃」。

元和十四年（西元 819 年）後，憲宗開始服用柳泌所配製的「長生藥」，不料藥物的副作用使其性情大變，變得暴躁易怒，時常對身邊的宦官發怒斥責，甚至施以誅殺之刑。與此同時，宦官集團內部的派系鬥爭也愈演愈烈。以吐突承璀為首的一派擁立李惲為太子，而另一派則以梁守謙、王守澄為首，支持李恆為儲君。憲宗雖對郭妃之子李恆態度冷淡，且不希望他繼位，但在朝廷與後宮的複雜勢力博弈下，李恆的太子地位逐漸穩固。

第四節　英年早逝

　　元和十五年（西元 820 年）正月，憲宗突然暴斃，死因成謎，後世多有猜測。郭妃集團趁機控制了朝政大局，最終促使其子李恆即位為帝，是為唐穆宗。宦官集團內部的權力重組亦隨之展開。

　　憲宗在世時所倚重的心腹宦官，在其死後失去了賴以生存的權力根基。除依附李恆的宦官得以保全外，元和年間那些曾依附憲宗的宦官大多被誅滅。

　　歷史學家黃永年對此有深入見解。他指出，唐代宦官與皇帝之間的關係，本質上類似於家奴與主人的關係。宦官雖在政治事務中扮演了一定的角色，但其權力的實際來源依賴於皇帝的信任與庇護。中晚唐時期的宦官爭權奪利，實質上是類似舊時豪門大族中各房的家奴幫助其主子爭奪家產，而非宦官自身掌控大權、篡奪整個皇室的家產。黃永年的這一觀點，深刻揭示了唐代宦官權力的本質及其限度，亦為後世的研究者提供了重要的分析視角。

第十一章 唐憲宗——曇花一現的中興之治

第十二章
唐文宗——
腥風血雨中的甘露之變

第一節　宦官爭權

縱觀中國歷史，宦官擅權的現象在東漢、唐朝和明朝尤為嚴重，而唐朝的獨特之處在於宦官竟能左右天子的廢立。

自唐穆宗即位以來，唐代後期的九位皇帝中，穆宗、文宗、武宗、宣宗、懿宗、僖宗和昭宗共七位皆為宦官擁立，僅敬宗（西元825年～826年在位）由穆宗冊立，而末代皇帝哀帝（西元904年～907年在位）則為藩鎮朱溫所立。唐朝在哀帝登基後僅存四年便告滅亡。由此可見，唐朝後期八十年間，皇帝的命運多掌握在宦官手中。

從唐穆宗開始，宦官在唐朝政權中的地位愈加穩固，皇權逐漸被架空。時任宦官梁守謙、王守澄等人把持朝政，穆宗淪為傀儡皇帝。穆宗本人貪圖享樂，醉心於奢侈放縱的生活，鮮有理政之意。他迷信方士，幻想長生不老，最終因服用所謂的

第十二章　唐文宗—腥風血雨中的甘露之變

「長生不老藥」中毒身亡，僅在位三年。其死後，太子李湛繼位，是為唐敬宗。

唐敬宗雖由穆宗冊立為太子，但其即位時年僅十五歲，性情浮躁，整日沉迷於遊樂之中，甚至荒唐地設立了「擊球將軍」這一離奇官職。敬宗性格暴戾，刻薄寡恩，稍有不滿便遷怒左右，因而眾人怨聲載道。某夜，敬宗狩獵夜狐歸來，與宦官劉克明、擊球將軍蘇佐明等二十八人在宮中飲酒作樂。酒酣之際，敬宗入室更衣，殿內燭火忽然熄滅，劉克明等人趁機將其殺害。敬宗在位不足三年，年僅十八歲便命喪非命。

敬宗被弒後，劉克明與蘇佐明偽造詔書，立憲宗之子絳王李悟為帝。宦官擅立皇帝之舉，已成朝中司空見慣之事，群臣皆不以為異。然劉克明等人欲進一步削弱其他宦官的權力，此舉觸怒了內樞密使王守澄、楊承和及神策軍左右護軍中尉魏從簡、梁守謙。此四人為唐末的「四貴」，均為宦官中的權勢巨擘。

王守澄等人聯合調動禁軍，策動宮廷政變，誅殺劉克明、蘇佐明等叛黨，並將絳王李悟處死。隨後，他們迎立穆宗之子江王李涵入宮繼位，得到三朝元老裴度等大臣的支持。李涵即位後，改名為李昂，是為唐文宗。

文宗的登基過程頗為講究。由於無先帝遺詔，宦官王守澄一時躊躇，後在翰林學士韋處厚的建議下，依次實施了三步策略：首先，以江王李涵的名義宣布平定叛亂，彰顯其「有功於國家」；其次，群臣多次上表勸進，顯示其「深得人心」；最後，以

第一節　宦官爭權

太皇太后的名義頒布冊文，宣布其為合法繼承人。

最終，文宗於寶曆二年十二月十日身著素服在紫宸殿外會見群臣，十二日於宣政殿正式即位，十三日「成衣」，穿上皇帝禮服，次日親政。十五日，文宗尊其生母蕭氏為皇太后（穆宗貞獻皇后）。

文宗繼位後，意圖崇樹外戚，然其生母蕭氏出身福建，早年隨父母入京，雙親故去，僅有一位弟弟，但早已失去聯繫。文宗曾命福建地方官員追尋舅舅下落，期間有三人自稱為其舅，甚至有人獲封厚賜，然皆為冒名頂替之徒，真正的舅舅始終未能尋得。據傳，自元和、長慶年間起，兩京百姓街巷問候時常以「合是阿舅」為口頭禪，此事與文宗尋舅的經歷不謀而合。

文宗即位後，其生母蕭氏被尊為皇太后，居於大內；穆宗之母郭氏（文宗祖母）被尊為懿安太皇太后，居於興慶宮；敬宗之母王氏被尊為寶曆皇太后，居於義安殿，故三宮並立，號為「三宮太后」。文宗每五日一問安，逢年過節亦親自謁見三宮，禮數周全。尤其對祖母郭氏，因其有「擁立之功」，文宗更是禮敬有加，常由城內複道至南內興慶宮探望，群臣及命婦也隨之至宮門問安。

起初，有司為三宮獻上四季新果，稱之為「賜」，文宗認為「賜」字不妥，親自將其改為「奉」，以示敬意。太和五年，在宰相建議下，為區別懿安太皇太后與寶曆皇太后，文宗將寶曆皇

第十二章　唐文宗—腥風血雨中的甘露之變

太后改稱「義安太后」，以其所居之宮命名。開成年間元宵節，文宗在咸泰殿設燈會，與三宮太后共度佳節，文宗率同諸王、公主等在咸泰殿上燈，亮如白晝，迎來三宮太后，為她們奉觴進壽，一如家人之禮。

唐文宗在位期間的行為舉止，與其兄敬宗形成了鮮明的對比。文宗秉持勤政之道，聽政不懈，與敬宗每月二、三次上朝不同，文宗堅持每逢單日必上朝。每次上朝時間較長，軍國大事無不涉及。從朝廷用人到國庫儲備，從各地災情到水利興修，文宗均予以過問。從大政方針的制定到具體政策的落實，他都與宰相大臣們深入討論、反覆研究。為確保政務的連貫性，他要求將節假日和輟朝時間盡量安排在雙日，以不妨礙單日的上朝安排。

為強化諫官的作用，太和九年（西元835年）十二月，文宗下令鑄造「諫院之印」，從而結束了諫官進奏表章需借用其他部門印信的局面，避免了奏事洩密的風險。

在生活作風上，文宗崇尚節儉，身體力行。他上任伊始，便下令遣散多餘的宮女和太常音聲人，停止各地的額外進獻和奇珍異物的上供，五坊的鷂鷹之戲及遊獵活動也被悉數廢止。

文宗的飲食從不奢靡，尤其在各地災荒頻發之際，他更是帶頭減少膳食。每年十月十日為他的生日，稱為「慶成節」，但他下令禁止宰殺豬牛，僅允許食用瓜果蔬菜，並特意詔令京兆尹暫停在城南曲江池為百官設宴慶賀，也不準在宮中為其祝壽。

第一節　宦官爭權

文宗對臣下的衣著也有嚴格要求，反對奢華之風。一位駙馬因戴了昂貴的頭巾受到文宗的批評，而另一位公主在宴會上穿著超過規定的華麗衣裙，文宗則下令扣除駙馬兩個月的俸祿以示懲戒。

一次，一位官員身著桂管布衣見駕，桂管布是一種產自桂林地區的木棉布，質地較厚，雖不及綾羅綢緞華麗，但樸素大方。文宗見其樸素的衣著，認定此人清廉正直，並親自仿製了一件桂管布衣服。此舉引發文武百官競相仿效，導致市場上桂管布的價格迅速上漲。

文宗的節儉甚至體現在日常穿著上，有一次，他對臣下感慨道：「我這件衣服已經洗了三次了。」眾臣紛紛稱頌皇帝的節儉之德，唯獨翰林學士兼侍書的柳公權直言進諫，認為皇帝身為天下之主，應以選賢任能、實現天下太平為要務，至於穿著洗過的衣物，只是生活細節。然而，史書仍高度評價文宗的這一美德，稱他「恭儉儒雅，出於自然」。

文宗在文化修養方面亦堪稱一代儒君。他不喜音樂歌舞，不近女色，閒暇時則潛心讀書。文宗曾言：「若不能在甲夜（初更）親自處理政事，在乙夜二更觀覽圖書，如何能稱為人間之君？」

因此，文宗每當退朝處理完政務，便手不釋卷。他博覽群書，學識廣博，常就經書詩賦中的名物向大臣們提問，宰相時常被他問住，無法作答。

第十二章　唐文宗——腥風血雨中的甘露之變

不僅如此,他對當代詩文亦頗為熟稔。一次,他在內殿賞花,問身邊隨侍:「當下京城裡流傳的牡丹詩,哪一首最佳?」有人提到前朝劉禹錫的「唯有牡丹真國色,花開時節動京師」,但隨臣則稱讚中書舍人李正封的「國色朝酣酒,天香夜染衣」更為出色,文宗聽後深表讚賞。

文宗尤喜讀史,對歷史上的賢君良臣心懷仰慕,尤其推崇《貞觀政要》。因敬佩魏徵的諫臣風範,他下詔尋訪魏徵的後人,最終找到魏徵的五世孫魏謩,並任命其為右拾遺,成為可以向皇帝進諫的言官。

文宗還喜歡與學識淵博的大臣切磋學問,常召集柳公權等人入宮,討論經義,品評文章。柳公權常常夜談至深夜,蠟燭燃盡而不自知。二人曾留下「人皆苦炎熱,我愛夏日長。薰風自南來,殿閣生微涼」的聯句,至今為人稱道。

老臣裴度在見到文宗勤政愛民、節儉自律的表現後,感慨萬分,熱淚盈眶地對人說道:「天下可以太平了,天下可以太平了。」

第二節　謀除宦官

自唐德宗以來,宦官掌控禁軍逐漸成為制度化的現象。至唐文宗時期,由於文宗係宦官擁立,其權勢進一步膨脹,欲根

第二節　謀除宦官

除宦官勢力實屬不易。當時，南司（朝廷官員）與北司（宦官）的鬥爭已逐漸公開化。儘管文宗表面上對宦官示以恩寵，內心卻充滿戒備與不安，尤其對王守澄這一擁立其登基的宦官更是心存芥蒂。原因在於，王守澄正是殺害文宗祖父憲宗的元凶，文宗對此難以釋懷，深感自身安全堪憂，因而企圖藉助朝臣之力對抗宦官勢力。

作為一國之君，單憑自身的克制顯然不足以成就大業，唯有遠離小人，啟用賢良之才治理國家，方能立於不敗之地。

太和二年（西元 828 年）三月，唐文宗頒布詔令，舉行「制舉」考試，以賢良方正、直言極諫為選拔標準。來自幽州昌平（今北京）的進士劉蕡應試，在策問中他直言不諱地抨擊宦官的專權，提出文宗應屏退宦官，將朝政交還宰相，兵權則應歸還將帥。這一對策博得了主考官的讚賞，然而，由於畏懼宦官的報復，考官不敢錄取劉蕡，致使同場應試的二十二人均高中，唯獨劉蕡落榜。

劉蕡的才名遠播，考場內外皆知其為人中翹楚，因一席忠言而遭貶斥，眾人紛紛為其鳴不平。更有中選的舉子感慨道：「劉蕡未能中榜，我們卻僥倖得中，真是令人羞愧難當。」

在對抗宦官的鬥爭中，文宗曾起用宋申錫為宰相，並與之密謀除宦。但事洩不密，計畫被宦官王守澄的親信鄭注得知，隨即上報王守澄。王守澄遂誣告宋申錫密謀立漳王李湊為帝。文宗雖半信半疑，但因憂慮自身安危，最終將宋申錫貶為開州司馬。

第十二章　唐文宗—腥風血雨中的甘露之變

鄭注是一位頗具傳奇色彩的人物。其貌不揚，身材短小，雙目下視，難以遠望，但卻「敏悟過人，博通典藝」，在棋藝、醫學、卜算等領域均技藝超群，且「人見之者，無不歡然」。早年間，他以行醫為生，足跡遍布天下。機緣巧合之下，襄陽節度使李愬罹患痿病，鄭注以偏方為其治癒，李愬大為感激，將其引入麾下，任節度衙推。鄭注遂得以涉足軍政事務，逐步受到李愬的重用，此事也引發了部分人的非議，認為鄭注僅憑醫術之長便得厚遇，儼然有「專作威福」之勢。

當時，宦官王守澄以監軍身分駐守襄陽，得知李愬倚重鄭注，便生不滿之意，欲將其逐出幕府。李愬力排眾議，向王守澄推薦道：「鄭注實為天下奇才。將軍可親自一見，若不合將軍之意，再逐不遲。」

隨後，李愬請鄭注面見王守澄。最初，王守澄不以為意，覺得與鄭注對談有失身分。未料，鄭注一開口便「機辯縱橫」，令王守澄刮目相看，當即將他請入內室，二人促膝長談，情投意合，恨相見之晚。次日，王守澄對李愬稱讚道：「果如所言，鄭注確是天下奇士。」此後，鄭注頻繁出入王守澄門下，二人關係日益親密，王守澄更將其視作心腹。

元和十五年（西元820年），王守澄奉調回京，擔任樞密使。鄭注也隨之入京，憑藉與王守澄的關係步入朝堂。其後，王守澄與宦官陳弘志因爭權奪利，密謀弒殺憲宗，立李恆為帝，即唐穆宗。王守澄因擅立新君，躋身樞密要職，而鄭注也

第二節　謀除宦官

藉此機會被引入禁中，權勢愈加顯赫，「達僚權臣，爭湊其門」。

唐文宗即位後，王守澄因擁戴之功被封為驃騎大將軍，擔任右軍中尉，權勢傾天。鄭注依仗王守澄的權勢，地位節節攀升，炙手可熱。侍御史李款不滿鄭注仰仗王守澄橫行無忌，遂上疏彈劾鄭注。為護鄭注，王守澄將其藏匿於其所統的禁軍右軍之中。

左軍中尉韋元素與樞密使楊承和、王踐言素與王守澄不和，因而亦憎惡鄭注。左軍將領李弘楚與韋元素密謀，以中尉患病為由召鄭注來診治，計劃趁機擒殺鄭注。

計畫執行業日，鄭注雖察覺不妙，仍依期赴約。抵達後，他妙語連珠，口若懸河，令韋元素深為折服，「不覺執手款曲，諦聽忘倦」。李弘楚屢次示意韋元素按計畫行事，韋元素卻全然不為所動，反而為鄭注的風采所傾倒，不僅未加以迫害，反而贈予大批金帛，恭送鄭注離去。此事昭示了鄭注的機變巧智和非凡魅力，也使其聲望更為隆盛。

此後，在王守澄的斡旋下，宰相王涯扣押了李款的奏疏，甚至進一步任命鄭注為侍御史，兼任右神策判官，助其權勢更上層樓。

不久之後，唐文宗突然罹患重病，言語失能，御醫們雖多方診治，仍未見療效。此時，王守澄引薦了一位江湖醫者鄭注為文宗治病。鄭注所配之藥服用後，效果顯著，令文宗深感驚奇，對其大加稱讚。自此，鄭注便深受文宗寵信，甚至被任命

第十二章 唐文宗—腥風血雨中的甘露之變

為太僕卿,兼任御史大夫。

鄭注雖出身草莽,但得任要職後卻不計前嫌,舉薦曾彈劾過自己的李款繼任其原職。

當時,李宗閔正擔任宰相,然而鄭注對其頗為不滿。李宗閔的宰相之位來路不正,早年他任吏部侍郎時,依仗女學士宋若憲及樞密使楊承和的助力,方才躋身宰輔之列。此時,京兆尹楊虞卿因罪入御史臺獄,李宗閔極力營救,文宗對此深感不悅,認為李宗閔與楊虞卿朋比為奸,於是將其貶為明州刺史,不久又再貶為處州長史。

正是在這期間,鄭注向文宗揭發李宗閔與宋若憲、楊承和之間的私相勾結,同時也檢舉了不和王守澄的宦官楊承和、韋元素及宋若憲的黨羽。

文宗震怒,「姻黨坐貶者十餘人」,一眾相關人員皆被貶黜。因功受賞,鄭注被擢升為工部尚書,兼任翰林學士,從此得以出入禁中,成為文宗倚重的親信之臣。世人萬萬未曾料到,這位王守澄的得力心腹,後來竟會成為震驚朝野的「甘露之變」中的關鍵人物。

在文宗與宋申錫合謀除宦官失敗後,皇帝的權威受制於宦官勢力,行動處處受限。文宗本意依靠朝臣清除宦官,但朝臣之間各自為政,內鬥不斷。對此,文宗不勝感慨,曾哀嘆道:「去河北賊易,去朝中朋黨難。」然而,文宗並未徹底絕望,依舊暗中物色可倚重之人。

第二節　謀除宦官

　　某日，文宗在讀《春秋》，讀至「閽弒吳子餘祭」一節時，特意詢問身邊的翰林侍講學士許康佐：「閽為何人？」許康佐深知宦官勢力的威脅，不敢直言應對。後來得知文宗欲除宦官的用意，心生恐懼，擔憂惹禍上身，遂託病辭職，改任兵部侍郎。

　　與許康佐相似，當時的大多數朝臣皆是「奉祿求安，求死士難得」，心懷畏懼，明哲保身，鮮有人敢應和文宗的除宦之謀。作為一國之君，身邊竟無一人可共患難，文宗的鬱結不言而喻。

　　正是在此時，李訓進入了文宗的視線。李訓，字子垂，原名仲言，後改名為訓，出身於名門望族，乃唐肅宗時宰相李揆的族孫。李訓儀表俊美，風采不凡，「儀狀秀偉，倜儻尚氣（出自《資治通鑑》）」，且「頗工文辭，有口辯，多權數」，為人機變靈活，才智過人。李訓中進士科後，擔任過一段時間的太學助教，後來出任河陽節度府的幕僚。然而，他的仕途卻因「武昭案」一度受挫。

　　寶曆元年（西元825年），李訓的從父李逢吉擔任宰相，與另一宰相李程勢不兩立。當時，石州刺史武昭遭貶，李程乘機挑撥離間，派人告訴武昭，聲稱本欲為他謀取官職，卻被李逢吉從中阻撓。武昭信以為真，怒火中燒，私下向左金吾兵曹茅匯訴苦，揚言欲刺殺李逢吉。不料，此話被人告發，武昭因「謀逆」罪名被捕入獄，受到嚴懲。

　　事情到此原本應已告一段落，即便武昭對李逢吉仍懷有深仇大恨，也難以再掀起風浪。然而，李訓卻在此時出面。他看

第十二章　唐文宗—腥風血雨中的甘露之變

準了機會，決定協助父輩李逢吉打擊對手李程。於是，李訓前往見曹茅彙，試圖讓其指證武昭與宰相李程有勾結。然而，李訓的計畫未能成功。最終，武昭被杖殺，而李訓則被流放至象州（今廣西象州東北）。從此事件可以看出，李訓行事風格急功近利，正是這種作派導致了他後來在甘露之變中的失敗。

　　文宗即位後，大赦天下，李訓也因而獲赦北歸。當他得知朝廷大權盡落宦官王守澄之手，而王守澄又對鄭注寵信有加時，不禁感嘆道：「如今掌握權力的人，竟然是如此不堪之輩。我聽說鄭注是位優秀之人，可以與他共事。」於是，李訓備上厚禮拜訪鄭注，實際意圖是投靠其門下。二人皆善辯論，一見如故。鄭注不僅將李訓引薦給王守澄，還向文宗推薦。文宗見李訓儀表不凡，口才出眾，又善於權謀，對他十分賞識，認為其為奇才，對其的禮遇也日益加深。

　　當時的宰相李德裕認為李訓是個小人（指武昭一事），不應重用。然而，文宗卻表示：「人非聖賢，孰能無過？只要改過便好。」他不顧宰相的反對，任命李訓為翰林侍講學士。文宗甚至將剷除宦官的密謀告知李訓和鄭注。此時，李訓已官至翰林學士、禮部侍郎同平章事，鄭注則任翰林大學士、工部尚書。二人均表態願為文宗效力，積極獻計獻策。可想而知，這無疑帶給了文宗極大的鼓舞。

　　由於李訓和鄭注皆由王守澄推薦，尤其鄭注還是其心腹，此舉並未引發外界任何懷疑。

第二節　謀除宦官

需要特別提及的是鄭注。他一直以王守澄心腹的形象示人，尤其在宋申錫事件中，正是他向王守澄揭發了宋申錫的密謀，從而使文宗精心策劃的計畫功敗垂成。那麼，為何此時他卻突然支持文宗？鄭注身居高位，已經權傾朝野，為何要倒向處於劣勢的文宗？

從其幾番化險為夷的經歷來看，鄭注無疑是個深諳時務、通曉大局的聰明人。這一變化只能說明，鄭注倒向文宗是為了謀求更大的利益。而李訓無疑是典型的投機分子。二人皆能為常人所不為，因而在看到協助皇帝成功後可能獲得的巨大利益時，他們都甘願效力。

李訓任宰相後，迅速展開了一系列措施。他首先整頓吏治，清除朝中的朋黨爭鬥。李宗閔和李德裕等水火不容的兩派首領均被貶離朝廷，同時他大力提拔「新進孤立無黨之士」。

在對待宦官的策略上，李訓巧妙利用宦官之間的矛盾進行分化瓦解。他先擢升長期被王守澄壓制的宦官仇士良為中尉，削弱王守澄的勢力；隨後，將王守澄所厭惡的宦官盡數貶至外地。實際上，作為同類，王守澄因害怕分權而鮮少喜愛其他宦官。而那些與王守澄有仇的韋元素、楊承和等實力派宦官則被處死，這不僅令王守澄對李訓心生好感，還進一步鞏固了其地位。

第十二章　唐文宗—腥風血雨中的甘露之變

第三節　甘露之變

當時天下流言四起，紛傳唐憲宗被宦官陳弘志所害，唐文宗因此對陳弘志恨之入骨。當時陳弘志擔任山南東道監軍，李訓以文宗名義將其召至青泥驛，命杖擊而死，以解文宗積怨。此事之後，文宗對李訓更加倚重。經過一系列精心策劃，李訓成功孤立了大權在握的宦官首領王守澄。

李訓見時機成熟，便說服文宗逼迫王守澄飲毒酒自盡。這個曾經不可一世、令人畏懼的大宦官便這樣輕而易舉地被除掉了。此舉使李訓威望大增，每次覲見皇帝，他都以宰相禮儀行事，而皇帝也默許。宦官對他無不敬畏，氣焰因此大為收斂。從此，宦官的權勢日漸衰微。隨後，李訓與鄭注密謀，計劃徹底剷除宦官。

由於宦官掌控兵權，二人決定必須先掌握一定的軍事力量方能行動。於是，李訓讓鄭注出任鳳翔節度使，以掌控軍隊作為外援。二人商定，待王守澄葬禮之日，命宦官中尉以下者集中於滻水送葬，由鄭注率親兵將其一網打盡，務必不留活口。

這一計畫原本成功的可能性極高。然而，李訓在關鍵時刻顯露出其投機心理。他認為此舉是開天闢地的壯舉，功勞不可分與他人，遂擅自改變計畫，未通知鄭注。李訓與宰相舒元輿、金吾將軍韓約等人另行謀劃。

第三節　甘露之變

　　大和九年（西元 835 年）十一月二十一日，文宗在紫辰殿上朝，文武百官各按班次而立。金吾將軍韓約奏稱金吾左仗院內一株石榴樹夜降甘露，乃祥瑞之兆。文宗事先知曉計畫，故作驚訝之狀，派遣左、右軍中尉及樞密內臣仇士良、魚弘志等宦官前往檢視。

　　宦官離開後，李訓立即調兵遣將，準備誅殺宦官。然而，當仇士良等人到達左仗院時，發現韓約神色慌張，舉止異常，甚至在寒冬臘月裡汗流浹背，心中頓生疑竇。恰逢一陣風吹動帷幕，露出帷內藏兵之象。仇士良等頓時警覺，察覺事變，倉皇逃回。

　　仇士良等逃至殿上，挾持文宗退入宮內。此時，金吾兵已占據含元殿，李訓指揮金吾兵護駕，並高聲呼喊：「凡衛乘輿者，賞錢百萬！」金吾兵隨即響應。仇士良見情勢危急，急忙打開殿後小門，挾持文宗抄小路入內。李訓緊追不捨，攀住文宗乘輿不放，與仇士良撕扯間跌倒在地。李訓欲用靴中藏刀刺殺仇士良，卻未成功，反被宦官救起的仇士良再度挾持文宗。

　　此時，京兆少尹羅立言率領三百餘名京兆邏卒從東路趕來，御史中丞李孝本帶領二百餘名御史臺從人從西路殺至，兩方會同金吾兵，合力擊殺宦官數十人。然而，李訓仍未放棄，一路抓住文宗乘輿拖行至宣政門，被宦官郗志榮擊倒在地。文宗趁機進入東上閣，宦官迅速關閉閣門，搏鬥由此結束。

　　李訓眼見局勢無法挽回，便脫下紫色官服，換上從吏所穿

第十二章　唐文宗—腥風血雨中的甘露之變

的綠色衣衫，騎馬出城。在途中，他一邊行走一邊高聲喊道：「我何罪之有，竟被貶謫？」如此偽裝，使人對其身分未生疑心，也未加阻攔。

與此同時，仇士良率領宦官與禁軍千餘人，對京城中的公卿百官以及士卒發動了一場慘絕人寰的屠殺。中書、門下兩省的官員及未能逃離的金吾衛士卒共六百餘人慘遭殺害，皇宮內更是血流成河，屍橫遍地，帷幕、器物悉數毀壞，諸司印信與文書圖籍盡數散失。宰相舒元輿等人也被逮捕入獄，遭受嚴刑拷打，被逼承認謀反罪名。李訓的家產被洗劫一空，京城內的無賴之徒趁機搶掠，長安城雞犬不寧，一片混亂。這場變故，史稱「甘露之變」。

李訓逃離長安後，投奔終南山的僧人宗密。宗密因與李訓相識，欲為其剃度出家，然而眾僧徒極力反對。李訓無奈，只得離開山寺，欲前往鳳翔，但在途中被盩屋鎮遏使宗楚擒獲，押解至京城。當押送至昆明池時，李訓害怕被送至神策軍後遭受酷刑，再次施展其三寸不爛之舌，成功說服押送者直接斬下其首級，將首級送往神策軍。隨後，甘露之變牽連甚廣，宰相王涯等與此事毫無關係者亦被處死，遇難者達數千人。

在長安城腥風血雨之際，鄭注正帶領親兵按計畫行動。行至扶風縣境內，聽聞李訓已然失敗，鄭注立刻返回鳳翔。面對大勢已去的局面，鄭注明知前路艱險，卻未選擇逃亡。他不僅未逃，反而在家中靜候，表現出異乎尋常的冷靜。

第三節　甘露之變

仇士良控制局勢後,迅速下密敕命鳳翔監軍張仲清將鄭注及其親信盡數誅殺。張仲清雖為宦官,但因京師大變,內心惶恐不安。押衙李叔和獻計,以召鄭注議事為名,將其誘來設伏而殺之,張仲清依計行事。

鄭注深諳局勢,不可能不明白這是鴻門宴。然而,他非但沒有拒絕邀請,反而欣然赴宴。且當李叔和要求其將親兵留在門外時,他亦照辦。這一行為表明,鄭注希望透過與張仲清講和,以爭取一線生機。他原本便是江湖中人,如賭徒般,願意孤注一擲,再博一次命運的轉機。

鄭注進入後,恭順地向張仲清行禮。張仲清也以禮相待,命人奉茶待客。這一表面上的和氣使鄭注燃起希望,他接過茶杯,準備飲下一口便展開辯才。然而,茶杯尚未放下,其身後的李叔和便抽刀將其斬殺。

鄭注臨死前,或許內心充滿壯志未酬的悲哀。他的一生歷經風浪,本以投靠宦官起家,此次鋌而走險,本意透過誅殺宦官贏得更高的權位,豈料最終仍未能跨過命運的最後一道關口。

更令人唏噓的是,鄭注的死並未平息這場血雨腥風。他的親兵悉數被殺,全家老幼無一倖免,甚至連其親信幕僚——節度副使錢可復、節度判官盧簡能、觀察判官蕭傑、掌書記盧弘茂等也全部遇難。整場屠殺,死者千餘人。

至此,李訓與鄭注這兩位在歷史上頗具傳奇色彩的人物,以慘烈的方式謝幕。他們的失敗不僅埋葬了無數生命,也徹底

第十二章　唐文宗—腥風血雨中的甘露之變

摧毀了唐文宗剷除宦官的雄心壯志。這段歷史，成為後世深刻的教訓與警示。

第四節　無奈退讓

甘露之變後，宦官的權勢愈加囂張，仇士良視唐文宗如同傀儡，朝廷的大權完全歸於北司。《資治通鑑》記載：「自是天下事皆決於北司，宰相行文書而已。宦官氣益盛，迫脅天子，下視宰相，陵暴朝士如草芥。」

次年，昭義節度使劉從諫上表彈劾仇士良等人的罪行，宦官才稍有收斂，南司才得以部分恢復職權。然而，宰相李石為人剛直忠正，常當面指責仇士良，仇士良對此心懷怨恨。

開成三年（西元 838 年）正月，李石在早朝途中遭遇刺殺。刺客突然襲擊，射傷了李石，隨從驚慌逃散。李石所騎之馬受驚後，卻憑靈性疾奔回李府。途中再遭刺客伏擊，雖險些被刀所傷，僅折斷馬尾，李石僥倖生還。然而，因自覺人身安全無法保障，李石不得不上書稱病辭去相位。

文宗雖明知其辭職是因畏懼宦官的威脅，卻無計可施，只得同意其出任荊南節度使。

李石出鎮荊南後，仇士良更加肆無忌憚。文宗被宦官嚴密監視，政治作為完全受限，轉而以飲酒賦詩排解憂鬱。有一

第四節　無奈退讓

次,文宗問大臣周墀,他可與哪位前代君主相比。周墀諂媚奉承道:「陛下可比堯舜。」文宗尚有自知之明,感慨道自己受制於宦官,比周赧王和漢獻帝還不如,言罷潸然淚下。因鬱鬱寡歡,他最終染病不起,自此不復上朝。

當時,青年詩人李商隱有感於甘露之變,寫下〈重有感〉一詩,以呼籲剷除宦官勢力,表現出極大的勇氣:

「玉帳牙旗得上游,安危須共主君憂。竇融表已來關右,陶侃軍宜次石頭。豈有蛟龍愁失水?更無鷹隼擊高秋!晝號夜哭兼幽顯,早晚星關雪涕收。」

甘露之變後五年,文宗病重,詔令太子監國。然而,仇士良得知後竟擅闖宮中,聲稱太子年幼多病,提議另立繼承人。在其強權壓制下,太子被降封為陳王,文宗之弟李炎被立為皇太弟。

文宗鬱鬱而終,年僅三十二歲,在位十四年。仇士良隨後擁立李炎即位,是為唐武宗。

仇士良歷經六朝,專權二十餘年,史稱「挾帝有術」。然而,其結局並不美滿。唐武宗亦不滿其專權,仇士良察覺後主動請辭歸鄉,武宗順勢應允。不久,仇士良病故。其死後,有人檢舉其家中私藏兵器,朝廷搜查時發現多達數千件。憤怒的武宗剝奪其爵位,並沒收其全部家產。相傳,其財產多達三十車,運送超過一個月才完成。

第十二章　唐文宗—腥風血雨中的甘露之變

　　歷史評價文宗曰：「有帝王之道，而無帝王之才。」雖勤勉治政，卻缺乏實質治國能力。在位十四年間（西元 827 年～840 年），朝政大事主要集中於兩方面：一是牛僧儒與李德裕為首的朋黨之爭，史稱「牛李黨爭」；二是宦官權勢日益膨脹。文宗雖深知宦官專權之害，曾試圖削弱其勢力，但因性格柔弱未能成功。地方節度使如魏博等也日漸驕橫，正士疏遠，而權宦小人屢屢得勢，最終令唐朝陷入更深的危機。

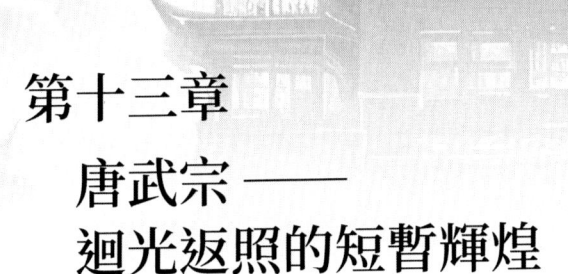

第十三章
唐武宗──
迴光返照的短暫輝煌

第一節　戲劇登基

　　唐文宗即位後，曾一度有意立其長兄敬宗之子晉王李普為太子。然而，晉王李普年僅五歲便在太和二年（西元 828 年）六月夭折，文宗追封其為皇太子。直到太和六年十月，文宗才正式立自己的兒子魯王李永為太子，並於次年八月舉行冊立禮。然而，文宗的楊妃對太子李永極為不滿，多次謀求廢黜，但因朝廷阻力過大未能得逞。

　　開成三年（西元 838 年）十月，太子李永暴斃，使廢黜之事不了了之。太子的突然離世令文宗悲痛不已，感嘆自己身為天子卻無法保全兒子的性命。他追封李永為「莊恪太子」，並遷怒於太子身邊的宮人。從此，文宗鬱鬱寡歡，最終染病。

　　開成四年十月，楊妃提出立文宗之弟安王李溶為太子的建議，但文宗未予採納，而是選擇了敬宗的第六子陳王李成美

第十三章　唐武宗—迴光返照的短暫輝煌

為太子。然而，還未等到正式的冊立禮舉行，文宗便因病一蹶不振。

開成五年正月初二，文宗祕密頒布旨意，命樞密使劉弘逸與宰相李珏等人輔佐太子監國。然而，神策軍左右護軍中尉仇士良與魚弘志為謀取擁立之功，以太子年幼多病、不堪重任為由，提議另立太子。儘管宰相李珏據理力爭，卻無法阻止掌控神策軍的仇士良與魚弘志。他們假傳聖旨，將文宗五弟穎王李瀍立為皇太弟，並從十六宅迎入宮中。陳王李成美則被降為藩王，退居府邸。

文宗駕崩後，穎王李瀍在靈柩前即位，即唐武宗。武宗即位後，追封已故生母韋氏為皇太后。

關於唐武宗李瀍即位的過程，還有一則頗為有趣的記載。據史書記載，作為唐文宗的五弟，李瀍原本只是一個普通的王爺，與皇位可謂遙不可及。在27歲之前，他一向以謹慎自守為本分，兢兢業業地扮演著王爺的角色。皇位在其父穆宗、兄長敬宗和文宗之間輪轉，而他則一心沉醉於騎馬遊樂、求仙煉丹，過著悠閒自得的生活。

然而，歷史卻因偶然的錯誤發生了戲劇性的轉折，而這一轉折與他最寵愛的妓女息息相關。據《唐闕史》記載，這位妓女姓王，不僅貌美如花，而且才藝雙絕。李瀍在邯鄲遊樂時結識了她，當即為其贖身，並帶回府中成婚。婚後，二人感情深厚，即使後來李瀍登基為帝，這份感情也未曾改變。

第一節　戲劇登基

當年，安王李溶和潁王李瀍均居住在長安城西北的「十六宅」。這區域域是親王們的居所，殿宇華麗，飛簷相接，獨成坊區。當仇士良派出的神策軍到達十六宅時，卻未明確接迎哪位親王。消息傳回宮中，仇士良迅速派人前往，但這名親信抵達潁王府門口後，因慌亂竟只喊了一句：「迎接大的！迎接大的！」其意是指年長的安王李溶。然而，府中的神策軍士兵對此依然迷惑不解。

此時，安王與潁王都在府中聽聞外面的喧譁，但因局勢未明，皆不敢輕舉妄動。千鈞一髮之際，潁王李瀍的妻子王氏臨危不亂，走出府邸，用清麗的嗓音上演了唐朝歷史上最為成功的一次即興說辭。她鎮定地向軍士說道：「你們所說的『大的』正是潁王殿下。潁王身材魁梧，當今皇帝亦稱他為『大王』。潁王與仇中尉素有生死之交，此等大事，務必謹慎，否則滿門抄斬！」言罷，她轉身將躲在屏風後的李瀍推了出來。果然，李瀍高大魁偉，與她的描述完全吻合。

神策軍士兵信以為真，當即護送潁王入宮。仇士良見狀，惱怒不已，卻已無法挽回，只得將錯就錯，擁立潁王李瀍為皇太弟。幾天後，文宗病逝，李瀍正式即位，成為唐武宗。

第十三章　唐武宗—迴光返照的短暫輝煌

第二節　會昌中興

唐武宗即位後，宦官仇士良越發跋扈，對武宗的言行指手畫腳。無論武宗寵信的對象是樂工還是內侍，仇士良皆予以誅殺或貶黜。然而，武宗並未甘心屈服於宦官的操控。儘管仇士良有擁立之功，武宗內心對其頗為厭惡，表面上卻對其尊崇有加。

登基初期，武宗表現得順從，甚至在仇士良的脅迫下，對文宗的妃子楊氏、陳王李成美及安王李溶等潛在政治對手展開屠殺。然而，這只是權宜之計。

武宗表面上依舊延續著縱情享樂的生活方式。他常帶著寵愛的王美人出宮至教坊飲酒作樂，與樂人相戲。然而，與敬宗沉迷其中不同，武宗始終保持清醒，未因此荒廢國事。他慧眼識人，將文宗時被貶謫的原宰相李德裕重新召回並任命為宰相，使其得以施展才華。李德裕才識過人，明辨大是大非，深得武宗倚重，君臣二人合作無間，唐朝一時煥發新機。

仇士良察覺到武宗對自己的疏遠，妄圖透過鼓動禁軍叛亂以奪回權勢。

會昌二年（西元 842 年）四月，仇士良謊稱宰相擬定的赦令削減禁軍的糧餉，從而煽動禁軍譁變，並圍攻李德裕。李德裕迅速面見武宗，武宗隨即派使者告諭神策軍，嚴斥其妄動行為。最終，危機得以平息，而仇士良的圖謀失敗，自此惶惶不可終日。

第二節　會昌中興

會昌三年（西元843年）四月，仇士良以年老多病為由請求退居閒職，武宗准許其以左衛將軍兼內侍監的身分知省事。

同年六月，仇士良正式致仕，不久後病故。翌年六月，有人於仇士良宅中發現其私藏數千件兵器，加之其以往罪行，武宗下令追削其生前所授官爵，沒收家產。仇士良憑藉操控禁軍的權力，掌控朝政二十餘年，利用皇權衰弱之機玩弄權術，其臨終前留下遺言告誡宦官群體：「天子不可令閒，宜以奢靡娛其耳目，使其無暇他顧，方能保我輩之權勢。慎勿使之讀書或親近儒生，若其了解前代興亡，便會心生憂懼，吾輩將遭疏斥。」此語道出了宦官專權的核心手段。

在武宗統治期間，其任用李德裕等賢臣，平定了河東澤潞節度使劉稹的叛亂，此為其廣受讚譽的政績之一。然而，自憲宗元和時期延續下來的朋黨之爭依舊激烈。在穆宗、敬宗、文宗及武宗四朝，逐步形成了以牛僧孺為首的牛黨和以李德裕為首的李黨兩大派系。牛黨成員重視進士出身，李黨成員則注重門第之別。兩派在議政時常相互攻訐，意氣用事，進一步加劇了唐朝的政治危機。

李德裕主張對藩鎮進行武力討伐，並加強邊境防守，其政策為朝廷注入了新的活力。同時，他在武宗面前為牛黨成員楊嗣復、李珏求情，展現了其寬容與政治魅力。然而，隨著武宗駕崩，李德裕在宣宗時期被貶至崖州今海南瓊山（今海南瓊山），最終客死他鄉。

第十三章 唐武宗—迴光返照的短暫輝煌

這場歷時四十年的黨爭以李德裕的悲劇性結局告終。其後人哀嘆道:「八百孤寒齊下淚,一時回首望崖州。」

第三節 滅佛行動

唐武宗在中國佛教史上留下了深遠的影響,其發動的滅佛運動是歷史上四次大規模滅佛事件之一。其他三次分別是北魏太武帝、北周武帝以及後周世宗時期的滅佛行動,而唐武宗的滅佛則是唯一在國家統一時期、全國範圍內展開的事件,其影響力遠遠超過其他三次。

佛教自西漢末年傳入中國後,其傳播和發展經歷了三個主要階段:魏晉以前為輸入時期,東晉南北朝為傳播時期,隋唐則為興盛時期。從西漢末年的初傳開始,經過五、六百年的努力,佛教義理逐步確立了其地位,與儒家和道教並列成為當時社會的三大意識形態之一。這一格局的形成,與南北朝至隋的部分統治者篤信佛教義理、廣倡佛事活動、大量剃度僧尼以及興建寺廟密切相關。

經過兩晉南北朝數百年的擴張,佛教在初唐時期已擁有相當的社會影響力。不事生產的僧尼人數超過 10 萬,他們的日常生活全由社會供給,成為國家經濟的沉重負擔。唐代多個皇帝,包括唐太宗、武則天和唐代宗等,都對佛教的發展給予支

第三節　滅佛行動

持,進一步壯大了佛教的勢力。寺院不僅享有免稅特權,還吸引了大量農民投靠,導致國家賦稅收入減少。

早在景雲二年(西元711年),就有人指出:「十分天下之財,而佛有七八。」到唐肅宗和代宗時期,這一問題更加嚴重。寺院不僅在經濟上擁有雄厚實力,還建立了自己的法律體系,設立「法僧」和「僧兵」,形成了獨立於國家之外的小型佛教王國。

唐武宗滅佛正是在這種政治經濟矛盾不斷加劇的背景下發生的。武宗本人篤通道教,即位前便修煉道術,追求長生不老。即位後,他更是利用自己的權力崇尚道教之風,並對佛教勢力展開全面壓制。

在〈廢佛教書〉中,武宗嚴厲批評佛教「勞人力於出木之功,奪人力於金寶之飾;遺君親於師資之際,違配偶於戒律之間。壞法害人,無愈此道!」

從會昌二年(西元842年)十月起,唐武宗陸續釋出針對佛教的禁令,包括強制違反戒律的僧侶還俗並沒收其財產;限制剃度僧尼和寺院僧侶數量;禁止僧侶私養奴婢;以及拆毀大量寺院。

會昌四年(西元844年)二月,武宗進一步下令,嚴禁供奉佛牙等佛教聖物,並對特定寺院進行檢查,發現沒有合法度牒的僧尼即處以嚴厲懲罰。隨後,他下令拆毀規模未達兩百間的小型佛堂,相關僧尼被強制還俗並充入勞役。

第十三章　唐武宗—迴光返照的短暫輝煌

會昌五年（西元 845 年），唐武宗釋出詔令「廢浮屠法」，正式開始全國範圍內的大規模滅佛運動。年輕僧尼被迫還俗，連外國求法僧人也未能倖免。存留的寺院數量被嚴格控制，例如西京長安僅留四寺，每寺留僧十人，東京洛陽則僅留兩寺，其餘州府原則上每州只能保留一寺。寺院財產被沒收入官府，佛教銅像、鐘磬等器物則被熔化鑄錢。

會昌年間，唐武宗開展了一場前所未有的大規模滅佛運動。此次行動中，朝廷拆毀寺廟 4,600 餘所，招提、蘭若 4 萬餘處，強令 26 萬餘僧尼還俗，轉為國家兩稅戶；沒收寺院所占膏腴之田數千萬頃，另將寺院的 15 萬奴婢轉為兩稅戶。此外，還迫令大秦穆護與祆教信徒 3,000 餘人還俗。

此舉在全國範圍內引發強烈震盪。五臺山的僧侶因避難紛紛逃至幽州。對此，宰相李德裕召見幽州進奏官，告誡道：「請轉告你們節度使，五臺山的僧人若為將領，必不如幽州將領；為士卒，也必遜色於幽州士卒。為何要無端背負容納僧侶的惡名，而落得被人非議的口實？你可曾留意劉從諫此前招納閒人，結果又如何？」幽州節度使張仲武深以為然，旋即封存兩把利刃送至居庸關守將，並嚴令：「若有遊僧入境，一律斬首。」

唐武宗的滅佛行動，史稱「會昌法難」，與北魏太武帝、北周武帝的滅佛並稱「三武之厄」。對於此次滅佛的緣由，歷代多有爭議，迄無定論。部分學者認為，這反映了佛教與道教的長期爭鬥。唐武宗本人篤通道教，對佛教採取打壓措施，或因此

第三節　滅佛行動

加劇宗教衝突。另有觀點指出，滅佛背後隱藏著深刻的經濟動因。當時，佛教寺院規模龐大，遠勝皇宮，且享有免稅特權，嚴重削弱國家財政基礎。唐武宗旨意中亦直言，寺院不納稅，對國庫造成極大損失。

除此之外，還有學者提出，滅佛實為唐武宗打擊潛在政敵唐宣宗的手段。宣宗曾因政爭逃至佛門避難，武宗滅佛旨在摧毀其藏身之所，試圖徹底剿滅這一隱患。正如有研究者所言：「唐武宗毀滅佛教的根本背景，是其與唐宣宗的權力鬥爭。」

關於唐宣宗的僧侶經歷，最早見於韋昭度《讀皇室運尋》及令狐綯《貞陵遺事》。二書皆載，唐武宗為爭奪皇位，曾下令捕殺光王李怡（即後來的唐宣宗），將其浸於宮內廁所。時有宦官仇公武設法相救，謊稱光王已死，實則將其祕密送出皇宮。三年後，唐武宗病逝，宦官勢力才將光王迎回，推舉為皇帝。這些記載雖未明言光王出家為僧，但五代時的《中朝故事》、《北夢瑣言》及宋代陸游《避暑漫鈔》中，均有簡略提及光王遁入佛門的傳聞。

唐宣宗名李怡，唐憲宗第十三子，初封光王。其早年被認為愚鈍，實則深藏不露。唐穆宗曾稱其「乃我家英物」。宣宗在宮中韜光養晦，不與人爭鋒。文宗年間，一次宮宴上，文宗開玩笑道：「誰能讓光叔說話，朕必重賞。」眾人無論如何挑逗，光王始終緘默不語，以致宮中上下皆將其視為「傻子」。

西元841年，唐武宗即位。武宗雖性格粗率，但對光王的

第十三章　唐武宗—迴光返照的短暫輝煌

沉默警覺異常,認為這是「大智若愚」的偽裝。因而,光王頻頻遭遇「意外」,如擊毬墜馬、入宮失足等。儘管如此,光王始終忍辱負重,默默承受。

最終,武宗因服用仙丹過量毒發身亡。憑藉隱忍與機緣,光王被立為皇太叔,繼而即位為唐宣宗。登基後,宣宗展現出非凡才智,處理政務皆合情合理,贏得後人讚譽。

第四節　丹藥送命

唐武宗李炎崇通道教,由未即位之時便沉迷道術,致力於修煉長生不老之法。即位後,武宗憑藉皇權,大肆推崇道教,不僅親自參與煉丹服藥,還使崇道之風席捲朝野。

會昌元年(西元 841 年)六月,武宗召集道士趙歸真等八十一人入宮,於三殿設立金籙道場,並親赴九天壇受法籙。同年,詔命衡山道士劉玄靖為銀青光祿大夫,充任崇玄館學士,賜號「廣成先生」,令其與趙歸真共同在宮中修煉法籙。至會昌四年(西元 844 年)八月,又授趙歸真為左右街道門教授先生,並正式拜其為師。

武宗對道教的痴迷,使得宮廷內外議論紛紛,社會上下沸騰不已。面對有識之士的直言勸諫,武宗曾在延英殿為其崇道行為辯解稱:「朕於宮中清靜無事,不涉聲色之娛,頗感寂寞,

第四節　丹藥送命

故與趙歸真閒談以解悶而已。」

宰相李德裕則以唐敬宗受趙歸真蠱惑為鑑,勸諫道:「臣不敢妄論前朝成敗,但趙歸真曾在敬宗時出入宮禁,惑亂聖聽,臣實不願陛下蹈覆轍。」武宗則辯解稱:「朕於敬宗時即識趙練師,當時未見其有害。朕今與其閒聊,不過紓解煩悶,軍國大事豈容其干涉?即便有百個趙歸真入宮,亦不妨朕之決斷。」

然而,對於臣僚的忠告,武宗大多置之不理,甚至對諫言激烈者施以貶謫。

武宗崇道之舉日益升級。會昌三年(西元843年)五月,他敕建望仙觀;會昌五年(西元845年)正月,又於南郊修建望仙臺,並增修降真臺。他時常齋戒沐浴,親赴祭祀祈禱,以求天降神仙,庇佑己身。然而,儘管武宗推行滅佛政策以彰顯道教地位,個人成仙的願望卻未能實現。他令趙歸真等人在宮中與觀臺燒煉丹藥,並多次催促完成仙丹煉製。

趙歸真見武宗痴心難改,便謊稱某種仙藥需採自吐蕃,並呈上一個永遠無法備齊的藥材清單。武宗隨即下詔四方,命地方及時進貢珍稀藥材,耗費了大量人力、物力。

因長期服用所謂「仙丹」,武宗身體每況愈下,面容消瘦、性情乖張。趙歸真狡辯稱,這是「換骨」的正常現象,令武宗繼續服用丹藥,甚至對規勸者全然不聽。

會昌六年(西元846年)新年,因病重無法舉行朝會,武宗仍迷通道士讒言,認為自己的名字「瀍」從「水」,與唐朝土德相

第十三章　唐武宗─迴光返照的短暫輝煌

剋,不利國運,遂改名為「炎」。然而,改名並未帶來轉機,反而病情加劇。

改名後僅十二日,即會昌六年三月二十三日,武宗駕崩,終年 33 歲。其妃子王氏為殉自縊而亡。武宗由此成為繼唐太宗、憲宗、穆宗、敬宗之後,又一位因服食丹藥而殞命的皇帝。

第十四章
唐懿宗 ——
荒唐帝王與頹敗政局

第一節　荒廢朝政

9世紀中葉，唐朝已顯暮氣沉沉，千瘡百孔，積重難返。儘管唐憲宗、唐文宗與唐武宗在位期間的改革努力一度令人矚目，無論是「元和中興」還是「會昌中興」，都未能扭轉頹勢，最終如曇花一現般轉瞬即逝。

至大中十三年（西元859年），當這風雨飄搖的江山傳至唐懿宗手中時，衰敗之勢已難挽回。

次年二月，唐宣宗下葬，唐懿宗遂於十一月改元為咸通。據史料記載，唐懿宗之所以選擇「咸通」作為年號，乃因唐宣宗生前曾作一曲，其中有「海嶽晏咸通」之句。

唐懿宗以此二字為年號，顯然意在緬懷先父。然而，他並未繼承唐宣宗勵精圖治的遺志，反而因其昏庸治政而使大唐更加迅速地滑向衰亡。

第十四章　唐懿宗—荒唐帝王與頹敗政局

所謂「昏庸相繼」,指的是唐懿宗雖貴為帝王,卻全無社稷之念,對百姓亦無憐憫愛惜之情。他沉溺於吃喝玩樂,揮霍無度,將大唐所剩無幾的元氣消耗殆盡。

誠然,大唐的滅亡並非始於他一人,但他無疑是加速這場衰敗的助推者。據《資治通鑑》記載,唐懿宗酷愛宴飲與樂舞,每日必有小宴,三日一大宴,一個月內宴席多達十餘次,每每極盡奢華。他尤好音樂,宮中供養樂工達五百人之多,每次賞賜動輒上千貫。若非身為帝王,而是一介富貴人家子弟,或許他能在音樂領域有所建樹。然而歷史沒有假設,身為唐懿宗的他,既肩負國家興衰的重責,卻又性情難移,終成政治上的失敗者。

唐懿宗的荒唐行徑不僅表現在宮中,還延續至其頻繁的出巡。據記載,他酷愛前往郊外的行宮別院小住,地方官員不得不隨時準備迎駕,因其出行時間全憑心意而定。

《資治通鑑》記載,每次出行,隨行人員多達十餘萬人。如此龐大的隊伍,衣食住行所需之耗費,不僅加劇了原本捉襟見肘的國庫窘境,也讓地方官員苦不堪言。他們必須隨時備齊食宿、音樂及糧草,甚至陪同出行的親王也不得不備好坐騎,隨時應召。

唐懿宗的荒唐行徑雖令朝野譁然,但諫官的規勸未能挽回他的沉迷。左拾遺劉蛻曾上書諫言,希望皇帝以國事為重,展現關懷臣民的姿態,減少娛樂活動,節制揮霍。然而,這些忠

第一節　荒廢朝政

言逆耳，未能打動唐懿宗。

咸通四年（西元863年）二月，他以祭祀之名先後拜謁了從高祖獻陵至宣宗貞陵的十六座帝陵，攜眾多隨從、樂工及大量祭祀物品隨行。所謂祭祀，不過是他藉機遊樂的又一場工程而已。沿途賞春踏青，其樂融融。

咸通年間，物情奢靡，正如詩云：「瑤池宴罷歸來醉，笑說君王在月宮。」唐懿宗的奢靡之風迅速蔓延，朝廷內外沉湎於窮奢極欲、醉生夢死的氛圍之中。在此情境下，談論唐朝復興無異於痴人說夢。

唐代後期政治腐敗與昏庸現象的加劇，使原本突出的政治、軍事與經濟矛盾進一步惡化。眾所周知，唐朝中晚期宦官擅權，戰亂頻仍，經濟凋敝，政治衰退。

唐宣宗大中十三年（西元859年），唐末農民起義爆發，黃巢的起義對唐朝造成了嚴重打擊，其統治根基遭到摧毀，幾乎名存實亡。然而，身處這動盪末世的唐懿宗，卻表現出極度的虛榮心與好大喜功的傾向。他不僅對大唐衰敗的現狀視而不見，未能正確評估自身的執政能力和國情，反而醉心於彰顯自己的所謂「功德」，尤其在年號和尊號的使用上刻意突出自身的能力與功績。

尊號本是用以表彰皇帝名德的稱謂，每逢加尊號，需舉行隆重儀式，並向全國頒布詔書，同時實施大赦。然而，這一慣例到了唐懿宗手中，卻變成了個人虛榮心的象徵。

第十四章　唐懿宗—荒唐帝王與頹敗政局

　　咸通三年（西元 862 年）正月，群臣上尊號為「睿文明聖孝德皇帝」，但懿宗對此仍不滿足；至咸通十二年（西元 871 年）正月，他再次要求加尊號為「睿文英武明德至仁大聖廣孝皇帝」，共計十二字。

　　縱觀唐朝歷史，帝王在生前加尊號者，始自高宗，而高祖與太宗等開國明君並無此舉。其後歷代皇帝的尊號多為四字或六字，個別達到八字或十字。玄宗曾於開元年間自加十四字尊號：「開元天地大寶聖文神武孝德證道皇帝」，並追贈列祖列宗尊號；武宗也曾獲十四字尊號：「仁聖文武章天成功神德明道大孝皇帝」；肅宗在位時，群臣為其奉上「乾元大聖光天文武孝感皇帝」十字尊號，但他於上元二年（西元 761 年）下詔減去「乾元大聖光天文武孝感」十字，僅稱「皇帝」；憲宗的尊號則為十字：「元和聖文神武法天應道皇帝」。與此相比，懿宗的十二字尊號已接近玄宗與武宗的規格，但若論治國才能與政績，他不僅遠遜玄宗，甚至連武宗也無法企及。

　　唐懿宗在尊號上的誇耀和虛飾，與唐代晚期的頹勢形成鮮明對比，折射出他個人對國家命運的漠視與治國能力的匱乏。這種現象也為唐朝覆亡的歷史發展留下了耐人尋味的一筆。

第二節　寵信奸臣

唐懿宗即位之初，迅速罷免令狐綯的宰相職務，改任白敏中為相。白敏中乃前朝重臣，但在一次入朝時意外摔傷，長期臥病在床，無法履職。他曾三次上表請求辭職，均遭懿宗拒絕。白敏中病重無能正中懿宗下懷，使其得以藉故懈怠政務，即便與其他宰相討論朝政，也僅是敷衍應付。

對此，時任右補闕的諫官王譜直言道：「白敏中自正月患病以來，已四月有餘。陛下雖偶與宰相共議，但時常不過三刻（古代一晝夜為一百刻）。如此，陛下何時能有餘暇處理天下大事？」此言觸怒懿宗，王譜被貶為縣令。然而，行使封駁權力的給事中依據唐制退回此命令，未予執行。懿宗遂將此事交由宰相複議，不料宰相們無視體制原則，以王譜不僅直諫皇帝且牽涉宰相白敏中為由，竟同意貶職決議。

懿宗在位期間，共任命21位宰相：令狐綯、白敏中、蕭鄴、夏侯孜、蔣伸、杜審權、杜悰、畢誠、楊收、曹確、高璩、蕭寘、徐商、路巖、于琮、韋保衡、王鐸、劉鄴、趙隱、蕭仿、崔彥昭。然而，因懿宗本人對政事缺乏熱情，宰相雖擁有較大事務性權力，卻未能有效施展。多數宰相或碌碌無為，或貪婪腐化。杜悰雖係德宗宰相杜佑之孫、憲宗駙馬，卻無實才，被譏為「禿角犀」。

咸通五年，路巖任相，結黨營私、廣納賄賂，甚至將政務

第十四章　唐懿宗—荒唐帝王與頹敗政局

委於親信邊咸。有官員陳蟠叟建議抄邊咸家以充軍費兩年，卻遭懿宗斥責，致使無人再敢言。路巖與後任宰相韋保衡勾結，二人權勢熏天，時人稱其為「牛頭阿旁」，喻其陰險可畏。民間更以歌謠諷刺貪腐宰相：「確確無餘事，錢財總被收。商人都不管，貨賂幾時休？」

懿宗朝宰相腐敗成風，嚴重加劇唐王朝統治危機。其對官職賞賜尤顯隨意，與宣宗審慎用人形成鮮明對比。例如，伶官李可及因善音律，深得懿宗寵愛，不僅被封為威衛將軍，還開創伶人授朝廷官職的先例。此舉引發朝臣反對，但懿宗置若罔聞。此外，李可及兒子婚禮上，懿宗賜以銀樽酒，實為金翠，更顯奢靡。

科舉制度作為唐代士子入仕的主要途徑，尤其是進士科享有崇高地位。然而，懿宗時期，親信得以透過「特敕賜及第」方式免試入仕，代替禮部金榜的皇帝敕書成為進士之憑，人稱「禁門即龍門，聖主永為座主」，諷刺意味濃厚。此舉嚴重破壞科舉公正。

懿宗對宗室親屬尤為偏寵，其寵愛同昌公主的行為最具代表性。同昌公主係郭淑妃所生，其幼時被視為「福星」。

據傳，三、四歲時，她首次開口便語出驚人：「今日可得活了。」雖未經考證，但此事加深了懿宗對其溺愛。公主婚配韋保衡，更使後者權勢加劇。懿宗為表寵愛，不惜違背唐制，給予宗室與寵臣厚賜，進一步削弱朝綱。

第二節　寵信奸臣

懿宗一朝，無論是宰相任用、科舉制度，還是宗室親屬的管理，均顯懈怠與失度，成為唐王朝由盛轉衰的重要推手。

同昌公主確實是一個備受父母疼愛的女子。她不僅生得貌美如花，還兼具心靈手巧的才藝。除卻琴棋書畫這類才情之技，她尤擅裁剪刺繡。

據記載，她曾在一張普通尺寸的錦被上，繡出三千彩色鴛鴦。這等技藝可謂世間罕有，既需要極高的審美與技巧，又離不開沉靜柔順的性情。而在中國歷代公主群體中，能具備如此性格者，堪稱鳳毛麟角，尤為珍貴。

如此出色的女兒，自然令父母倍加珍愛。隨著時光流轉，同昌公主漸漸長大，李漼和郭淑妃經過反覆甄選，最終為她挑中了新科進士韋保衡作為駙馬。韋保衡不僅儀表非凡、風度翩翩，而且才華橫溢。因此，同昌公主滿懷憧憬地登上寶輦，成為新嫁娘。然而，她萬萬未曾想到，那光鮮外表之下藏著的種種隱祕。

隨同新娘前往公主府的，還有一支浩浩蕩蕩、望不到盡頭的陪嫁宮使隊伍。為了公主的婚嫁，李漼幾乎翻遍了大唐國庫，將所能蒐羅的稀世珍寶盡數送入同昌公主的新居。

《太平廣記》曾記載過這些珍寶中的部分物品：

1. 紋布巾：潔白柔軟，即便使用多年，也不會沾染絲毫汙漬。
2. 連珠帳：以光滑圓潤的珍珠串成的帷帳，華麗無雙。

第十四章　唐懿宗──荒唐帝王與頹敗政局

3. 澄水帛：長約一丈，薄如蟬翼。若灑水懸掛，其帶來的涼爽感令置身其中者即便在酷暑之中亦身輕無汗。

4. 瑟瑟幕：輕薄柔軟，透明如空氣，透光時呈青綠色紋路。即便大雨滂沱，幕中人也不會受絲毫浸溼。

5. 火蠶棉：用作衣物填充，僅需一兩便足以禦寒，多則如火烤炙，即便嚴冬亦難忍。

6. 蠲忿犀：佩戴此物，能使人煩惱與忿怒頓消。

7. 如意玉：小巧如桃核，七孔交錯折射，光芒璀璨。

8. 香燭：由奇異蛤蜊油製成，雖僅尺餘，卻可長久燃燒，且點燃時異香撲鼻，燭煙繚繞形成亭臺樓閣的形狀。

此外，還有金麥銀米、辟寒香、辟邪香、瑞麟香、金鳳香、龍腦香、辟塵犀等無數奇珍異寶。為同昌公主修建的公主府更是奢華至極，甚至連打掃用的簸箕都是金絲編織。這般鋪張豪奢，連安樂公主與太平公主都難以企及。

除卻珍寶，李漼又額外贈送五百萬貫，以確保女兒婚後生活無憂。

女兒出嫁之後，李漼仍心繫公主的起居，頻頻送去珍饈美饌。其中一道名為「靈消炙」的菜品，精選一頭羊中僅四兩符合標準的肉製作而成，製成後可久存，歷經酷暑亦不變質。另一種名為「紅虬脯」的肉乾，高達一尺，質地蓬鬆，可壓縮至極低，鬆手後又恢復原狀。此外，還有名為「逍遙炙」的珍饈，

第二節　寵信奸臣

其製法與原料不詳，但裝盛之器竟為九龍食具，足見其珍貴無比。即便是負責送食的宮使，所食酒羹亦令人豔羨。

有一次，一群權貴子弟在廣化里飲酒時聞到異香，起初以為是龍腦香氣，循香而至才發現是為同昌公主送賜物的宮使曾在一酒館小憩。這些紈褲子弟競爭相品嘗宮使所剩之羹，並大加讚嘆，進而對同昌公主的生活越發豔羨不已。

然而，對這一切身處其中的同昌公主卻顯得無比倦怠。雖嬌貴非常，但她性情賢淑溫婉，時常宴請韋氏族人與駙馬友人，共享自己的珍寶。

一次，韋家人欲連夜觀戲，同昌公主特命侍從取出紅色琉璃盤，置於盤中之夜明珠將廳堂照得如同白晝，使得韋氏族人盡興。然而，這些奢華的享受終究難以使人心安。同昌公主也未能例外。

同昌公主在新婚的第二年某日午睡時，做了一個奇異的夢。夢中，有人對她說道：「南齊潘淑妃要來取她的九鸞釵了。」

這枚九鸞釵是同昌公主常佩戴的珍貴飾物，其上雕刻著九隻形態各異、顏色各不相同的鸞鳳，釵身邊緣還刻有「玉兒」二字，可謂世間罕見的奇珍。同昌公主對這個夢感到極為不解，遂將此事告知侍女。不久之後，她突然患病。皇帝李漼（懿宗）急忙召集名醫和巫祝為其診治，然而病情非但未見好轉，反而日益加重。

第十四章　唐懿宗──荒唐帝王與頹敗政局

　　無計可施之下，李漼命太醫院將御醫集中起來，二十餘位醫師齊聚同昌公主府。然而，儘管御醫們竭盡全力，卻始終無法確診公主所患為何病。他們明白公主已病入膏肓，難以治癒，便試圖以一劑滿是奇珍異品的藥方推託責任。這份藥方包括紅蜂蜜、白猿膏、千年靈芝、人形參等稀世罕見的藥材。他們希望因藥材難以湊齊，進而脫身。

　　然而，御醫們低估了皇帝愛女的堅定決心。李漼居然迅速派人集齊了所有藥材。御醫們無奈之下，只得將這些珍貴藥材混合成藥湯灌入公主口中。此舉非但無濟於事，反而加重了公主臨終前的痛苦。

　　同昌公主最終於西元870年的中秋之夜，年僅十七、八歲，含恨離世。

　　駙馬韋保衡目睹公主病逝，心生恐懼。他深知公主在皇帝心中的地位，為避免自己遭受遷怒，立即展開瘋狂的誣陷與報復。他首先指控御醫在診療過程中怠忽職守，用藥不當，延誤病情，導致公主身亡。李漼悲痛交加，聽聞駙馬的控訴後怒不可遏，下令將二十餘名御醫悉數處決，並牽連其三百餘名家屬，一併投入大牢治罪。

　　朝臣紛紛上奏勸諫，韋保衡卻趁機利用皇帝的悲痛情緒，對與自己素來不和的官員大肆打擊報復。他指控三十餘名官員妒忌同昌公主與韋家的恩寵，勾結御醫毒害公主。這場政治清洗甚至波及到宰相與兵部侍郎。其中，同昌公主的姑父于琮也

第二節　寵信奸臣

未能倖免。于琮身為駙馬,與韋保衡地位相同,卻因才學人品遠勝於對方而遭其嫉恨。韋保衡藉機將于琮一家親友貶至南疆的荒涼之地。

于琮的妻子廣德公主是一位賢良之人。她察覺韋保衡仍不甘心放過于琮,便向兄長皇帝請求隨夫同赴流放之地,以便照料于琮。公主的陪伴有效阻止了韋保衡的進一步謀害,于琮得以保全性命。

李漼接著將目光轉向同昌公主的隨嫁侍婢與奶娘。他指責這些人未能盡責保護公主,迫使她們自盡,甚至命令奶娘為公主殉葬。在韋保衡的操縱下,屠殺與流放愈演愈烈。李漼認為這一系列殘酷行為已足以告慰愛女之靈,遂追諡同昌公主為「文懿」,並為她籌備了一場盛大的葬禮。

西元871年元宵節前夕,葬禮如期舉行。李漼親自撰寫輓歌,並要求群臣作詩弔唁。葬禮儀仗浩浩蕩蕩,隊伍長達三十餘里。同昌公主的棺槨超出禮制規格,規模之大無從記載,僅賞賜給抬棺人的糕點就多達三十駝,酒一百斛,可見抬棺人數之多。

李磪對同昌公主的懷念延續至她去世之後。他因樂師李可及譜寫輓歌〈嘆百年曲〉有功,封其為大將軍,並在其子娶妻時贈送珍珠寶石。韋保衡也因公主之死而飛黃騰達,加官晉爵。然而,李漼於兩年後病逝,臨終時竟命韋保衡代十二歲的李儼攝政,掌控軍國大事。

第十四章　唐懿宗——荒唐帝王與頹敗政局

韋保衡雖得大權,但因才疏學淺,僅三個月便因無能被貶為海南崖州澄邁縣令。不久後,又因怨憤難平的大臣與宗室成員合力上奏,在流放途中被處死。

同昌公主短暫而悲劇的一生引發了廣泛的哀悼。正史與野史對她的品行皆無貶辭,她被公認為一位德行出眾的佳人。然而,她嫁予陰險狡詐的韋保衡,又有一位昏庸無度的父親,以至於生前受病痛折磨,死後亦不得安寧。

關於那枚九鸞釵,公主去世後,它也神祕失蹤。有人認為,釵上刻有的「玉兒」正是南齊潘淑妃的小名,九鸞釵原為其殉葬之物,故同昌公主不應將其作為飾品。

第三節　迎奉佛骨

唐懿宗在位期間,不理朝政,超越禮制地優待公主,行事恣意妄為。面對內憂外患,他漠不關心,展現出一位昏君的形象。此外,懿宗極度崇奉佛教,這種偏好對社會與政治產生了深遠影響。

自唐武宗滅佛後,佛教遭受重創,但宣宗即位後逐漸恢復寺廟經營。至懿宗時期,佛教勢力再次迅速發展。他不僅沉迷佛事,還耗費大量人力物力興建佛寺、雕造佛像,布施錢財無數。在其倡導下,大規模法會與道場達到空前盛況,長安城內

第三節　迎奉佛骨

的佛號經聲再度響徹雲霄。

懿宗在位期間，佛經需求量的激增極大地推動了印刷術的發展。現存於倫敦大英博物館的世界最早印刷品之一，即咸通九年（西元868年）刻印的《金剛經》經卷，便是這一時期的重要成果。而中國現存最早的印刷品「陀羅尼經咒」亦為佛教相關文獻。此外，法門寺地宮出土的「捧真身菩薩」與「銀金花雙輪十二環錫杖」等珍貴文物，皆為咸通年間敕造，反映出這一時期佛教藝術的極高成就。

懿宗崇佛的高潮莫過於咸通十四年（西元873年）的法門寺迎奉佛骨事件，這也被視為繼唐憲宗之後另一場規模空前的崇佛活動。同年三月，懿宗頒布迎奉佛骨的詔令，此舉立即引發群臣諫言。大臣們認為，迎奉佛骨既勞民傷財，又有憲宗迎奉佛骨後暴斃的先例，不祥之兆顯而易見。然而，懿宗對此置若罔聞，甚至聲稱：「朕得見佛骨，死而無憾。」

迎奉佛骨的過程極盡奢華，從京師至法門寺沿途，禁軍護衛與儀仗隊綿延數十里，其場面之壯觀遠超祭天大典。四月初八，佛骨舍利被迎入長安，在宮中供奉三日後，轉至京城寺院供百姓瞻仰。信眾表現出極度的虔誠，有人以燃燒手臂或頭頂香火為供奉方式，富豪之家更是不惜重金設宴，甚至以水銀為池、金玉為樹，邀請高僧誦經並伴以歌舞。朝廷官員亦紛紛施捨金帛，場面甚為壯觀。

這場迎奉佛骨的活動持續良久，直到懿宗去世、僖宗即位

第十四章　唐懿宗—荒唐帝王與頹敗政局

後,佛骨才被送回法門寺。

懿宗迎奉佛骨的理由被宣稱為「為百姓祈福」,實則是為自己祈求長壽安康。諷刺的是,這場浩大的活動並未為他帶來福澤。咸通十四年六月,佛骨迎入長安僅兩個月,懿宗便病重不治,七月十六日病入膏肓,三日後在咸寧殿去世,終年 41 歲。次年二月,懿宗葬於簡陵(今陝西富平)。

隨著這位荒唐帝王的離世,代表著唐帝國末世的輓歌已然響起。

這一時期的佛教繁榮及懿宗的行為,為後人留下深刻的歷史教訓與文化遺產,其中如咸通年間的佛教文物與印刷術發展,皆為研究唐代晚期社會的重要史料。

第十五章
田令孜 ——
不為天下所容的末代權宦

第一節　掌控官場

　　田令孜，字仲則，原姓陳，四川人。咸通年間，他隨義父進入內侍省，成為一名宦官。起初地位卑微，僅擔任小馬坊使，負責管理地方官員向皇帝進貢的良馬。然而，田令孜博覽群書，足智多謀。在唐僖宗還是普王時，與田令孜關係密切，二人常在一起玩耍，甚至同榻而眠。

　　唐僖宗即位後，立即提拔田令孜為樞密使，使其從默默無聞的小宦官一躍成為「四貴」之一。所謂「四貴」，指兩位樞密使和兩位神策軍中尉。不久之後，田令孜又被任命為神策軍中尉，掌握禁軍統領大權。

　　年僅十二歲的唐僖宗，將國家政事委託給田令孜，並親切地稱呼其為「阿父」（養父）。憑藉與皇帝的特殊關係以及對兵權的掌控，田令孜迅速成為朝廷權力核心。

第十五章　田令孜—不為天下所容的末代權宦

　　田令孜權傾朝野，凡欲求官者，皆需透過他的門路行賄。對於官吏的任命和爵位的授予，田令孜可自行決定，無需向皇帝請示。

　　唐僖宗揮霍無度，濫用長安左藏庫和齊天庫的財物，用以賞賜樂工和伎人，所耗資金額巨大，致使國庫空虛。對此，田令孜獻策，將長安兩市中外客商的珍寶登記造冊，全部收歸內庫供皇帝揮霍。若有商人表示不滿並向官府申訴，便會被京兆尹以棍棒毆打致死。朝廷上下，包括宰相在內，無人敢對此發表異議。

　　田令孜的哥哥陳敬瑄出身卑微，曾以賣燒餅為生。田令孜為其兄向時任許昌鎮守的崔安潛請求授予兵馬使職務（即唐朝節度使衙門中的軍事要職），但遭拒絕。隨後，田令孜安排其兄在左神策軍任職，並在數年間迅速提拔至大將軍之位。

　　為了鞏固自身勢力，田令孜奏請唐僖宗，將心腹派往四川三川地區鎮守。他提議任命陳敬瑄為西川節度使，同時安排左神策軍大將軍楊師立、牛勖、羅元杲分別擔任東川和山南西道節度使。

　　唐僖宗對此處理輕率，以擊球賭博的方式決定三川封疆大臣的任命。最終，陳敬瑄贏得第一名，被任命為西川節度使，接替崔安潛之職；楊師立被任命為東川節度使；牛勖則出任山南西道節度使。當陳敬瑄被任命為西川節度使的消息傳至成都時，百姓無不震驚，甚至不知此人為何許人也。

第二節　漠視民生

乾符二年（西元875年），王仙芝揭竿起義，攻占瞥州、濮州後，冤句人黃巢響應王仙芝，聚集數千人，襲擊州縣，縱橫山東一帶。由於百姓不堪繁重的租稅壓迫，紛紛投奔起義軍，隊伍迅速壯大至數萬人。黃巢率領起義軍轉戰江南，接連攻克福州、廣州等地。

乾符六年（西元879年），他揮軍北上，進攻襄陽，然而唐軍由劉巨容等率領，在荊門重創起義軍。王仙芝與黃巢曾多次表示願意向朝廷投降，但由於田令孜與盧攜意圖讓高駢立功，皆不予接納。

田令孜、盧攜與荊南節度使高駢相互依附，認為高駢兼具文武才能，足以剿滅黃巢起義軍，因此朝廷對高駢寄予厚望。當時，昭義、感化、義武等藩鎮的唐軍也加入對起義軍的圍剿。高駢擔心他人搶奪戰功，便向朝廷聲稱起義軍很快即可被剿滅，無需其他道鎮兵力，並請求將其遣回。然而，高駢與起義軍交戰時，其大將張璘陣亡，高駢因畏懼不敢再出兵，只求自保。他上奏朝廷，請求自行防禦，甚至裝病以避免出戰。

與此同時，黃巢起義軍勢如破竹，直逼東都洛陽，準備攻取長安。唐僖宗與宰相相對而泣，田令孜命神策軍弓弩手守潼關，並自任都指揮制置使。然而，田令孜並未親率兵馬，僅派左神策軍馬軍將軍張承範率神策軍弓弩手兩千八百人赴潼關。

第十五章　田令孜—不為天下所容的末代權宦

神策軍士兵多為長安官家子弟，他們用金錢僱傭貧民代替出征，這些被僱傭的貧民不僅體力不足，甚至連武器都無法搬動，更不懂戰鬥技巧。最終，黃巢起義軍攻破潼關，長驅直入長安。

田令孜得知黃巢軍已入關，害怕遭皇帝怪罪，將責任推給盧攜，並將其貶為太子賓客、分司。隨後，推薦王徽、裴澈為相。當夜，盧攜飲藥自盡。黃巢的先頭部隊已進入長安，田令孜率神策軍五百人護送唐僖宗從金光門出逃，隨行者僅有福王、穆王、澤王、壽王及幾名侍從，朝廷百官竟不知情。

逃至咸陽時，有十幾名騎兵勸說唐僖宗返回長安，稱起義軍旨在除奸，但他們被田令孜下令斬首。隨後，唐僖宗策馬日夜兼程，逃至駱谷。

廣明二年（西元881年）正月，唐僖宗逃至成都。抵達成都後，田令孜被晉升為左金吾衛上將軍兼判四衛事，並封為晉國公。

唐僖宗因成都狹小簡陋，遠不及長安，鬱鬱寡歡，經常與侍從飲酒解悶。田令孜趁機開導僖宗，並讓隨從高呼萬歲，僖宗才稍感安慰。田令孜進一步聲稱鄭畋、王鐸、程宗楚、李鋌、陳敬瑄等正在合力剿滅賊軍，預示長安必將早日收復，結束流亡生活。

唐僖宗到成都後，曾賞賜蜀軍每人三緡錢。田令孜也頻頻賞賜從長安隨駕而來的軍隊，卻忽視蜀軍，導致蜀軍心生怨憤。

第二節　漠視民生

一次宴會上，田令孜以金盃敬酒，並將金盃賜予在座諸軍首領，但西川黃頭軍使郭琪拒絕飲酒。他向田令孜進言，認為蜀軍與諸軍同樣宿衛朝廷，卻賞賜懸殊，引發怨氣，恐將釀成兵變，建議減少諸軍賞賜，平分予蜀軍，以安撫士氣。田令孜沉默片刻後，問郭琪有何功勞。

郭琪答道，他生於山東，多次征戰党項、契丹，身負重創，曾於征討吐谷渾時腸出腹裂，縫合傷口後繼續參戰。田令孜隨即換杯敬酒，意欲毒殺郭琪。郭琪察覺後，飲酒拜謝，回營後殺一侍婢吸血解毒，吐出數升黑汁，隨後率部叛亂，焚燒劫掠商店。

田令孜護送唐僖宗至東城避亂，陳敬瑄率軍平息叛亂，郭琪則逃亡。

自唐僖宗遷居成都後，他晝夜與宦官聚在一起，商討收復長安等國家大事，卻對朝廷官員極為冷淡。左拾遺孟昭圖上疏諫言，指出：「國家安定之時，遠近官員尚需同心協力；如今國難深重，中官（宦官）與朝官更應團結一體。去年冬季，車駕西遷未通知南司（朝官），結果宰相及以下官員多被殺害，唯獨北司（宦官）平安無事。今日能來到此地的朝官，無不冒死跋涉千里，只為侍奉陛下。陛下理應與朝官同甘共苦，而不應疏遠冷漠。昨夜黃頭軍作亂，陛下只與田令孜、陳敬瑄及內臣（宦官）閉城登樓，卻未召見王鐸以下朝臣。翌日，不僅未召見宰相商議，也未安撫朝臣。我身為諫官，到今日尚不知陛下安危；若

第十五章　田令孜—不為天下所容的末代權宦

群臣對君主不顧,當受重罰,而若陛下對臣下毫不體恤,又何以服眾?天下是高祖、太宗開創的天下,不是北司專有之天下;天子是四海九州之天子,不獨為北司之天子。北司之人未必皆可信賴,南司之人亦非全然無用。難道天子與宰相無關,天子與朝臣竟如行路陌生人一般?如此下去,長安恐難收復,而尸位素餐之人卻得以安然自在。我雖蒙恩受寵,職責所在,過去之事已不可挽回,但未來之事不可再迷失。」

孟昭圖的奏疏被田令孜扣下,並假傳聖旨將其貶為嘉州司戶,隨後派人於蟆頤津將其淹死。在黃巢軍占領長安期間,宦官魯知蠡組織武裝據守嵯峨山,經常潛入長安騷擾。當聽聞唐僖宗計劃回長安時,魯知蠡表示:「吾略施小計(指潛入長安騷擾),諸軍才能大功告成。凡從駕群臣,唯我認可者方可通過大散關。」田令孜對此深感忌恨,密令邠寧節度使王行瑜將魯知蠡除去。

對於田令孜的種種惡行,朝官們雖心生憤怒,卻敢怒不敢言。中和三年(西元 883 年),唐軍聯合沙陀首領李克用攻打長安,黃巢軍失敗退出。田令孜卻將收復長安與鎮壓黃巢的功勞歸於宦官,稱楊復光請沙陀軍進軍長安,京師方得以收復,並貶中書令王鐸為義成節度使,副都統崔安潛為東錦留守。

與此同時,他因忌憚楊復光功勞過大,對其獎賞大為減少,而誇耀自身功勞,宣稱自己運籌帷幄,為唐王朝保全發揮了決定性作用。他指使宰相與藩鎮為其請功,唐僖宗任命其為十軍

兼十二衛觀軍容使。

宦官集團內部，楊復光與田令孜矛盾日深。楊復光死後，田令孜立即將楊復恭從樞密使貶為飛龍使，並大力培植黨羽，對王建、韓建、張造、晉暉、李師泰等巨賞，並將他們收為義子，各自統領五都。自此田令孜更加專橫，禁錮皇權，唐僖宗淪為傀儡。唐僖宗越發意識到田令孜專權，但無力改變。

光啟元年（西元885年），唐僖宗返回長安。儘管黃巢軍失敗，但起義動搖了唐朝統治秩序，藩鎮割據局面加劇。政治上，唐王朝號令不行；經濟上，藩鎮掌控稅收，朝廷僅能依賴京畿及數州的租稅維持開支。然而從成都遷回的卻是完整的政府機構，僅宦官與朝官便逾萬人。

田令孜在蜀地新招募五十四都軍隊，每都千人，加上王建等隨駕五都，龐大的國家機器與財政收入嚴重失衡。因賞賜減少，士卒不滿。田令孜為避免軍隊叛亂，只得割藩鎮利益，引發朝廷與藩鎮嚴重對立。

唐僖宗逃亡成都後，內外百司失職。王重榮占據河中，獨享安邑、解縣鹽池之利，每年獻鹽三百車供國用。田令孜奏請收歸國有，並自任榷鹽使，以鹽利供軍費。王重榮不願交出鹽池，多次上書抗議。田令孜派親信監軍各地，凡不順從者即遭清除。其養子匡佑出使河中時態度傲慢，引起王重榮不滿。王重榮指責田令孜罪惡，並斥責匡佑無禮。匡佑返京後，勸田令孜除掉王重榮，田令孜遂將王重榮調任泰寧節度使。

第十五章　田令孜—不為天下所容的末代權宦

第三節　操控皇帝

玉重榮自認為在收復京城的戰役中立下了顯赫功勳，卻因田令孜的排擠而備受打壓。他多次上奏章，指責田令孜挑撥君臣關係，並列舉了田令孜的十大罪狀。此外，他還向李克用求援。然而，此時的李克用正在忙於擴充兵力，聯合其他少數民族部落，計劃進攻汴州。因此，他對王重榮說道：「待我先消滅朱溫，之後再回來收拾田令孜等宵小之輩，就如同秋風掃落葉一般簡單！」對此，王重榮憂慮地回應：「恐怕等你消滅朱溫回來時，我早已淪為階下囚了。」

田令孜派遣朱玫、李昌符率領本鎮軍、神策軍以及鄜、延、靈、夏等地的軍隊，駐紮於沙苑，準備討伐王重榮。李克用則率軍與王重榮匯合，共同上奏唐僖宗，請求誅殺田令孜、朱玫、李昌符。然而，這一請求未能獲得回應。隨後，雙方展開激烈戰鬥，最終朱玫、李昌符兵敗退回本鎮。潰散的敗軍沿途縱火焚燒房屋，掠奪財物，無惡不作。

李克用乘勝追擊，率軍進逼長安。面對壓力，田令孜與唐僖宗等人在深夜從開遠門逃往鳳翔避難。然而，諸道軍隊進入長安後，不加約束地燒殺搶掠，使得長安城官舍與民居十室有六七被焚毀。自黃巢之亂後，長安再一次遭受了嚴重的破壞。

戰後，李克用在擊敗朱玫、李昌符後返回河中，與王重榮

再度上表,請求唐僖宗回歸長安,並列舉田令孜的罪狀,要求將其正法。與此同時,唐僖宗任命楊復恭為樞密使,使得田令孜失寵,不再受到信任。

儘管如此,田令孜仍試圖繼續控制唐僖宗,將其作為自保的屏障。他企圖勸說唐僖宗前往興元,但唐僖宗已不再信任田令孜,拒絕了這一提議。夜間,田令孜竟率兵闖入行宮,劫持唐僖宗逃往寶雞。然而,朱玫、李昌符此時見田令孜已勢窮力竭,又因畏懼李克用和王重榮,遂倒戈歸附李克用。

大部分朝臣對田令孜深惡痛絕,不願隨他前往寶雞,便謀劃迎回唐僖宗。隨後,朱玫、李昌符率兵攻打寶雞,田令孜再度劫持唐僖宗逃往漢中。

光啟二年(西元886年)四月,朱玫、李昌符與朝臣立襄王李熅為新帝。

此時,田令孜已窮途末路,深知自己已不為天下所容。最終,他不得不將權力交給宦官楊復恭,自任西川監軍使,前往成都投靠陳敬瑄,而其黨羽也被楊復恭清除驅逐。

第十五章　田令孜—不為天下所容的末代權宦

第十六章
唐昭宗 ——
再無法復興的帝國夢

第一節　胸懷大志

唐昭宗李曄是一位極具悲劇色彩的皇帝。他在二十一歲登上皇位，聰穎且才華橫溢，深刻了解阻礙唐朝復興的諸多問題，並立下振興王朝的宏願。

然而，唐朝的積弊早已根深蒂固，難以挽回，而這一局勢的形成主要源於其兄唐僖宗在位期間的施政失誤。

昭宗是唐懿宗的第七子，與僖宗是同母兄弟。咸通八年（西元 867 年）二月二十二日，他出生於長安宮中，幼年被封為壽王。

文德元年（西元 888 年）三月六日，僖宗在武德殿駕崩後，壽王被立為皇太弟監國，改名為李敏。八日，他正式即位，並更名為李曄。幾次更改名字，象徵了其政治身分的變化。

昭宗即位時年僅二十二歲，雖已成年，但在僖宗臨終之際，

第十六章　唐昭宗—再無法復興的帝國夢

朝臣並不看好他，而更傾向於推舉吉王李保，理由是李保在諸王中以賢名著稱且年長於壽王。然而，支持昭宗的宦官楊復恭等人掌握軍權，因此決定擁立壽王。

儘管昭宗相貌魁梧，舉止端莊，眉宇間英氣勃發，頗具帝王之風，但其母親出身微賤，僅為一名宮女，因此昭宗在皇位繼承中並無明顯優勢。然而，楊復恭等人之所以選擇支持壽王，既是宦官慣用廢立的傳統手段，也是因為昭宗與僖宗同母，關係密切。他在僖宗避難時長期隨侍左右，表現出一定的軍事才能，與楊復恭的關係也較為融洽。這些因素促使宦官最終擁立他為唐朝最後一位以皇太弟身分即位的皇帝。

昭宗登基後，充滿重整河山、號令天下的雄心壯志。他潛心讀書，注重儒學，尊重禮賢大臣，努力尋求治國平天下的良策。他的舉措一度贏得了較高評價，被譽為「有會昌之遺風」。

即位之初，昭宗意圖振興朝綱，削弱地方割據勢力。他招募十萬大軍，試圖以強兵震懾天下。然而，唐朝長期以來形成的強藩勢力盤根錯節，與朝廷百官、內廷宦官之間的關係錯綜複雜。昭宗企圖透過一役解決問題的嘗試，不但未能成功，反而引發了更大的政治危機。

大順元年（西元 890 年），昭宗在準備不足的情況下急於削奪太原節度使李克用的官爵和宗室身分。然而，地方藩鎮為自保選擇袖手旁觀，昭宗派往河東地區的官軍幾乎全軍覆沒。楊復恭趁機罷免支持昭宗的宰相，並聯合山南西道節度使挾持朝

廷。這一局勢為鳳翔節度使李茂貞提供了藉口,他以「討逆」為名聯合關中其他藩鎮擊敗楊復恭。李茂貞隨後公開指責昭宗「只看強弱,不計是非」。

昭宗對李茂貞的驕橫態度無法容忍,決定仿效唐憲宗削藩。然而,宰相杜讓能認為李茂貞位於京畿附近,稍有閃失便可能導致難以挽回的後果,因此勸阻昭宗謹慎行事。但昭宗未予採納,派遣的三萬禁軍尚未進入鳳翔便被擊敗。李茂貞隨即率軍逼近朝廷,昭宗不得已殺死親信宦官和宰相杜讓能以推卸責任,李茂貞才勉強退兵。

從此,李茂貞占據關中十五州,成為京畿地區最強大的藩鎮,甚至以朝廷元勳自居,頻繁干涉朝政,顯露出「問鼎」之心。

第二節　剿滅宦官

楊復恭在擁立唐昭宗後,認為自己立下了不世之功,自負地認為若非自己頂住壓力,新皇帝的位子絕不會輪到昭宗。他在公開場合常自稱「定策國老」,甚至視昭宗為「門生天子」。

然而,昭宗登基時已年滿二十二歲,早非懵懂少年,自然不如楊復恭設想的那般易於掌控。昭宗深知大唐的衰敗與宦官專權息息相關。宦官倚仗兵權,將廢立皇帝視為兒戲,順宗、憲宗、敬宗皆死於宦官之手,穆宗、敬宗、文宗、武宗、宣宗

第十六章　唐昭宗──再無法復興的帝國夢

乃至其父懿宗和兄僖宗也無不是宦官扶立而登基。每每念及宦官誤國欺君之種種行徑，昭宗痛感若不剷除宦官之禍，則中興大唐實屬妄談。

昭宗對楊復恭的專權極為不滿。表面上，他對楊復恭一再表示尊敬，但在實際政務中盡量避開與其接觸，而是與宰相們共議國事。暗地裡，他頻繁與朝臣商議削弱宦官權勢、重振君權的對策。

某次，昭宗的舅舅王瓌請求擔任節度使，昭宗便詢問楊復恭是否可以委任。楊復恭答道：「呂產、呂祿毀了漢朝，武三思亂了唐室。外戚絕不可用為封疆大吏。封他個閒職尚可，若使其掌控一方，則恐不受朝廷節制。」最終，王瓌未能如願擔任節度使。

後來，楊復恭因忌憚王瓌奪權，先主動提出讓他出任黔南節度使，但在其赴任途中，指使親信將王瓌所乘船隻弄沉，導致王瓌及其家僕全部遇難。事後，他謊稱王瓌因船壞遇險。昭宗得知真相後，對楊復恭痛恨至極。無論從私人恩怨還是權力爭鬥角度來看，楊復恭均成為昭宗的心腹大患，昭宗遂下定決心除之而後快。

楊復恭因擁立之功受封金吾上將軍，然而他並不滿足於此，而是憑藉權勢恃寵擅權，公開施行一系列權謀活動。他廣納義子，培植黨羽，將心腹安插至節度使、刺史等要職，如楊守立任天威軍使、楊守信為玉山軍使、楊守貞為龍劍節度使、楊守

第二節　剿滅宦官

忠為武定節度使、楊守厚為綿州刺史。這些義子被時人戲稱為「外宅郎君」。此外，他還派遣六百名義子擔任地方監軍，牢牢掌控地方軍政大權。

楊復恭身兼六軍十二衛軍容使、左神策軍中尉，掌握京師禁軍的實權，越發恃寵專政。昭宗深知欲剷除楊復恭，需先削弱其勢力，於是決定首先對其養子下手。

楊守立原姓胡，入楊復恭門後改姓楊，官至天威軍使。昭宗採取離間之計，先封楊守立為六軍統領，並改其姓為李，賜名順節。

此後不到一年，又接連提升其為天武都頭、領鎮海節度使，並加同平章事。楊守立野心勃勃，因昭宗的寵信便產生與楊復恭分庭抗禮之意，遂迎合昭宗，頻頻揭露楊復恭擅權弄權之行徑。

昭宗與楊復恭的矛盾最終公開化，起因於一次突發事件。某日，昭宗與宰相們在延英殿商議藩鎮叛亂，楊復恭求見，竟命轎伕將其抬至殿前才下轎。宰相孔緯對此深感憤怒，對昭宗說道：「陛下身邊便有叛逆之徒，又何況那些遠在邊疆的地方藩鎮呢？」昭宗假意吃驚，追問何人。孔緯直指楊復恭道：「正是楊復恭！此人不過是您的奴才，卻敢乘轎至大殿，廣收義子，安插黨羽，莫非其心不軌？」楊復恭連忙辯解稱：「臣收養義子，實為收攬人心，更好輔佐陛下。」昭宗冷笑道：「既然如此，為何這些人不姓李而姓楊？」一句反問令楊復恭無言以對，滿面通紅。

第十六章　唐昭宗──再無法復興的帝國夢

大順二年（西元 891 年）八月，唐昭宗因楊復恭縱容其義子們擁兵自立，並拒絕向朝廷進貢，決定削奪其兵權並將其調離京師，出任鳳翔監軍。然而，楊復恭對此決議極為不滿，拒絕赴任，反而以養病為由請求辭官返鄉。昭宗因勢利導，遂免去其所有職務，僅保留上將軍的虛銜，准其告老還鄉。然而，楊復恭在返回途中指使心腹張綰將朝廷派來的使臣殺害，並潛逃至商山隱居。

同年十月，楊復恭祕密返回長安，入住昭化坊府邸。此地鄰近玉山營，其義子楊守信時任玉山營軍使，常前往探望，並為其提供情報。楊復恭更在信中斥責昭宗忘恩負義，稱其為「負心門生天子」，並指示楊守亮積蓄糧草、訓練兵馬，同時停止向中央政府進貢，公開與朝廷抗衡。

楊復恭的謀反計畫不久被密告至昭宗。昭宗趁機將其積年罪證與謀反消息一併公布，並命李順節、神策管軍使李守節率兵前往緝捕。

楊復恭倉促間令張綰率眾抵抗官軍，其義子亦帶兵援助。雙方自白晝激戰至深夜，城門守軍欲趁亂劫掠。對此，昭宗預先安排宰相劉崇望率部防止哄搶。劉崇望斥責禁軍道：「皇帝親自督戰，你等為宿衛之士，當為國殺敵立功，而非趁火打劫。」眾軍士於是聽命，共赴戰場助戰。

楊復恭見增援部隊趕到，自知無力再抗，遂率全家出逃，經通化門直奔興元。張綰兵敗被俘後處斬。

第二節　剿滅宦官

逃至興元後，楊復恭積仇加劇，密謀新的反叛行動。他聯合義子興元節度使楊守亮、武定軍節度使楊守忠、龍劍節度使楊守貞及綿州刺史楊守厚，以「討伐李順節」為名舉兵叛亂。然而，昭宗對李順節早有不滿，其驕橫跋扈已激起兩軍中尉劉景暄和西門君遂的憤怒。楊復恭逃亡後，李順節失去利用價值，被昭宗列為清除目標。昭宗命兩軍中尉以詔書召李順節入宮，其隨行士卒被攔在宮門外，李順節入宮即遭伏兵斬殺。

景福元年（西元892年）正月，鳳翔節度使李茂貞聯合靖難節度使王行瑜、鎮國節度使韓建等五名節度使，上書請求討伐楊守亮，並揭發楊復恭自稱隋室後裔以示尊貴，要求削去楊守亮的官職，並提議授李茂貞山南西道招討使。

然而，昭宗憂慮李茂貞可能不服調遣，遲遲未予回覆。李茂貞遂擅自與王行瑜發兵攻打興元，自號興元節度使。昭宗不得已，只能任命其為山南西道招討使，與王行瑜合力討伐楊復恭。

是年八月，李茂貞率軍攻克興元府，楊復恭及楊守亮、楊守信敗逃至閬州。韓建部將華洪率萬餘兵馬窮追不捨，不給叛軍喘息之機。

乾寧元年（西元894年）七月，華洪攻占閬州。楊復恭與義子突圍北逃，行至乾元（今陝西柞水縣）時被韓建部捕獲。楊復恭與楊守信當場被斬首，而楊守亮則被押送京師，梟首示眾。

第十六章　唐昭宗—再無法復興的帝國夢

第三節　藩鎮割據

唐昭宗時期，藩鎮割據問題已成為朝廷最大的困擾之一。在一系列鬥爭中，昭宗雖然透過對宦官集團的清洗初步掌握了權力，並重創了宦官多年來的驕橫氣焰，但隨之而來的卻是藩鎮勢力的進一步膨脹，這對唐王朝構成了更加嚴峻的挑戰。

藩鎮制度發端於唐朝中期，最初旨在防衛邊疆。然而，自安史之亂後，安祿山等人的黨羽雖名義上歸降朝廷，但唐廷因實力不足，無法徹底消滅這些地方勢力，只能以獎賞功勳為名授予節度使官銜。這些節度使多在其轄區內形成割據勢力，以河北三鎮為代表，逐漸擴張到內地。他們擅自擴軍、任命官吏、徵收賦稅，甚至世襲其職，形成「父死子繼」或「部將承襲」的慣例。透過掌控地方兵權與財權，這些節度使威脅朝廷，甚至多次發動叛亂。

至昭宗時，藩鎮割據已呈尾大不掉之勢。昭宗深知，皇室之所以勢弱，關鍵在於缺乏能夠制衡諸侯的武裝力量。自唐僖宗時期中央禁軍被摧毀後，朝廷一直無力控制藩鎮。因此，昭宗即位後便著手招募士卒，擴充禁軍，短時間內籌集了十萬兵力，試圖透過軍事手段恢復中央權威。

禁軍初建後，昭宗立即著手對藩鎮採取軍事行動。當時，西川藩鎮內亂嚴重。王建進攻彭州，陳敬瑄則率兵抵抗，雙方交戰不休，導致西川對朝廷貢賦中斷。王建藉此請求朝廷出兵

第三節 藩鎮割據

討伐陳敬瑄。西川節度使田令孜正駐紮於此,昭宗便以討伐陳敬瑄為契機,意圖樹立天子權威,並清算田令孜當年鞭打自己的舊怨。

文德元年(西元888年)十二月二十四日,昭宗任命韋昭度為行營招討使,率軍征討西川,同時命山南西道節度使楊守亮和東川節度使顧彥朗協助。昭宗還設立永平軍,任命王建為節度使,充任行營諸軍都指揮使。翌日,昭宗下詔剝奪陳敬瑄官爵,正式開啟西川戰役。

然而,此戰進展並不順利。楊守亮與顧彥朗各有地盤,兵力不足,且韋昭度雖身為統帥卻不諳軍事。而新建的禁軍人數雖多,卻缺乏訓練,難堪重任。作為討伐主力的王建,在獲得朝廷承認與封地後,並未急於與陳敬瑄決戰,而是抓緊擴充兵力、籠絡人心。他說服當地土豪加入麾下,將分散的地方武裝整合為己用,逐步壯大勢力。幾年征戰後,除成都外,西川大部分地區已被王建控制。此時,因與河東節度使李克用的戰事失利,昭宗被迫召回西川軍隊。然而,王建卻未隨軍返京,而是留守西川,並切斷與唐廷的聯繫,最終自立為王。

在西川戰事的同時,唐廷另一大威脅——河東節度使李克用也遭遇挫敗。李克用被朱溫、李匡威和赫連鐸聯軍擊敗,此事對昭宗而言是意外的喜訊。從感情上,昭宗對李克用並無好感。作為沙陀貴族,李克用的出身令奉行傳統民族觀念的昭宗心存芥蒂。此外,李克用統領的沙陀軍隊雖曾助唐廷平定黃巢

第十六章　唐昭宗—再無法復興的帝國夢

之亂,為復興唐室立功,卻也多次兵臨長安,迫使僖宗流亡,令昭宗顛沛流離。因此,在眾多割據勢力中,李克用被列為首要打擊對象。

然而,由於中央禁軍數量少且戰力不足,昭宗不得不依靠其他藩鎮的力量對抗李克用,唐廷對強藩的控制力因此進一步削弱。

唐昭宗時期,朱溫、李匡威、赫連鐸聯名上書,建議趁李克用勢力受挫之際,將其徹底剿滅,認為其存在乃國家心腹之患。昭宗接到奏章後,表面上喜不自勝,期待透過藩鎮的內鬥實現兩敗俱傷。然而,昭宗內心卻難掩憂慮。李克用在黃巢起義中曾為唐室立下大功,此時趁其新敗而加以討伐,顯然有違情理。同時,朱溫、李匡威、赫連鐸的聯軍能否再次戰勝李克用也是未知數。一旦戰局不利,昭宗自身恐將陷入更為不利的境地。

因難以決斷,昭宗召開殿前會議,召集三省及御史臺四品以上官員共同商議此事。昭宗問道:「諸位愛卿,對於朱溫、李匡威、赫連鐸三家合兵攻打李克用之策,有何見解?」未料多數大臣持反對意見,僅少數贊成。

然而,昭宗最終還是決定下詔討伐李克用。他任命宰相張濬為行營都招討,並調遣多名節度使組成鬆散的聯軍聯盟,擇日向河東發兵。

第三節　藩鎮割據

　　李克用得知後，冷靜分析敵我態勢。他認為張浚統領的中央禁軍乃烏合之眾，不足為懼；朱溫雖強，但因四周敵人環伺，難以全力以赴；唯有李匡威與赫連鐸的軍隊最具威脅。因此，他採取分而治之的策略，派少量兵力牽制張浚和朱溫，自己則親率主力迎戰李匡威與赫連鐸。

　　張浚領軍後急功近利，為爭功搶地，毫不顧及己方兵力不足，貿然深入敵境。不料其前鋒部隊遭到河東第一猛將李存孝伏擊，輕而易舉地被擊潰，前鋒官員亦被生擒。張浚軍的慘敗極大挫傷了聯軍士氣。朱溫的部隊也連遭失利，戰果寥寥。而李匡威、赫連鐸起初進展順利，但隨著李克用主力趕到，二人軍隊節節敗退，最終狼狽而逃，損兵折將逾萬人，連李匡威之子與赫連鐸之婿也淪為俘虜。

　　李克用在擊敗李匡威和赫連鐸後，調轉兵鋒，直取張浚，迅速瓦解了其軍隊。至此，河東戰役以李克用的全面勝利告終。昭宗得知戰果後，懊悔不已。他不僅為自己的錯誤判斷痛心，也為削藩計畫的全面失敗深感沮喪，更為禁軍的慘重損失憂慮。為平息李克用的怒火，昭宗不得不罷免了最初提議出兵的官員。

　　河東之役與此前的西川之役，成為昭宗削藩政策的兩次重大失敗。西川之役雖消滅了宦官田令孜，卻丟失了西川，最終促成了王建建立獨立政權；河東之役雖稍稍削弱了李克用，但昭宗辛苦組建的中央禁軍卻折損殆盡，反而令朱溫得以坐收漁

第十六章　唐昭宗——再無法復興的帝國夢

利。他的聲望因此大增，同時也藉機掃清四周敵對勢力，實力日益壯大。

這一系列失誤，間接助長了朱溫的權勢，為唐朝的滅亡埋下了隱患。

河東之役後，昭宗威望一落千丈，徹底淪為藩鎮控制的傀儡。其後，李茂貞勢力迅速壯大，被封為隴西郡王，甚至表現出覬覦皇位之意。面對李茂貞的專橫跋扈，朝中部分大臣試圖以言辭斥責，但李茂貞不甘示弱，以書信反擊。與此同時，朝廷內部權臣黨爭不休，部分官員甚至與李茂貞結盟，進一步削弱了昭宗的權威。

景福二年（西元893年）七月，李茂貞在致唐昭宗的一封信中嘲諷朝廷軟弱無能，信末寫道：「未審乘輿播越，自此何之！」這句話引發了昭宗的極度憤怒。他立即召見宰相杜讓能，商議懲罰李茂貞。然而，杜讓能進諫道：「皇上剛剛即位，國家尚未安定，李茂貞隨時威脅皇室，現下不宜與他衝突。如果執意攻打，若失敗了，後果不堪設想。」昭宗怒斥杜讓能道：「朝廷日漸衰弱，你卻阻止征討，這是正直之士痛恨之事！朕絕不能坐視不理，你只需負責調兵運糧，其他事務朕自有安排，成敗與你無關！」

戰爭隨即打響，但朝廷軍隊最終落敗。李茂貞乘勝進軍長安，興師問罪。忠誠的杜讓能挺身而出，以性命為昭宗解圍。然而，此事之後，大臣們與昭宗的關係日益疏遠。

第三節　藩鎮割據

　　乾寧二年（西元895年），李茂貞指使宦官刺殺宰相崔紹緯，再次揮師長安。昭宗無奈逃往河東，尋求李克用的庇護。途中，昭宗被李茂貞的盟友、華州刺史韓建截住。韓建威脅昭宗道：「車駕渡河，無復還期。」昭宗被迫於乾寧三年七月十七日抵達華州，在此被幽禁將近三年。這段期間，皇室宗親覃王嗣周、延王戒丕、通王滋、沂王禋、彭王惕、丹王允，以及韶王、陳王、韓王、濟王、睦王等十一人被殘忍殺害。

　　局勢直到乾寧五年（西元898年）才有所轉機。這一年，朱溫占據東都洛陽，形勢發生重大變化。李茂貞、韓建與李克用暫時結成聯盟，決定讓昭宗返回長安，以防他落入朱溫之手。同年八月，昭宗回到長安，並宣布改元「光化」，以示慶祝。

　　然而，昭宗回長安後，宦官與官僚之間的矛盾再度激化。以中尉劉季述為首的宦官勢力進行最後的抗爭，試圖廢黜昭宗，擁立太子。

　　光化三年（西元900年）十一月，宦官發動政變，將昭宗幽禁於少陽院。為防止昭宗逃脫，他們用熔鐵封鎖門鎖，每日僅透過牆洞遞送食物。

　　宦官擔心李克用、李茂貞與韓建發兵問罪，遂將問題推給朱溫。朱溫不願深陷宮廷紛爭，轉而暗殺策劃政變的宦官。

　　光化四年（西元901年），朱溫擁立昭宗復位，昭宗改元天復，並封朱溫為梁王。

第十六章　唐昭宗——再無法復興的帝國夢

第四節　魂斷洛陽

乾寧三年（西元896年）九月，占據汴州（今開封）的黃巢降將朱全忠、河南尹張全義及關東諸侯紛紛上表，請求昭宗遷都洛陽，並表示已經開始修繕洛陽宮室。當時，昭宗為保障皇室安全，曾計劃任用宗室掌管軍隊，然而由於各方阻力，該計畫未能實施，反而帶給了宗室諸王滅頂之災。

乾寧四年（西元897年），華州節度使韓建強迫昭宗遷往華州行宮，並將宗室睦王、濟王、韶王、通王、彭王、韓王、儀王、陳王等八人囚禁，其所統領的殿後侍衛親軍兩萬餘人也被解散。在韓建的威逼下，昭宗不得不冊立德王李裕為皇太子，這一決定為日後的宮廷政變埋下隱患。同時，韓建被進封為昌黎郡王，並獲賜「資忠靖國功臣」的封號。

同年八月，韓建因私怨，藉口諸王典兵威脅皇室安危，與知樞密劉季述勾結，假傳昭宗命令，發動兵變圍攻十六宅，將通王、覃王等十一位宗室王爺及其侍衛，無論老幼悉數殺害。韓建僅以宗室謀逆為由告知昭宗。

在兵變期間，宗室諸王極度恐慌，有人披散頭髮逃命，有人沿城垣呼喊求救，更有甚者爬上屋頂或樹上以求倖免，場面慘烈。然而，事後昭宗仍封韓建為守太傅、中書令、興德尹，進封穎川郡王，賜予鐵券，並賞賜御筆書寫的「忠貞」二字。

第四節　魂斷洛陽

　　光化元年（西元 898 年）十一月，宮廷內再次發生宦官廢黜昭宗、皇太子李裕監國的政變。昭宗在經歷種種打擊後，銳氣盡失，終日借酒消愁，性情變得喜怒無常。這引發了宦官的恐懼。十一月的一天，昭宗在禁苑打獵，大醉而歸，深夜間手殺宦官與侍女數人。神策軍中尉劉季述、王仲先遂以此為藉口，與宰相密謀，迫使百官簽署文狀，同意廢黜昭宗，並立皇太子監國。

　　隨後，劉季述等率兵突入宮中，剛甦醒的昭宗見狀驚恐墜床，試圖逃跑卻被挾持按住。皇后何氏見狀急忙勸解，希望平息事端，但劉季述堅持要求昭宗讓位，並拿出百官簽署的文狀。昭宗無奈辯解，而皇后勸其順從。昭宗最終將傳國玉璽交出，並被軟禁於東宮，每日僅透過窗戶遞送飲食。當晚，宦官迎皇太子監國，假傳昭宗旨意，宣告其為太上皇，並令皇太子即位。

　　然而，這場政變並未平息局勢。宰相崔胤聯合禁軍將領孫德昭起兵，成功打敗劉季述。

　　天復元年（西元 901 年）正月，昭宗復位，接受群臣朝賀。劉季述被亂棍打死，屍體拋棄於市。皇太子李裕被降為德王，改名李祐。

　　在昭宗被幽禁期間，崔胤曾向駐紮定州的朱全忠求助，請其發兵解救昭宗。朱全忠聞訊後立即出兵長安，並在崔胤率領文武百官的迎接下進入宮城。隨後，朱全忠與鳳翔節度使李茂

第十六章　唐昭宗—再無法復興的帝國夢

貞展開激戰，爭奪對昭宗的控制權。

朱全忠大軍圍困鳳翔一年有餘，城中孤立無援，百姓大多餓死，昭宗甚至需親自磨糧果腹。最終，鳳翔城破，昭宗被朱全忠押解還京。

天復三年（西元903年），昭宗授予朱全忠「回天再造竭忠守正功臣」的封號，並親解玉帶相賜，以表彰其「功績」。

唐昭宗李曄返回長安後不久，朱全忠迅速下令發兵，將朝中的宦官全部殺害，同時指示各地藩鎮將擔任監軍的宦官一律處死。至此，宦官專權的局面因其肉體上的消滅而宣告結束。然而，唐朝政治的腐敗與黑暗並未因此得到根本扭轉。

為了更有效地控制昭宗，天祐元年（西元904年）正月，朱全忠提議將皇帝遷都洛陽。

為徹底杜絕唐朝故舊對長安的留戀，朱全忠下令將長安居民按照戶籍遷居他地，並拆毀宮殿和民居。拆下的木材被投入渭河，順流而下，持續月餘。這一浩劫使擁有數百年歷史的古都元氣大傷，長安城中一片哀鳴。關中百姓在道路上憤怒地痛罵宰相崔胤為「國賊」，指責他引來朱全忠傾覆國家，殃及眾生。

儘管百姓憤恨，但面對朱全忠的威逼，昭宗不得不屈服，離開長安遷往關東。這一離別成為永訣，長安從此成為夢中的回憶。

天祐元年四月，昭宗一行抵達陝州（今河南三門峽）時，他以中宮皇后剛剛生育、行動不便為由，懇求推遲至十月再行遷

第四節　魂斷洛陽

入洛陽宮。然而，朱全忠懷疑昭宗有意拖延以伺機反擊，大為惱怒，命令手下牙將寇彥卿立即前往陝州督促昭宗啟程。

昭宗無奈，只得從陝州出發。此時，他的身邊已無禁衛親軍，隨行的僅有十餘名諸王、小宦官及二百餘名內園球僮。即便如此，朱全忠仍不放心，擔憂這些人會生事，遂下令將他們全部坑殺，並以自己的親信取代皇帝身邊的侍衛。

遷都洛陽後，昭宗完全淪為朱全忠手中的傀儡與裝飾。朱全忠控制了關東與關中大部分地區，成為最大的軍閥。他對皇位覬覦已久，篡位之心昭然若揭。太原的李克用、鳳翔的李茂貞、西川的王建等人紛紛聯合舉兵，以「興復」為旗號抗衡朱全忠。

昭宗離開長安後，終日與皇后及宮中之人飲酒自寬。他深知局勢危險，心中始終擔憂不測之事。而朱全忠也擔心昭宗再度成為反對自己的旗幟，遂起殺心。

天祐元年八月十一日（西元904年8月28日）夜，朱全忠指使左龍武統軍朱友恭、右龍武統軍氏叔琮以及樞密使蔣玄暉弒殺昭宗於洛陽之椒殿。

是夜二更，蔣玄暉率龍武軍百餘人直入內門，聲稱有緊急軍務需要面見皇帝。內門打開後，蔣玄暉在每道門留守十人，直入椒殿所在。昭宗寢宮的院門由貞一夫人打開，她質問為何帶兵前來，但話未說完便被史太一刀砍殺。蔣玄暉帶人衝至殿前，高喊「太上皇在哪裡？」

第十六章　唐昭宗—再無法復興的帝國夢

　　昭儀李漸榮在門外懇求道：「不要傷害太上皇，有事衝我來！」此時昭宗半醉半醒，聽到騷亂後從床上爬起試圖逃跑，但被史太追上，一劍刺殺於椒殿內。昭儀李漸榮試圖保護昭宗，也慘遭殺害。何皇后苦苦哀求，蔣玄暉才饒其一命。至此，年僅38歲的昭宗成為朱全忠篡國的犧牲品。

　　昭宗在位十六年間，一直致力於解決宦官專權與藩鎮割據這兩大困局。正如一位宰相所言，昭宗「內受制於家奴，外受制於藩鎮」。他試圖勵精圖治，恢復大唐盛世，無奈事與願違，現實的重重桎梏使他的滿腔熱情無從施展。儘管昭宗尚能掌控長安，從而順利剪除宦官，但面對藩鎮割據，唯一有效的對策便是以強大的軍事力量加以壓制，而這恰恰是昭宗所欠缺的。因此，他只能採取平衡策略，不允許任何勢力獨大。

　　他雖驅逐楊復恭至山南西道，卻不允許李茂貞攻打山南；自己屢遭關中幾股勢力欺凌，卻在李克用率軍來援時不許其進攻。即便如此，朱全忠仍逐步消滅河南群雄，大敗李克用，最終成為中原霸主。至此，大唐江山以及昭宗的安危已危在旦夕。

　　回顧昭宗的一生，他本意有為，試圖整頓內政，然而國運衰微，大唐事實上早已四分五裂，任何掌握兵權的藩鎮都能輕易威脅皇權。昭宗的努力，僅僅是勉強延續了唐朝數年的存在。

第四節　魂斷洛陽

國家圖書館出版品預行編目資料

盛世的餘燼，墜落的大唐帝國：從貞觀之治到甘露之變，從開元盛世到黃巢之亂——盛世如何一步步變調，忠誠如何悄然失效？ / 鼎之 著. -- 第一版 . -- 臺北市：複刻文化事業有限公司，2025.07
面； 公分
POD 版
ISBN 978-626-428-196-6(平裝)
1.CST: 唐史 2.CST: 通俗史話
624.109　　　　　114009794

電子書購買

爽讀 APP

盛世的餘燼，墜落的大唐帝國：從貞觀之治到甘露之變，從開元盛世到黃巢之亂——盛世如何一步步變調，忠誠如何悄然失效？

臉書

作　　者：鼎之
發 行 人：黃振庭
出 版 者：複刻文化事業有限公司
發 行 者：崧燁文化事業有限公司
E - m a i l：sonbookservice@gmail.com
粉 絲 頁：https://www.facebook.com/sonbookss/
網　　址：https://sonbook.net/
地　　址：台北市中正區重慶南路一段 61 號 8 樓
8F., No.61, Sec. 1, Chongqing S. Rd., Zhongzheng Dist., Taipei City 100, Taiwan
電　　話：(02) 2370-3310　傳　真：(02) 2388-1990
印　　刷：京峯數位服務有限公司
律師顧問：廣華律師事務所 張珮琦律師

-版權聲明-
本書版權為淞博數字科技所有授權複刻文化事業有限公司獨家發行電子書及紙本書。
若有其他相關權利及授權需求請與本公司聯繫。
未經書面許可，不可複製、發行。

定　　價：420 元
發行日期：2025 年 07 月第一版
◎本書以 POD 印製